总第88辑

中国审判指导丛书

执行工作指导

最高人民法院执行局 编

人民法院出版社

图书在版编目（CIP）数据

执行工作指导. 总第88辑 / 最高人民法院执行局编. 北京：人民法院出版社，2025.6. -- （中国审判指导丛书）. -- ISBN 978-7-5109-4410-9

Ⅰ.D926.2

中国国家版本馆CIP数据核字第2024TK8550号

执行工作指导　总第 88 辑
最高人民法院执行局　编

策划编辑	兰丽专
责任编辑	丁塞峨
出版发行	人民法院出版社
地　　址	北京市东城区东交民巷 27 号（100745）
电　　话	（010）67550656（责任编辑）　67550558（发行部查询）
	65223677（读者服务部）
网　　址	http://www.courtbook.com.cn
E - mail	courtpress@sohu.com
印　　刷	三河市国英印务有限公司
经　　销	新华书店
开　　本	787 毫米×1092 毫米　1/16
字　　数	262 千字
印　　张	15.75
版　　次	2025 年 6 月第 1 版　2025 年 6 月第 1 次印刷
书　　号	ISBN 978-7-5109-4410-9
定　　价	68.00 元

版权所有　侵权必究

《执行工作指导》
编辑委员会

主任委员 刘贵祥

副主任委员 黄文俊

编委会委员 黄金龙　王富博　毛立华　邵长茂　韩　峰

执行编辑 刘永存　邵夏虹

执行编务 盛　强　增　斌

《执行工作指导》
特约编辑

刘海东（北京）	何朝晖（天津）	刘洪波（河北）
丁　毅（山西）	黄建华（内蒙古）	方宝国（辽宁）
任继强（吉林）	程显波（黑龙江）	朱一心（上海）
朱　嵘（江苏）	危辉星（浙江）	毛　剑（安徽）
黄浩洪（福建）	黄建文（江西）	孟祥刚（山东）
刘铁良（河南）	徐　翠（湖北）	李　波（湖南）
陈明辉（广东）	田少红（广西）	李　戈（海南）
谢宝红（重庆）	周　磊（四川）	曹晓莉（贵州）
李红云（云南）	刘　彬（西藏）	吴小鹏（陕西）
曹澜平（甘肃）	杨智健（青海）	杨子楠（宁夏）
魏　锋（新疆）	王　江（兵团）	

《执行工作指导》
特约通讯员

熊诗岚（北京）	于耀辉（天津）	冯小强（河北）
王艺群（山西）	陈志国（内蒙古）	马志鹏（辽宁）
杨　迪（吉林）	姜　雪（黑龙江）	邹　杰（上海）
赵祥东（江苏）	王　敏（浙江）	曹红军（安徽）
吴晓斌（福建）	尹　伟（江西）	苏陶成（山东）
闫龙欢（河南）	罗秒珍（湖北）	肖　锭（湖南）
邵　萌（广东）	廖一婷（广西）	张模金（海南）
冯　强（重庆）	马学琴（四川）	刘　飞（贵州）
邹轩汉（云南）	德吉旺姆（西藏）	李　旭（陕西）
刘建军（甘肃）	韩珍杰（青海）	程绍勇（宁夏）
王睿智（新疆）	王海龙（兵团）	

目　录

【执行局长论坛】

论交叉执行的内涵、特征及涉及的基本关系 …………… 黄文俊（1）

【最高人民法院入库案例选登】

某集团公司与牟某某执行监督案
　　——申请执行人不能清偿全部债务，被执行人受让他人对申请
　　　执行人的债权后在本案执行程序中主张抵销的，不能支持
　　………………………………………………………………（20）

徐州某公司与陈某某执行监督案
　　——债权转让后，债务人根据其他法院的协助执行通知书
　　　向转让人的债权人付款的，不影响受让人主张对涉案
　　　债权的执行 ……………………………………………（24）

【法答网执行问题精选答复选登】

利害关系人对生效的变更申请执行人裁定不服的救济途径
　　……………………………………………… 向国慧　王　妍（28）
申请追加出具代为履行承诺的第三人为被执行人的时效问题
　　…………………………………………………………… 马　岚（32）

建设工程价款优先受偿权在执行分配中的有关问题 … 尹晓春(34)

【交叉执行专题】

交叉执行的规范展开
　　——以集中执行为中心的分析 …………… 杜圣杰　马鑫鑫(36)
交叉执行的司法实践与理论思考
　　——以上海法院交叉执行开展情况为视角
　　………………………………………… 邹　杰　唐良源(60)
交叉执行制度现状分析及对策研究 ………… 张　蕾　高岩松(75)
新时代交叉执行的实践适用研究
　　——以厘定交叉执行的理念定位与启动标准为视角
　　………………………………………… 夏从杰　宋骏男(91)
优化交叉执行制度的思考与论证
　　——基于执行权行政属性的探讨 ………… 李小虎　伏　瑚(109)

【执行热点前沿】

执行和解应当实质解纷
　　——对强制执行和解的反思 ………………………… 李　飞(122)
从散点经验到一般命题：社会力量参与执行工作的考察、
　反思与建构
　　——以"结构—过程—功能"为视角 ……… 张成文　谢　奕(133)
刑事财产刑执行的问题检视和对策建议 …… 杨世军　姬　雷(156)
到期债权执行中次债务人抵销权行使的审查 ………… 章　跃(170)

【调研与实证】

减量增效：人民法庭参与执行推动终本出清之现状检视与路径优化
　　………………………………………… 卢日久　邹　芳(179)

审执分离视角下小标的额案件执前化解路径
.... 向 容 李成巧(198)
金融借款公证债权文书执行问题分析
——构建多元纠纷解决机制背景下的考量 .... 王 芳(213)

【地方法院案例与解析】

抵押权设立后形成的租赁权,不妨害抵押权实现的,可在征得
 申请执行人同意后不予涤除
  ——某某信托有限责任公司与舟山某某置业发展有限公司、
  杭州某某房地产有限公司、上海某某投资(集团)有限
  责任公司公证债权文书执行实施案 .... 冷海波(230)

【执行局长论坛】

论交叉执行的内涵、特征及涉及的基本关系

黄文俊[*]

内容摘要：交叉执行是执行领域深入贯彻习近平法治思想的生动实践，是党的二十大以来最高人民法院新一届党组与时俱进推进执行工作的制度创新举措，并已发展成为人民法院贯彻落实党的二十届三中全会深化审执分离改革决定的标志性措施之一，凸显坚定的政治立场、突出鲜明的人民底色、契合深刻的执行规律、彰显务实的尽责履职、发挥突出的专业优势、体现显著的创新思维、具有鲜活的实践特色。全面推进交叉执行，应处理好依职权执行与尊重当事人意愿的关系、交叉执行案件数据真实性与考核科学性的关系、交叉执行成本与收益的关系、追责与激励的关系、加大宣传力度与舆情风险防控的关系、交叉执行案件数量与执行力量配备的关系。交叉执行还存在认识不高、规范不足、衔接失序、管理落后等问题，做实交叉执行，需要更新理念，切实加强对交叉执行的统筹指导；统筹谋划，加强交叉执行组织领导；精挑细选，最大限度激发交叉执行效能；分类施策，重点适用指令、提级等方式；加强协作，确保交叉执行衔接有序；数字赋能，加强交叉执行信息化建设；奖惩分明，健全交叉执行监督考核机制。

关键词：交叉执行　切实解决执行难　执行现代化　中国执行模式

---

[*] 最高人民法院执行局局长。

交叉执行是新时代人民法院"切实解决执行难"的重大举措。2023年9月27日，最高人民法院院长张军同志在全国法院党风廉政建设会议上，对交叉执行工作作出重要部署，指出"可以采取交叉、循环执行的方式，把在这个法院执行不能的案件交由另一法院最有能力的执行人员，看看能否执行得了"。自此，全国法院掀起交叉执行工作深化试点的热潮。2024年1月15日，张军院长在全国高级法院院长会议第二次全体会议上，对执行工作进行专题部署时再次强调，要通过指令、提级执行，将难以执行的案件交由其他法院执行，发挥"鲶鱼效应"作用，促进执行监督制度落到实处。自此，交叉执行工作在全国法院正式全面推行，掀开了执行工作新的历史篇章。

党的二十届三中全会研究进一步全面深化改革、推进中国式现代化问题，提出要"深化审判权和执行权分离改革，健全国家执行体制，强化当事人、检察机关和社会公众对执行活动的全程监督"。交叉执行作为极具中国特色、符合中国本土实践的重要改革举措，通过上级法院"循环式""交叉式"指定其他法院执行，促进审判权与执行权在不同法院之间的分离，成为审执分离改革的重要内容。同时，其在本质上属于执行监督的一种，在执行实施权内部实现监督制约，有利于优化和完善执行权运行机制，是执行工作由增量改革向增量与存量并重深入改革的重要转变，是健全国家执行体制和推动执行工作现代化的内在要求和重要着力点。实践证明，交叉执行是现阶段推动人民法院执行工作高质量发展的重要制度性革命，对于人民法院贯彻落实党的二十届三中全会改革举措、破解执行实践难题、解决人民群众急难愁盼、推进执行体制机制改革具有极其重要的价值和意义。

一、深刻认识交叉执行机制的崭新内涵

（一）交叉执行是执行领域深入贯彻习近平法治思想的生动实践

全面推进交叉执行工作，必须坚持和依靠党的领导，坚持以人民为

中心的发展思想，坚持中国特色社会主义法治道路。党的十八大以来，人民法院在以习近平同志为核心的党中央坚强领导下，建立健全综合治理执行难大格局，不断深化执行体制机制和管理模式改革，形成了符合中国实际、具有显著优势的中国特色执行制度。交叉执行，是把握新时代执行工作脉搏、反映新时代实践诉求的崭新机制，是聚焦执行主责主业，以严格公正司法做实为大局服务、为人民司法的必然要求，是深入贯彻习近平新时代中国特色社会主义思想和习近平法治思想的最新实践。在综合治理执行难大格局下，交叉执行不仅是在处理个案的执行难问题，更是在塑造良好的执行生态和经济社会生态。通过交叉执行，进一步加强执行难综合治理，优化执行权配置，深化审执分离改革，更好地落实统一管理、统一指挥、统一协调的执行工作机制，确保完成党中央提出的切实解决执行难的目标任务，更好地以执行工作现代化支撑和服务中国式现代化。中共中央政治局委员、中央政法委书记陈文清同志2024年2月25日至27日在黑龙江哈尔滨、佳木斯调研时，对人民法院的交叉执行工作给予肯定，认为"聚焦解决执行难问题，对于重点案件开展交叉执行试点，攻克了一批执行领域疑难复杂案件"。

（二）交叉执行是党的二十大以来最高人民法院新一届党组与时俱进推进执行工作的制度创新举措

交叉执行并非无源之水、无本之木，而是具有法律依据和实务基础的制度创新和实践发展。早在2007年民事诉讼法修订之前，实践中已经出现对交叉执行的探索，以期解决执行难这一司法难题。2007年修正的民事诉讼法第203条（现行法第237条）规定超六个月未执行案件可以"向上一级人民法院申请执行"，上级法院可以责令原执行法院限期执行、提级执行或指令其他法院执行。该规定在立法上为交叉执行明确了法律依据。但是，当时一般将其作为解决消极执行的机制，理解较为狭窄，并且因缺乏可操作性的具体规范和配套措施，使该条长期处于沉睡状态。

自2023年9月27日全国法院党风廉政建设会议召开以来，张军院长关于交叉执行工作作出重要部署，为交叉执行赋予了崭新的意义。交叉执行在内涵、功能、本质、范围、机制、效果等六个方面均发生了历史性变化，具有实质的原创性，也产生了实实在在的良好效果。

（1）从内涵上看，从过去单纯的交叉执行拓展为以交叉执行为牵引，涵盖指令执行、提级执行、集中执行、协同执行等方面的内容，成为综合性、复合性的执行机制。

（2）从功能上看，从过去旨在解决消极执行问题单一功能转变为有效防止权力、关系、人情干扰以及遏制滥用执行权乃至执行腐败的多元功能。

（3）从本质上看，从过去的一种办案方式转变为一种监管手段。过去的交叉执行，本质上是案件管辖调整，现在已经成为上级法院管理下级法院、监督执行工作效果的有效手段。截至目前，最高人民法院已经下发了三批追责典型案例，这些案例均是通过交叉执行发现原执行案办理中存在问题并依法追责。

（4）从范围上看，从过去针对"超过六个月未执行"案件拓展为执行积案、执行难案以及存在地方保护、部门保护可能的执行案件。

（5）从机制上看，从过去的"甩包袱"转变为现在的"硬约束"。过去的交叉执行之所以受到诟病并且不能形成"气候"，很大程度上是因为实践中异化成执行法院把疑难、复杂案件推出去，"甩包袱"，并且存在较大的寻租空间。现在部署的交叉执行，把"规范性"摆在首位，把解决群众急难愁盼作为根本目标，加强对原办案法院的溯源追责，具有硬性约束，已经成为上级法院监管的重要抓手。

（6）从效果上看，从过去的"星星之火"变成现在的"蔚然成风"。此前开展的交叉执行是各地"自发组织"的行动，规模小，组织性弱，效果不明显。自2023年10月最高人民法院部署开展交叉执行工作试点以来，交叉执行工作在全国法院范围全面铺开，取得显著成效，可以说已成燎原之势。

（三）交叉执行是人民法院落实党的二十届三中全会深化审执分离改革决定的标志性措施之一

党的二十届三中全会决定强调，深化审判权和执行权分离改革，健全国家执行体制，强化当事人、检察机关和社会公众对执行活动的全程监督。当前，审判权与执行权在组织人事和程序上已经实现了分离。但审判权与执行权分离的核心是各自权力行使对象的区分和剥离，实践存在之问题也凸显深化改革之必要。交叉执行基于执行权兼具行政权属性在具体执行监督方式上的延伸，将一地法院的案件变更至另一地法院执行，这是更大程度、更彻底的审执分离。因为其不仅注重对当事人实体权益和程序利益的保障，更通过"统一管理、统一指挥、统一协调"的执行工作机制统筹执行力量推进案件执行，通过调动管辖法院的履职积极性，将案件审判和执行剥离，将第一阶段执行与第二阶段执行剥离，甚至将执行实施和执行监督剥离。这充分体现了以国家整体为支撑，执行体系信息化、执行惩戒强制化、执行目标现实化的中国特色民事执行模式，反映出中国在推行国家治理现代化方面的进展和成效。2023年10月以来，全国法院交叉执行案件19.65万件，取得实质进展或化解7.71万件，执行到位金额924.52亿元。

（四）交叉执行是坚持问题导向、破解执行实践难题、解决人民群众急难愁盼的重要举措

探究执行难产生的原因，地方保护主义是一个绕不开的话题。不管是针对本地特殊主体的执行，还是在异地执行中些微的外部干扰都可能成为执行工作中难以逾越的障碍。执行难的根源在于法院权能不足，其一就是组织协作权能，即法院系统内部，同一法院的不同部门或者不同法院之间的协作成本较高，对此，有赖于常规执行中法院权能的补强。而交叉执行便是一种常规化的集中清理活动，有利于补强法院的执行权能。一方面，交叉执行对于解决人民群众反映强烈的消极执行、地方保

护、执行效率不高、力量不足、监督不到位等长期制约执行工作发展的突出问题具有积极作用；另一方面，由于交叉执行大多由上级法院指令，久拖不执、随意中止、终结执行、强制执行和解、执行人员滥用执行权等问题更易得到遏制。更重要的是，交叉执行对其他执行案件的被执行人来说，也可以起到震慑作用，从而带动其他案件的执行。

二、准确把握交叉执行机制的鲜明特征

实践证明，新时代交叉执行工作已经不是解决一时一地问题的权宜之计，而是推进审执分离改革和执行体制改革的重要手段，是解决人民群众急难愁盼的重要抓手，更是推动执行工作高质量发展和执行工作现代化的制度性革命。

（一）凸显坚定的政治立场

交叉执行是坚持和依靠党的领导的重要举措。要主动把交叉执行工作置于党和国家中心大局中谋划，把"从政治上看、从法治上办"落实到交叉执行全过程各环节，坚持双赢、多赢、共赢，实现案结事了政通人和。尤为重要的是，通过党委领导、府院联动推动交叉执行工作取得扎实成效。由原执行法院主动向党委政府汇报，从落实全面依法治国部署、优化当地法治环境等方面，汇报上级法院具体安排的考虑、交叉执行的制度依据、作用意义，以双赢、多赢、共赢思维，争取地方党委政府理解支持，形成协同联动的攻坚合力。比如，在四川某瑞化工公司与某升化工公司执行实施案中，最高人民法院加强统一指挥、统一协调和统一部署，三地九家法院共同参战、协同推进，加强与当地党委、政府和被执行人上级主管部门沟通协作，最终实现破局，促成双方对本案及后续系列诉讼纠纷达成和解，既成功兑现胜诉权益，又让地方龙头企业实现已投入生产线的资源合法利用和可持续发展，取得良好成效。

（二）突出鲜明的人民底色

近年来，人民法院为"切实解决执行难"问题付出巨大努力并取得

不小成绩，但这与人民群众的认同感尚存在一定差距。这其中除了法院自身的原因，也包括当事人、社会公众对执行工作了解不足，期望过高。通过交叉执行能够用心用情解决人民群众急难愁盼问题。执行工作说到底是服务人民群众的事业。执行管辖作为法院内部的工作分工，应尊重人民群众意愿，当事人提出更换管辖申请时，通过交叉执行机制可以积极回应人民群众关切。在信访案件中，较大比例的案件为反映消极执行的问题，且信访人经常要求上级法院提级执行或者指令执行进行监督。对人民群众反映的问题，在办理过程中，交叉执行能够倒逼执行法院依法规范执行，克服消极执行问题，保障人民群众胜诉权利，提升人民群众的执行获得感。比如，在苏州某电器公司涉劳动争议系列纠纷执行案中，针对被执行公司在同一地级市范围的多家基层人民法院均有系列执行案件的情况，共同上级法院指定一家基层法院对所有相关案件进行交叉执行，实行关联案件集中管辖，通过发挥立审执联动配合优势，深挖关联案件潜在财产线索，巧用执行财产协议分配制度，依法为实现劳动者工资优先受偿提供路径。最终，涉案44名劳动者委托代表向执行法官送来锦旗表示感谢，该案的圆满执结实现了"三个效果"的有机统一。

（三）契合深刻的执行规律

交叉执行是对执行工作规律的深刻总结。通过交叉执行，发挥"鲶鱼效应"作用，引入非原执行法院的更强执行力量，以不同的思路、方式，打破原案未能执行的局面；通过交叉执行，实现"大兵团作战"，合理配置执行资源、有效调动执行力量；通过交叉执行，及时发现执行工作中的违法违规问题，促进执行监督制度落到实处。执行案件量大事难，主要体现在查人找物难、财产变现难、排除非法干预难、清理历史欠账难。近年来，人民法院的执行手段不断增多，力度不断增强，但是被执行人规避执行的方式也愈发多样，包括转移财产逃避债务、滥用执行救济程序拖延执行等情形，一些地方法院的执行工作难免存在疲于应付、质效不高的情况。交叉执行不仅能打破原案未能执行的局面，也能在一定程度上破解地方保护主义的桎梏，从而调动法院执行工作整体攻坚克难的积极性、主动性。比如，在某银行上海分行与上海某酒店管理公司等金融借款合同纠纷执行案中，因需要腾退的已拍卖案涉酒店尚在经营、体量巨大（共40余层，建筑面积7万余平方米），涉及大量员工，上海市高级人民法院决定由高院、执行法院和财产所在地基层法院协同执行，统筹协调辖区三级法院优势力量形成强大执行合力，经过详细制订执行预案、分步实施腾退工作，启动多轮协同执行，出动执行干警近200人次，最终成功将案涉酒店平稳交付给买受人，充分彰显了司法权威，持续优化了法治化营商环境。

（四）彰显务实的尽责履职

一方面，民事执行是司法权在执行阶段的具体体现，其运作致力于公正的实现；另一方面，民事执行旨在高效实现执行依据所确认的权利，存在债权人中心主义倾向。过去的交叉执行含义较为狭窄，一般仅指根据上级法院决定，执行案件在同级法院间交叉执行的情况，严重制约了交叉执行制度作用的发挥。新时代交叉执行在扬弃既往实践的基础上，丰富和发展了交叉执行的内涵和实践要求，具有前所未有的广度和深度，体现新时代人民法院坚持为大局服务、为人民司法的工作理念和要求。比如，在某银行太原分行申请执行山西某饭店金融借款案中，针对被执行人山西某饭店经营困难、案件久不执行、申请执行人不满导致矛盾逐步加深的问题，最高人民法院与山西两级法院协同推进执行，地方党委、政府主动协调配合，当事双方就债务化解处置达成了执行和解协议并向执行法院申请结案，一方化解核销积存多年的不良债权，并获得更加丰富广阔的业务发展空间，另一方卸下了多年背负的历史包袱轻装前行，实现了双赢多赢共赢的目标。

（五）发挥突出的专业优势

通过交叉执行优化执行专业资源配置。船舶、飞行器、股权、证券、网络资产、知识产权等财产处置的专业性强，且许多财产形式未能实现"查、冻、扣"一体化处理，通过交叉执行交由海事法院、金融法院、互联网法院、知识产权法院等法院执行。此类法院的执行法官在具体权益判断上更具专业化，在执行程序启动后，对于被执行财产的识别、已查控财产实体权益冲突时的处理的判断难度较高，需要利用相关法院的专业优势。此外，借助相关法院的物联网，可实现对被执行财产的"活"查封，利用电子封条监管被执行人，实时取证；对特殊动产进行"快"处置，可降低处置费用，提高财产处置效率；对被执行财产进行"智"监管，可通过法院间信息平台实现对被执行财产的覆盖。比如，山东省潍坊市中级人民法院在执行一起涉及泰国籍船舶拍卖的刑事涉财执行案中，案件涉及船舶处置，又是涉外案件，较为敏感。山东省高级人民法院考虑到山东省潍坊市中级人民法院处置船舶的经验可能不足，将该案指定青岛海事法院执行，充分发挥海事法院专业优势，取得了良好效果。

（六）体现显著的创新思维

把交叉执行作为推进审执分离改革的重要举措。党的二十届三中全会研究进一步全面深化改革、推进中国式现代化问题，深刻指出"深化审判权和执行权分离改革，健全国家执行体制，强化当事人、检察机关和社会公众对执行活动的全程监督"。审执分离的目的强调审判权与执行权之分离，敦促执行权能够专注于民事执行，避免执行权与审判权杂糅。审执分离在学理上的理解主要包含三个层面，其一为组织、人事上的分离，即审判机构与执行机构分离；其二为审判事项与执行事项的分离；其三为审判程序与执行程序的分离，且执行程序的架构得到确立。目前，我国人民法院内部已经实现了执行权和审判权的分离，即二者分属于不同机构，是第一层面的分离，且执行权中的执行实施权与执行裁决权多数也由不同机构行使。而异地交叉执行机制与传统的"深化内分"审执分离机制不同，旨在促进审判权与执行权在不同法院之间的分离，通过交叉执行，由上级法院将执行案件指定辖区其他法院执行，使审判权与执行权在同一法院不同机构间分离基础上，进一步在不同法院之间实现分离，创造性地丰富了审执分离的内容。

（七）具备鲜活的实践特色

新时代交叉执行制度激活了民事诉讼法的"沉睡条款"，让文本法变成司法领域的鲜活实践。以往交叉执行制度总体上停留在文本层面，长期处于沉睡状态，限制了人民法院解决执行难的路径选择。新时代交叉执行机制，通过制定具有可操作性的具体规范和配套措施，立足新时代司法实践，不断丰富其制度内涵。"统一管理、统一调度、统一指挥"的执行管理新模式、在全国法院全面推广，交叉执行案件数量稳步上升，占全国执行案件2%以上，让"沉睡条款"真正成为一项管用好用的制度落地落实。

三、全面掌握交叉执行工作基本原则

诚信原则、依法执行原则、高效执行原则、比例原则是在长期强制执行理论研究和执行司法实践所形成的共识。交叉执行是人民法院强制执行工作的重要内容，民事强制执行活动的基本原则同样适用于交叉执行。除此之外，作为特殊的执行监督管理行为，交叉执行还须遵循一些特殊原则，需要在开展交叉执行工作过程中予以坚持。

（一）规范性原则

交叉执行既是人民法院的办案方式，也是上级人民法院的管理方式。交叉执行与强化执行监督管理相辅相成、互为表里，换言之，交叉执行是强化执行监督管理的重要抓手，反过来，强化执行监督管理也是交叉执行的重要目的。因此，要将交叉执行和强化执行监督管理的工作要求深度融合，依托执行指挥中心信息化管理功能，结合流程监管、质效评查、申诉信访办理、督查巡查等方式，通过交叉执行制度不断完善执行监督管理体系，加强对执行权的监督和制约，持续推动执行工作规范化发展。规范性原则是依法执行原则在交叉执行中的具体体现，即交叉执行必须以生效法律文书为依据，并依照法定程序和方法进行，既要符合实体法规范，也要符合程序法规范。

（二）必要性原则

交叉执行突破了执行管辖的一般规定，一定程度上会增加执行当事人的诉讼成本以及人民法院的工作量，因此应该严格把关，以确有必要为前提，确保"好钢用在刀刃上"。交叉执行本身并非目的，而是手段。因此有必要在把握交叉执行各种方式的内在本质和逻辑关系的基础上，结合执行法院和执行案件具体情况，因地制宜、因案施策，精准适用交叉执行方式。具体而言，一是坚持效果导向。在能达到同样执行效果的情况下，可以运用内部交叉、督促执行等成本更小的交叉执行方式；在直接变更案件执行法院效果更好的情况下，也可以不经内部交叉、督促执行，直接指令执行甚至提级执行。二是强化集约思维。对于关联案件，可以集中至某一家法院执行。对当事人而言，可以避免对被执行人重复采取执行措施，由一家法院统一分配财产也有利于依法平等保障申请执行人的合法权益；对人民法院而言，可以避免不同法院之间的执行争议以及重复性工作。三是树立协同意识。对于没有必要变更执行法院，但需要整合辖区不同法院执行力量，共同协作执行的情况，上级人民法院应当按照执行工作"三统一"管理的要求，发挥协调和统筹优势，统一调度使用执行力量，有效配合执行法院开展执行实施工作。

（三）便利性原则

"两便原则"，即坚持便于当事人诉讼，便于人民法院依法独立、公正和高效行使审判权的原则，是我国民事诉讼法和审判实践一贯遵循的重要原则。便利性原则要求人民法院开展交叉执行过程中，应当践行"两便原则"精神，统筹考虑当事人住所地、主要财产所在地、执行法院案件数量、执行力量等因素，从便于当事人参与执行、便于人民法院依法及时有效开展执行工作出发，合理确定交叉执行案件和交叉执行法院。比如，债权人向一审法院申请执行，但被执行人主要财产在异地且可能涉及强制腾退等问题，如果通过交叉执行将该案指定到被执行人主要财产所在的法院执行，可能更便于法院开展执行工作，取得更好执行效果。比如，原执行法院可能存在消极执行等问题，上级法院决定交叉执行到辖区其他法院执行，在选择现执行法院时，可以优先考虑距离申请执行人、被执行人生活居住地较近的邻县法院执行，既方便现执行法院开展执行新工作，也便于当事人与新法院交流。

四、正确处理交叉执行中的基本关系

在全面推进新时代交叉执行过程中，既要坚持改革创新、锐意进取，防止因循守旧、裹足不前，让相关法律制度再次成为"沉睡条款"，又要坚持依法依规、稳中有进，防止贪功冒进、走偏走样，导致制度异化、虚化，最终损害制度效用。因此，应重点处理好以下六个方面的关系。

（一）处理好依职权执行与尊重当事人意愿的关系

中央全面依法治国委员会于 2019 年 7 月 14 日印发的《关于加强综合治理从源头切实解决执行难问题的意见》（中法委发〔2019〕1 号）要求人民法院"树立依法执行、规范执行、公正执行、善意执行、文明执行理念，依法保护产权"。根据法治国家的基本原理和要求，应当在执行领域中贯彻依法执行的基本原则，从国家独占强制执行权的视角来看，也要求强制执行必须在法律的规则之下实施。人民法院开展交叉执行应当严格依法进行，不得任意违反民事诉讼法及有关司法解释关于执行管辖的一般规定，不得随意变更案件执行法院，影响基本执行秩序。同时，交叉执行要充分考虑当事人的意愿。对于法院依职权决定交叉执行的案件，要做好当事人的沟通释明工作，结合案件和当地实际，尽可能在不显著增加当事人诉讼负担的情况下交叉执行。申请执行人申请不变更执行法院的，一般应予准许。当事人在信访案件中强烈主张提级执行或者指令执行的，人民法院可以核查并予以积极回应。

(二) 处理好交叉案件数据真实性与监管科学性的关系

交叉执行必须坚持实事求是，科学管理，务求实效。上级法院应当建立交叉执行案件台账，进行动态管理和监督指导，并定期组织案件质量评查。案件执结后，接受交叉执行法院应当及时向作出交叉执行决定的上级法院书面报告案件执行情况。要注重监管的导向性。各地高院要探索建立交叉执行工作的专项监管机制，既要避免避重就轻，将难案"甩包袱"，也要发挥正向激励作用，提升下级法院运用交叉执行机制的积极性；既不能放任不管，让其野蛮生长，又不能唯数据论，层层加码，导致基层不堪重负，引发"反管理"。民事执行的价值追求是迅速、经济、充分实现实体权利义务，但特别要注意，民事执行价值追求不能仅仅通过数据体现，除了追求民事执行的迅速、经济之外，还要将充分执行作为民事执行目的。人民的权益要得到真正实现，不能为了"凑数据"将一些不应交叉执行的案件纳入交叉执行范围，更不能为了数据好看而造假，引发权利救济案件甚至投诉信访，更加影响效率加剧执行难，进而陷入恶性循环。

(三) 处理好交叉执行成本与收益的关系

人民法院开展交叉执行应当统筹考虑案件数量、执行力量、执行成本等因素，从便于当事人申请执行、便于人民法院依法及时有效开展执行工作角度，合理确定交叉执行案件和交叉执行法院，兼顾各方当事人和利害关系人的合法权益。不能不计成本地大比例、大范围开展变更执行法院式的交叉执行，极端加剧基层案多人少矛盾，影响基本执行秩序。也不能不计后果地将执行难案交叉到力量更小、能力更弱的法院执行，导致案件毫无进展，徒增法院和当事人的成本。民事强制执行是"让人民群众在每一个司法案件中感受到公平正义"的最后一公里，应当贯彻以人民为中心的发展思想，在价值取向上妥善处理民事强制执行法律关系主体之间的利益衡量关系。要统筹考虑交叉执行后的执行成本与取得的收益之间的关系，要看人民群众的满意度和最终的社会效果是否得到有效提升，努力实现二者的平衡。

（四）处理好追责与激励的关系

司法权的有效运作是司法场域中所有参与者互动的结果，交叉执行中，应建立合理的追责与激励机制，充分调动开展此项工作的积极、主动性，并加强溯源追责，发挥追责一案、教育一片的作用，通过交叉执行少部分案件，推动所有执行案件的规范高效办理。应当明确，上级法院要建立交叉执行工作考核奖惩机制：经交叉执行，案件取得重大进展的，对接受交叉执行法院和相关执行干警按照有关规定给予表彰和奖励，并在考评、绩效考核等方面适当加分；发现存在消极执行、不规范执行等情形的，对相关法院和执行干警视情节轻重，进行约谈、通报、责令限期整改，并在考评等方面适当扣分，确有必要的，启动"一案双查"程序；发现执行干警违法违纪线索的，移送纪检监察部门审查处理。

（五）处理好加大宣传力度与舆情风险防控的关系

一方面，酒香也怕巷子深，人民法院不仅要将交叉执行工作做好，也要将交叉执行的故事讲好，综合运用传统媒体和新媒体，加大舆论宣传力度，形成交叉执行宣传矩阵，营造强大宣传阵势；要组织发布交叉执行典型案例，发挥典型案例"办理典型一案，促进解决一片"的作用，彰显法治权威，体现司法公信；要积极宣传人民法院在推动交叉执行工作中形成的先进经验、先进事迹、先进人物，做好舆论引导、法律政策宣传、正面典型培树工作。另一方面，舆情是公众围绕现实社会公共话题所表达的总体态度、情绪和看法，全面推进交叉执行过程中难免出现一些突发舆情，人民法院应当把握一般舆情演化规律，正确引导舆情发展，及时化解舆论风险。特别要准确把握司法领域网络舆论的形势、特点，提升复杂敏感舆情的发现、分析、研判和处置能力。要通过公开促公正，原则上，高、中级人民法院要定期召开交叉执行新闻发布会，通报交叉执行进展情况，发布交叉执行典型案例。

（六）处理好交叉执行案件数量与执行力量配备的关系

目前，部分地区执行队伍素质不高，力量相对薄弱，履职能力不足，导致交叉执行工作进展不畅。例如，个别基层法院执行局仅有一两个员额法官，但案件量很大，无法通过变更"承办人""合议庭"等方式进行"内部交叉"。这方面，可以参照江苏省高级人民法院的经验，落实审判、执行人员轮岗交流制度，探索民商事法官到执行局交流锻炼机制，来解决人力不足的问题。2023年12月，江苏省高级人民法院党组部署并印发《关于开展民商事法官到执行局短期交流试点工作的通知》，要求各设区市确定至少一家基层法院为试点法院，选派优秀民商事法官到执行局进行为期六个月的短期交流，承办一定数量的执行实施案件；要求交流人员坚持系统思维、问题导向，从审理、执行两个角度，对裁判过程、裁判结果如何努力促使当事人自动履行从而减少进入执行程序进行总结分析。

各地法院可以先行先试，主动推进，探索经验。例如，江苏省宿迁市中级人民法院下发了《关于在全市范围内开展审判法官全员多层次融入执行工作的通知》，将辖区6个基层法院全部纳入试点范围，要求把执行局作为初任法官任职第一站，即法官任命首年度应到执行局至少工作一年，从履新开始就牢固树立审执一体理念，并提出领导班子成员"带执"、中院审判法官"参执"、基层审判法官"陪执"、基层初任法官"实执"。江苏省苏州市中级人民法院深耕"天网行动"执行品牌，打造"春雷季""骄阳季""秋风季""凛冬季"四大板块，常态化开展全市法院异地财产执行攻坚行动，统筹全市执行力量集约化办理异地执行事项，即各行动小组除负责办理本院案件外，还可以交叉执行其他基层法院在当地的案件，从而减少执行成本，有效提高异地执行处置效率。

五、做实交叉执行推动执行工作高质量发展

自2023年10月以来，人民法院全面推进交叉执行工作，攻克了一批大案、要案、"骨头案"，案件数量稳步上升，改革效能逐步释放，取得明显成效。同时，实践中，交叉执行出现了一些适用上的新问题、新情况，影响了制度效能的进一步发挥：有些地方对交叉执行的制度价值认识不足，存在"上热中温下冷"的现象；有些地方启动交叉执行的规范性不足，存在"凑数据""甩包袱"，甚至造假、注水导致"反管理"的现象；有些地方交叉执行案件衔接缺乏标准，立案销案、执行措施衔接、款物移送等做法不统一；有些地方案件管理水平不高，综合运用各种交叉执行方式的能力不足，办案进度、案件质效、数据统计明显滞后、监管乏力；有些地方法院督促执行的比例过高，本末倒置，追责问责力度偏弱，没有充分发挥交叉执行的制度优势。下一步，要以对党和国家事业负责、对法治中国建设负责、对人民群众利益负责的高度责任感使命感，对上述问题进行总结、统筹、研判和改进，确保做深做实交叉执行，推动执行工作高质量发展，朝着切实解决执行难、实现执行工作高质量发展的目标不断迈进。

（一）更新理念，切实加强交叉执行工作的统筹指导

要深刻认识交叉执行工作的重要意义。交叉执行优化了执行管辖的确定性规则，在有效排除地方权力、关系、人情干扰的同时，又与上级法院的挂牌督办相结合，其执行力度会明显加大，执行效果也会明显提升，对当事人利益影响重大。法院之间交叉执行，是更大程度的"审执分离"，是推进执行体制机制改革的"重要武器"，是现阶段推动执行工作高质量发展的重要制度性革命。要进一步做好调度引导，更新理念、统一认识，组织开展好交叉执行攻坚战，通过开展交叉执行，彻底解决阻碍执行工作高质量发展的顽瘴痼疾，解决体制机制运行中的一些制度性制约，有效防止权力、关系、人情干扰，遏制滥用执行权乃至执行腐

败问题。

（二）统筹谋划，加强交叉执行组织领导

加强组织领导是重要的工作方法，是做好工作的重要保障。交叉执行是一项事关执行工作全局的大事，任务重，要求高。要把交叉执行作为"一把手"工程来抓。人民法院主要领导要履行交叉执行第一责任人职责，靠前指挥、督促指导，按照最高人民法院工作部署，把握交叉执行进度节奏，解决交叉执行关键问题，切实做到领导有力、力量落实、责任落实。要成立交叉执行专项工作小组，组织专门力量负责日常工作，明确责任主体，制订工作方案，分解工作任务，建立工作台账，挂图作战，确保工作落地落实。要加强统筹调度。充分发挥执行工作具有"三统一"的优势，强化对下日常督导，指导下级法院依法规范开展交叉执行；压紧压实责任链条，形成稳定调度机制，定期检查考核本辖区交叉执行工作开展情况；要注重发挥"头雁效应"，各级法院执行局领导要亲自办理交叉执行案件，特别是疑难复杂重大案件，并形成示范效应和常态化机制。

（三）精挑细选，最大限度激发交叉执行效能

要贯彻落实新近出台的交叉执行指导性意见，统一执法尺度和标准，细化完善交叉执行启动规则，既要确保"好钢用在刀刃上"，也要严防在案件甄别、审查甚至执行等环节可能滋生的廉政风险。正确把握适用交叉执行的重点案件，着力解决有财产但因存在地方保护、关系和人情干扰或信访维稳压力等原因迟迟未能有效执结的"骨头案"。着重防止贪功冒进，避免将没必要、不合理的案件交叉执行，给当事人特别是债权人带来时间、金钱上的额外负担，额外占用宝贵的司法资源。选择和办理过程中，要充分尊重和保障当事人、利害关系人的知情权、参与权和异议权，及时告知其交叉执行的程序、方式、经办法院及救济方式等，依法保障各方当事人的合法权利，切实将好事办好，避免因释法沟通不畅

造成当事人的误解,进而引发不必要的信访。

(四)分类施策,重点适用指令、提级等方式

交叉执行主要通过指令执行、提级执行的方式实现。对于重大、复杂、疑难、久执未结的案件,由基层人民法院自行申报或中级人民法院统一收集,上报高级人民法院统一指令相关人民法院交叉执行。在交叉执行过程中,上级法院不能一"指"了之,放任不管,要加大对指令执行案件的督办力度,一案一号、案结号销,严防反复指令、程序空转,把案件办成了"夹生饭";也不能只"指"不"提",将矛盾下压,对于疑难复杂、下级法院协调难度大的案件,该提级执行的,要及时提级执行。高、中级人民法院要因地制宜考核本辖区交叉执行案件办理情况,责任到人,上下联动,开展辖区内专项督导,进行案件质量评查。

(五)加强协作,确保交叉执行衔接有序

要统筹做好交叉执行案件的交接,避免案件交接过程脱封、脱保等情况发生,引发渎职风险。上级法院经审查认为符合提级、指令执行等交叉执行条件的,应当作出决定。原执行法院要及时将案卷材料及案件执行情况说明移送接受交叉执行法院,原执行法院的执行案件依法结案。原执行法院移送案件前存在未处置款物的,应当将未处置款物及有关情况说明一并移交接受交叉执行法院。执行案件被指令执行或提级执行后,原执行法院已采取的查封、扣押、冻结等执行措施自动转为现执行法院执行措施,期限连续计算。相关期限届满前,现执行法院应当根据案件情况续行办理相关手续。原执行法院不得了解、打听、干预案件执行,需要原执行法院协助配合的,原执行法院应当协助配合。涉及当事人信访的,两家法院要共同做好释法明理和息诉罢访工作,妥善化解矛盾纠纷。

(六)数字赋能,加强交叉执行信息化建设

加强执行信息化建设是推动执行工作高质量发展的必由之路。目前,

全国法院交叉执行案件数量正在持续增长，必须借助信息化手段实现交叉执行案件的监督管理。最高人民法院已经建成集全国法院交叉执行信息汇总、案件监管、业务指导于一体的综合信息化系统。一是实现底数清晰。系统面向四级法院建立全国交叉执行案件台账，避免人工统计等方式可能造成的数据失实和监管缺位。二是实现实时统计。系统实现了基于时间、地区、类型等多维度实时统计分析，确保统计科学准确及时。三是实现动态监管。系统支持上级法院查询本院及辖区的交叉执行案件办理、指标排名情况，支持对比案件交叉执行前后的执行进展情况，为上级法院精准监管、统筹协调、考核激励、追责问责等提供强有力抓手。四是实现一体呈现。系统以执行指挥中心大屏和 GIS 可视化实战管理系统为载体，提供了交叉执行态势分析、动态成果展示、会议会商、指挥调度等技术支持，为交叉执行工作深入发展提供了全方位的信息化支持和保障。

（七）奖惩分明，健全交叉执行监督考核机制

管理是科学，也是艺术。业绩考评是科学管理的主要抓手，必须发挥好业绩、绩效考评风向标、指挥棒作用。考核指标设计要科学、符合司法内在规律、体现人性化管理，让各级法院、广大法官放开手脚做深做实交叉执行。对于经交叉执行顺利执结的，应当对执行法院通报表扬、给予激励，将典型案例及时纳入案例库；对原执行法院或原承办人存在消极执行、拖延执行乃至执行腐败等问题的，及时启动"一案双查"，发现违纪违规问题线索的，务必严肃查处、追究问责；对于发现存在地方保护、联动机制不畅等问题的，及时向有关部门或其上级部门通报或发出司法建议。要通过法院内部执行监督、督导监督、外部的检察监督等多种方式，加强对法院交叉执行案例的卷宗评查和督导检查，将交叉执行做深做实，加强数据监管，坚决杜绝数据造假，一旦发现，严肃追责。

【最高人民法院入库案例选登】

某集团公司与牟某某执行监督案

——申请执行人不能清偿全部债务，被执行人受让他人对申请执行人的债权后在本案执行程序中主张抵销的，不能支持

【裁判要旨】

申请执行人系自然人，在其他法院有多个作为被执行人的案件且处于终结本次执行程序状态，部分法院向执行法院发送协助执行通知，要求冻结、划扣案款。申请执行人现有财产不足以清偿全部债务，被执行人受让他人对申请执行人的债权后主张以此抵销其在本执行案件中的债务的，若允许，将导致其受让的普通债权获得优先受偿的结果，实质系对单个债权进行优先清偿，违反公平清偿原则，损害申请执行人的其他债权人的合法利益，故属于"依照法律规定或者按照债务性质不得抵销"的情形，不能予以支持。被执行人受让债权的清偿问题，可在后续执行分配程序中解决。

【关键词】

执行　执行监督　抵销　债权转让　不能清偿

【基本案情】

牟某某与某置业公司、某集团公司建设工程施工合同纠纷一案，贵

州省六盘水市中级人民法院（以下简称六盘水中院）于2020年11月18日作出（2020）黔02民初71号民事判决："一、牟某某与某集团公司签订的《建设工程内部承包责任协议书》无效；二、某集团公司于判决生效之日起十五日内向牟某某支付工程款2943379.83元、利息3237717.81元；三、某集团公司于判决生效之日起十五日内返还牟某某履约保证金100万元；四、某集团公司于判决生效之日起十五日内赔偿牟某某停工损失3429709元；五、驳回牟某某的其他诉讼请求；六、驳回某集团公司的反诉请求。"牟某某、某集团公司不服，向贵州省高级人民法院（以下简称贵州高院）提出上诉。贵州高院于2021年11月25日作出（2021）黔民终219号民事判决："一、维持六盘水中院（2020）黔02民初71号民事判决第一项、第三项、第四项；二、撤销六盘水中院（2020）黔02民初71号民事判决第五项、第六项；三、变更六盘水中院（2020）黔02民初71号民事判决第二项为：某集团公司于本判决生效之日起十五日内向牟某某支付工程款1832571.52元及利息；四、驳回牟某某的其他诉讼请求；五、驳回某集团公司的其他反诉请求。"判决生效后，因某集团公司未履行生效法律文书确定的义务，牟某某向六盘水中院申请强制执行。该院以（2022）黔02执95号立案执行。执行中，该院于2022年8月22日作出（2022）黔02执95号执行裁定：终结本案本次执行程序。

某建筑公司与牟某某等民间借贷纠纷一案，重庆市北碚区人民法院于2017年12月15日作出（2016）渝0109民初7101号民事调解书，确认由牟某某等共同归还某建筑公司借款本金14922077元。2022年11月8日，某建筑公司（甲方）、某集团公司（乙方）、某置业公司（丙方）签订《债权转让协议》，约定某集团公司受让某建筑公司依据（2016）渝0109民初7101号民事调解书对牟某某享有的利息债权中的930万元债权。

另外，已有多家法院向六盘水中院发来协助执行通知书，请求协助将牟某某在六盘水中院应领取的执行案款予以冻结或扣划。经查，申请执行人牟某某在全国各地法院有多个作为被执行人的案件均未执行完毕，其中还有十余条终结本次执行程序的案件记录。

某集团公司向六盘水中院提出执行异议，以其受让的某建筑公司的债权主张抵销本案中的执行债务。六盘水中院于 2023 年 4 月 11 日作出（2023）黔 02 执异 27 号执行裁定，裁定驳回某集团公司的异议请求。某集团公司不服，向贵州高院申请复议。贵州高院于 2023 年 5 月 17 日作出（2023）黔执复 208 号执行裁定，裁定驳回某集团公司的复议申请，维持六盘水中院（2023）黔 02 执异 27 号执行裁定。某集团公司不服，向最高人民法院申诉，最高人民法院于 2023 年 11 月 28 日作出（2023）最高法执监 437 号执行裁定，裁定驳回某集团公司的申诉。

【裁判理由】

法院生效裁判认为：本案争议焦点是应否支持某集团公司的抵销请求。《最高人民法院关于人民法院办理执行异议和复议案件若干问题的规定》第 19 条规定："当事人互负到期债务，被执行人请求抵销，请求抵销的债务符合下列情形的，除依照法律规定或者按照债务性质不得抵销的以外，人民法院应予支持：（一）已经生效法律文书确定或者经申请执行人认可；（二）与被执行人所负债务的标的物种类、品质相同。"本案中，申请执行人牟某某在全国各地法院已有多个作为被执行人的案件终结本次执行程序，说明其现有财产不能清偿所有债权，部分法院还向本案执行法院六盘水中院发送了协助执行通知书，要求冻结或扣划本案执行案款。这种情况已经符合参与分配、公平清偿的条件。如径行准予某集团公司以其受让的某建筑公司的债权抵销本案中的债务，将导致某集团公司受让的普通债权获得优先受偿的结果，违反公平清偿原则，损害牟某某的其他债权人的合法利益。故某集团公司受让的债权应属于"依照法律规定或者按照债务性质不得抵销"的债权，贵州高院和六盘水中院对其抵销请求不予支持，适用法律并无不当。某集团公司受让债权的清偿问题，可在后续执行分配程序中解决。

【关联索引】

《最高人民法院关于人民法院办理执行异议和复议案件若干问题的规定》第 19 条

执行异议：贵州省六盘水市中级人民法院（2023）黔 02 执异 27 号执行裁定（2023 年 4 月 11 日）

执行复议：贵州省高级人民法院（2023）黔执复 208 号执行裁定（2023 年 5 月 17 日）

执行监督：最高人民法院（2023）最高法执监 437 号执行裁定（2023 年 11 月 28 日）

徐州某公司与陈某某执行监督案

——债权转让后，债务人根据其他法院的协助执行通知书向转让人的债权人付款的，不影响受让人主张对涉案债权的执行

【裁判要旨】

原债权人依法转让债权并通知债务人后，债务人应当向债权受让人履行才能消灭债务。债权转让后债务人又收到其他法院的执行裁定和协助执行通知书，要求扣划或提取其应当向原债权人支付的相应款项，实际上属于对原债权人到期债权的执行，债务人有权提出异议。债务人在明知涉案债权已经转让且债权受让人已申请执行的情况下，既未向发出协助执行通知书的其他法院提出异议，亦未请求本案执行法院予以协调，而是径行向其他法院支付款项，存在明显过错，不能消灭其对债权受让人的债务。债务人请求终结本案执行的，不予支持。

【关键词】

执行　执行监督　到期债权执行　债权转让　终止执行　双重给付

【基本案情】

2018年10月29日，浙江某公司与陈某某签订债权转让协议书，将浙江某公司对徐州某公司享有的涉案工程款债权转让给陈某某，并书面

通知徐州某公司。后陈某某向徐州仲裁委员会申请仲裁。2022 年 3 月 2 日，徐州仲裁委员会对陈某某与徐州某公司建设工程施工合同纠纷一案，作出（2019）徐仲裁字第 049 号裁决：一、徐州某公司于裁决生效之日起十日内给付陈某某工程款 14377063.77 元，并支付相应利息。二、驳回陈某某的其他请求。因徐州某公司未履行，陈某某向江苏省徐州市中级人民法院申请强制执行。徐州市中级人民法院于 2022 年 4 月 13 日立案执行，案号为（2022）苏 03 执 188 号，并冻结了徐州某公司多个银行账户及多处房产。

2020 年 12 月至 2022 年 3 月期间，贵州省仁怀市人民法院、上海市闵行区人民法院等多家法院向徐州某公司送达执行裁定和协助执行通知书，以其执行案件中的被执行人浙江某公司对徐州某公司享有到期债权等为由，裁定扣划或提取徐州某公司应当向浙江某公司支付的款项。徐州某公司于 2022 年 5 月根据上述协助执行通知书的要求陆续向相关法院转入相应款项。此后徐州某公司以此为由向徐州市中级人民法院提出执行异议，认为其已经实际履行了本案中的支付义务，无须再向申请执行人陈某某支付任何款项，应当终止（2022）苏 03 执 188 号案件的执行。

徐州市中级人民法院于 2022 年 6 月 30 日作出（2022）苏 03 执异 48 号执行裁定，裁定驳回徐州某公司的异议请求。徐州某公司不服，向江苏省高级人民法院申请复议。江苏省高级人民法院于 2022 年 9 月 27 日作出（2022）苏执复 110 号执行裁定，驳回徐州某公司的复议申请，维持徐州市中级人民法院（2022）苏 03 执异 48 号执行裁定。徐州某公司不服，向最高人民法院申诉。最高人民法院于 2023 年 9 月 26 日作出（2023）最高法执监 322 号执行裁定，裁定驳回徐州某公司的申诉请求。

【裁判理由】

法院生效裁判认为：本案争议焦点在于徐州某公司根据执行法院之外的其他法院对债权执行的协助执行通知书付款能否消灭陈某某的债权。

首先，生效的（2019）徐仲裁字第 049 号裁决查明，浙江某公司与陈某某于 2018 年 10 月 29 日签订债权转让协议书,将涉案工程款债权转让给陈某某,并向徐州某公司送达了债权转让通知,同时认定本案债权转让的实质是陈某某以实际施工人身份取得其实际施工过程中对等获得的债权,不存在浙江某公司以无偿转让的方式逃避债务的行为,故债权转让合法有效,并裁决由徐州某公司直接向陈某某给付工程款及相应利息。后徐州某公司向徐州市中级人民法院请求撤销该裁决书,徐州市中级人民法院作出(2022)苏 03 民特 28 号民事裁定予以驳回。江苏省高级人民法院据此认定浙江某公司已不再对徐州某公司享有到期债权,具有事实和法律依据。徐州某公司应向陈某某而非浙江某公司或其债权人履行该笔债务,否则不能发生清偿效力。

其次,徐州某公司主张其是根据其他法院的执行裁定及协助执行通知向其他法院付款而非自愿向浙江某公司履行,故应当产生清偿效力。但是因其他法院向徐州某公司发送执行裁定与协助执行通知的时间均晚于涉案债权转让及徐州某公司收到债权转让通知的时间,且上述法律文书明确载明被执行人为浙江某公司,实际上要求协助执行的仍是浙江某公司原本对徐州某公司享有的债权。而徐州某公司在此前明知浙江某公司已将涉案债权转让给陈某某,对浙江某公司已不再负有债务,且陈某某取得涉案债权的事实已经生效仲裁裁决所确认并已进入执行程序,在此情况下,徐州某公司有权依法向要求其协助执行的法院提出异议或请求徐州市中级人民法院予以协调。根据《最高人民法院关于适用〈中华人民共和国民事诉讼法〉的解释》第 499 条、《最高人民法院关于人民法院执行工作若干问题的规定(试行)》第 47 条的规定,徐州某公司提出异议后,其他法院不得继续执行。但徐州某公司既未向其他法院提出异议,也未向徐州市中级人民法院及时告知其他法院要求其协助履行浙江某公司已转让给陈某某的债权,而是自行向其他法院付款,存在明显过错,其付款行为不能视为已履行(2019)徐仲裁字第 049 号裁决确定的债务。

最后，民事诉讼法第249条①中规定的"有关单位必须办理"的前提是执行裁定及协助执行通知符合法律规定，并且不损害其他权利人的合法权益。徐州某公司在明知其应向陈某某而非浙江某公司或其债权人履行，且陈某某已申请执行的情况下，仍主张对其他法院没有拒绝权和异议权，缺乏法律依据，并损害了实际施工人陈某某的利益。至于徐州某公司可能面临的"一债二偿"的局面，主要是由其自身过错导致的，相应风险亦应由其自行承担。徐州某公司可通过向其他法院申请执行救济，或者另诉浙江某公司请求追偿等途径维护自身权益。

【关联索引】

《最高人民法院关于适用〈中华人民共和国民事诉讼法〉的解释》（法释〔2015〕5号，2022年修正）第499条

《最高人民法院关于人民法院执行工作若干问题的规定（试行）》（法释〔1998〕15号，2020年修正）第47条

执行异议：江苏省徐州市中级人民法院（2022）苏03执异48号执行裁定（2022年6月30日）

执行复议：江苏省高级人民法院（2022）苏执复110号执行裁定（2022年9月27日）

执行监督：最高人民法院（2023）最高法执监322号执行裁定（2023年9月26日）

---

① 现行民事诉讼法第253条。——编者注

【法答网执行问题精选答复选登】

利害关系人对生效的变更申请执行人裁定不服的救济途径

问题：利害关系人对生效的变更申请执行人裁定不服的救济途径为何？

A法院案件中，甲为申请执行人，乙为被执行人，执行过程中，甲将债权转让给丙，A法院依申请作出裁定将丙变更为该案申请执行人，之后，A法院执行到位部分案款发放给丙后该案终本结案；B法院案件中，丁为申请执行人，甲为被执行人，执行过程中，丁发现甲将其在A法院对乙的债权转让给丙，减损个人责任财产，于是丁在C法院提起债权撤销权诉讼，C法院经审理撤销甲的债权转让行为。首先，此种情形下，丁对A法院执行程序中作出的将申请执行人由甲变更为丙的裁定不服，如何在A法院寻求救济？一种观点认为，A法院作出的变更申请执行人裁定属于执行行为，丁作为利害关系人，可对该裁定提出执行异议，应通过执行异议复议程序救济；另一种观点认为，A法院作出的变更裁定不属于执行行为，丁可依据C法院作出的撤销债权转让生效判决，向A法院或其上级法院提出执行监督，通过执行监督程序救济。

其次，假如A法院后续将其执行案件的申请执行人变更回甲，对丙在该执行案件中已经领取的执行案款，A法院是否应当进行执行回转？如需执行回转，执行回转的金额是否应当扣除债权转让中丙主张已支付的对价？

最后，丁作为利害关系人，在 A 法院作出将丙变更为该案申请执行人裁定十日内，能否依照变更追加当事人司法解释相关规定，直接向 A 法院的上一级法院申请复议？

答疑专家： 向国慧①、王妍②

答复： 利害关系人对变更申请执行人裁定不服如何救济的问题，法律和司法解释没有针对性明确规定，从保护当事人程序救济权利角度考虑，应当根据案件具体情况，充分保护利害关系人表达意见的程序权利，依法纠正有关执行裁定。

首先，丁作为利害关系人，在 A 法院作出将丙变更为该案申请执行人裁定十日内，可以依照变更追加当事人司法解释相关规定，直接向 A 法院的上一级法院申请复议。其规范依据为《最高人民法院关于民事执行中变更、追加当事人若干问题的规定》第 30 条规定："被申请人、申请人或其他执行当事人对执行法院作出的变更、追加裁定或驳回申请裁定不服的，可以自裁定书送达之日起十日内向上一级人民法院申请复议，但依据本规定第三十二条的规定应当提起诉讼的除外。"根据该规定精神，利害关系人如果在执行法院审查是否变更申请执行人阶段，已经参与审查程序并表达意见，变更裁定本身也将其列为利害关系人，其当然可以申请复议。如果在执行法院审查阶段利害关系人没有参与并表达意见，其选择在十日内申请复议，应当尊重其对程序权利的选择，保障其申请复议权利。

其次，在特定情形下宜允许丁提出异议，通过异议复议程序救济。如果利害关系人在执行法院审查变更申请执行人阶段或者就变更裁定复议阶段参与了程序、表达了意见，参照"一事不再理"的精神，不应当允许利害关系人再次提出异议或者申请复议。利害关系人有新的证据或者取得撤销权诉讼胜诉判决，请求纠正变更申请执行人裁定的，宜通过监督程序处理。而如果利害关系人在执行法院审查变更申请执行人阶段

---

① 最高人民法院执行局二级高级法官。
② 最高人民法院执行局三级法官助理。

或者复议阶段均因客观原因未能参与程序并表达意见,其在知道变更申请执行人裁定损害其权利之后、执行程序终结前,可以对变更申请执行人裁定以提出异议、申请复议方式救济。其规范依据为民事诉讼法第236条规定:"当事人、利害关系人认为执行行为违反法律规定的,可以向负责执行的人民法院提出书面异议。当事人、利害关系人提出书面异议的,人民法院应当自收到书面异议之日起十五日内审查,理由成立的,裁定撤销或者改正;理由不成立的,裁定驳回。"执行法院作出的变更申请执行人的裁定,虽然立"执异"字案号,但并非对执行行为异议审查后作出的裁定,而是基于第三人申请变更申请执行人,是对申请的回复,经审查,第三人申请理由成立的,裁定变更、追加,理由不成立的,裁定驳回。在裁定变更申请执行人的情况下,虽然执行法院的执行行为不同于查封、扣押等一般意义上的执行行为,但执行当事人变更,对当事人及利害关系人利益影响重大,在没有其他法定救济途径情况下,可以将变更裁定理解为"执行行为",纳入异议复议救济程序。变更申请执行人的行为目前没有纳入异议之诉程序救济渠道,但又涉及当事人重大实体权利,可以参照第三人撤销之诉的法理,利害关系人对变更、追加当事人的裁定可以提出异议,其后再提出复议。即使变更申请执行人时经过了复议程序,由于复议裁定是维持变更裁定,宜对执行法院变更裁定提出异议,由执行法院审理异议案件。与此类似的问题,根据最高人民法院第34号指导性案例精神,生效法律文书确定的权利人在进入执行程序前合法转让债权的,债权受让人即权利承受人可以作为申请执行人直接申请执行,直接发出执行通知书,无须执行法院作出变更申请执行人的裁定。有关当事人或者利害关系人可以对执行通知载明的申请执行人资格提出异议,通过异议复议程序解决争议。类似的问题,不能因变更申请执行人发生在立案执行后而否定利害关系人提出异议的权利。

最后,关于变更执行当事人导致的已执行案款追回,能否适用执行回转程序的问题。变更丙为申请执行人的裁定撤销后,虽丙无权获得给付,但一般不宜依职权启动回转工作,可以有三种方式处理。第一,根据原申请执行人甲的申请启动回转工作并与另案执行有效衔接,避免有关当事人再次规避另案执行。第二,基于丙应当返还甲因强制执行取得的财产,丁可以按照到期债权执行程序要求丙向丁履行。第三,如果在撤销权诉讼中,法院判决丙向甲返还财产的,丁依据其与甲的诉讼、撤销权诉讼产生的生效法律文书申请强制执行,人民法院可以就甲对丙享有的权利采取强制执行措施以实现丁的债权。

申请追加出具代为履行承诺的第三人为被执行人的时效问题

问题： 第三人2016年出具代为履行承诺，申请执行人2024年申请追加，第三人提出时效抗辩，应否支持？

因被执行人无清偿能力，民间借贷纠纷案件终结本次执行程序后，第三人2016年向法院出具代为履行承诺书，承诺七日后代为履行相关款项，实际未履行。2024年申请执行人要求追加该第三人为被执行人，在承诺代为履行范围内承担责任。该第三人提出抗辩，主张追加被执行人申请已超出两年执行时效，应否支持？

答疑专家： 马岚[①]

答复： 尽管依照《最高人民法院关于严格规范终结本次执行程序的规定（试行）》第9条第1款的规定，终结本次执行程序后，申请恢复执行不受申请执行时效期间的限制；依照第16条第2款的规定，终结本次执行程序后，可以在符合法定情形的情况下，变更、追加被执行人。但依照《最高人民法院关于民事执行中变更、追加当事人若干问题的规定》的规定，变更、追加被执行人需要申请执行人提出申请，因此不能推导出追加被执行人不受诉讼时效限制。我们倾向于认为，在第三人向执行法院书面承诺自愿代被执行人履行生效法律文书确定的债务情形下，申请执行人依照《最高人民法院关于民事执行中变更、追加当事人若干

[①] 最高人民法院执行局复议监督室主任，二级高级法官。

问题的规定》第 24 条的规定申请追加第三人为被执行人的,应适用申请执行时效的规定,从而督促申请执行人及时行使权利,防止第三人义务长期处于不确定状态。

依照民事诉讼法第 250 条的规定,申请执行时效的中止、中断,适用法律有关诉讼时效中止、中断的规定。在具体案件中,被追加的第三人提出申请执行时效届满的抗辩的,执行法院在审查过程中,应参照诉讼时效的相关法律规定,重点审查案件是否具有中止、中断的法定情形。例如,是否存在申请执行人不能对第三人行使权利的障碍,申请执行人是否向第三人提出履行请求,第三人是否同意履行义务等。

建设工程价款优先受偿权在执行分配中的有关问题

问题：关于建设工程价款优先受偿权的相关问题。

（1）执行中拟处置房产，建设工程承包人已提起诉讼主张工程款，但未向执行部门提交优先受偿主张或者分配申请等。该情况下，执行部门是否需主动查明，并预留优先权份额？

（2）优先受偿权尚未取得执行依据的，分配时如何确定优先受偿数额，执行法院审查的程度？

（3）分配方案在确定优先受偿权范围时，是否区分建设工程价值和土地价值？

答疑专家：尹晓春①

答复：关于优先权人在执行程序中主张权利的方式。《最高人民法院关于适用〈中华人民共和国民事诉讼法〉的解释》第506条第2款规定，对人民法院查封、扣押、冻结的财产有优先权、担保物权的债权人，可以直接申请参与分配，主张优先受偿权。根据该条规定以及第507条的规定，优先权人原则上应向拟处置房产等标的物的法院提出分配申请，主张建设工程价款优先受偿权。同时，实践中，优先权人在诉讼或者执行程序中申请对案涉房产等标的物采取保全（轮候保全）措施，通过诉讼法院或者自身执行法院向拟处置标的物的法院发函等方式，均可认定优先权人已主张权利。当然，拟处置标的物的法院如果已知存在优先权

---

① 最高人民法院执行局执行督导室副主任，三级高级法官。

人，也应及时通过适当方式通知优先权人向法院提出分配申请。

关于制作分配方案时对优先权的审查问题。因承包人对建设工程价款的优先受偿权为法定优先权，未经审判或者仲裁，在执行中可以提出优先受偿主张，故执行程序中需对其申请进行审查。但是，执行程序一般仅对主张的权利、参与分配金额及相关合同等证据材料进行形式审查。如果优先权未超过法律规定的行使期限，被执行人对优先权人申请的工程价款金额无异议，经执行程序审查相关合同等，未发现优先权人与被执行人恶意串通损害第三人利益的，应准许其优先受偿，并按照优先权人申请数额制作分配方案，其他债权人等如有异议，可通过分配方案异议及异议之诉寻求救济。如果被执行人对优先权有实质争议，因优先权尚未取得执行依据，执行程序通过对施工合同等证据进行形式审查难以确定优先权数额的，人民法院可以根据优先权人主张的金额予以预留，对该部分款项暂不进行分配，并告知优先权人另行诉讼，待其取得执行依据后，再对预留款项予以分配。此外，如优先权人与被执行人约定以房折抵工程款债务，则可通过案外人异议及异议之诉请求排除执行。

关于优先权的范围是否及于土地使用权价值的问题。根据民法典第807条以及《最高人民法院关于审理建设工程施工合同纠纷案件适用法律问题的解释（一）》第35条等的规定，承包人请求其承建工程的价款就工程折价或者拍卖的价款优先受偿的，应予支持。建设工程的价款是承包人的投入物转化到建设工程中的价值体现，优先权的主要目的是优先保护建设工程劳动者的工资及其他劳动报酬。但是，投入到建设工程中的价值及材料成本并未转化到该工程占用范围内的土地使用权中，因此，执行程序拍卖、变卖所得价款中土地使用权对应的部分，不属于建设工程价款优先受偿权范围。

【交叉执行专题】

交叉执行的规范展开
——以集中执行为中心的分析

杜圣杰[*] 马鑫鑫[**]

内容摘要：集中执行是交叉执行的具体方式之一，是解决执行竞合问题、"切实解决执行难"的重要探索。通过对实践中的集中执行典型案例的梳理，能够归纳出针对特定财产类型、被执行人类型、案件类型下的集中执行适用场景和规范做法，从而填补现有法律规范在集中执行启动标准、衔接管理、具体操作等方面的缺失。应通过强化理论研究解决集中执行启动方式、当事人是否享有异议权等争议性问题，通过完善制度规范解决集中执行标准不统一问题。集中执行制度仍需进一步优化，确保集中执行充分发挥维护当事人权益、提升执行质效、监督执行权运行的实际功效。

关键词：集中执行 交叉执行 执行竞合 合并执行

引 言

民事诉讼法第237条规定："人民法院自收到申请执行书之日起超过六个月未执行的，申请执行人可以向上一级人民法院申请执行。上一级

---

[*] 最高人民法院执行局执行指挥管理室主任，中国政法大学民商经济法学院博士研究生。
[**] 北京市第三中级人民法院执行一庭法官助理。

人民法院经审查，可以责令原人民法院在一定期限内执行，也可以决定由本院执行或者指令其他人民法院执行。"该条文为交叉执行这一新时代人民法院推进"切实解决执行难"的重大制度创新提供了依据。自 2023 年 10 月起，全国 19 个省（区、市）人民法院进行交叉执行试点，包括非试点省份在内的大部分省份均已积极推动辖区异地交叉执行工作。2024 年 1 月，最高人民法院院长张军在全国高级法院院长会议第二次全体会议上指出，交叉执行是做实公正与效率、强化执行监督制约、杜绝消极执行的重要举措，是克服地方保护主义、化解执行积案难案的重要执行制度。要在全国范围内有序推进交叉执行工作，通过指定执行、提级执行等方式，将难以执行的案件交由其他法院执行，发挥"鲶鱼效应"作用，克服地方保护主义，更好发挥这一制度的效能。其中，集中执行作为一种适用较为普遍的交叉执行方式，在创新性、效率性、解纷性方面发挥了突出作用，是人民法院优化执行资源配置、提升关联案件执行质效、依法平等保障当事人合法权益的重要手段，各级法院也形成了一批典型案例和经验做法。通过对现有经验做法的检视，能够归纳出集中执行的适用场景和规范做法，填补集中执行的规范缺失，也能够发现集中执行中亟待解决的问题，并提出完善路径。由于交叉执行的各种具体方式是一个有机整体，对集中执行的检视也能一定程度上反映出交叉执行制度的整体运行情况，完善集中执行制度运行能够为交叉执行的规范开展提供助力。

一、集中执行的制度基础

（一）集中执行的沿革和意义

1. 集中执行的沿革

集中执行是人民法院执行领域的传承和创新。早在 2000 年发布的《最高人民法院关于高级人民法院统一管理执行工作若干问题的规定》（法发〔2000〕3 号）第 3 条就提出，高级人民法院应当根据最高人民法院的统一部署或本地区的具体情况适时组织集中执行和专项执行活动。随后,《最高人民法院关于执行权合理配置和科学运行的若干意见》(法发〔2011〕15号)第29条再次明确,上级人民法院可以根据本辖区的执行工作情况,组织集中执行和专项执行活动。这些文件虽然提及集中执行,但将其与专项执行并列,可以理解为上级人民法院依职权组织辖区法院针对某类案件开展的执行活动。这种集中执行并不针对特定案件,与后来作为交叉执行方式之一的集中执行具有本质区别。

2021年发布的《最高人民法院关于进一步完善执行权制约机制、加强执行监督的意见》(法〔2021〕322号)第26条规定,中级人民法院对辖区内跨区域执行案件、一个被执行人涉及多起关联案件、疑难复杂案件等统筹调配执行力量,集中执行、交叉执行、联动执行。该文件首次把集中执行与交叉执行、联动执行等方式并列,提出集中执行的主体为中级人民法院,适用案件类型为辖区内跨区域执行案件、一个被执行人涉及多起关联案件、疑难复杂案件等,目的是统筹调配执行力量。该条文表述与后来作为交叉执行具体方式之一集中执行相比较,内涵已较为接近。

此后,部分地方法院就发现将同一被执行人或同一类案件集中执行,既符合现有法律框架,又能取得较好的执行效果,并予以常态化运行。例如,2021年浙江省高级人民法院制定《关于关联案件集中执行工作的指引(试行)》(2022年1月1日施行),将全省范围内同一被执行人的金钱给付类执行实施案件,通过指定执行的方式统一到最先受理或者主要财产集中地法院执行①。又如,四川省高级人民法院制定《关于成都地区受理的公证债权文书执行案件委托执行的通知》,将成都地区受理的公证债权文书首次执行案件,以委托执行的方式交叉至其他地区的5个中级人民法院及其辖区法院。② 在总结执行实践先进经验的基础上,最高人

---

① 参见于苫纳、闫冰、李佳:《交叉执行的再认识与实践完善》,载《人民司法》2024年第21期。
② 参见周磊、汪澜、何文翟、伏瑚:《交叉执行的实践检视与规则完善》,载《人民司法》2024年第21期。

民法院于2024年正式发布《最高人民法院关于交叉执行工作的指导意见》（法发〔2024〕9号，以下简称《交叉执行意见》），该意见第12条至第16条对集中执行的案件衔接、原案结案方式、财产查控衔接、与破产和分配程序衔接等方面进行了系统规定。

梳理制度沿革可以发现，集中执行既是人民法院执行领域的重大创新，又是执行工作"三统一"管理机制下灵活调配执行力量的优良传统，是对执行工作规律的总结提炼。

2. 集中执行的意义

集中执行是深入解决执行竞合问题的重要抓手。执行实践中，存在多个债权人根据不同的执行依据，就同一被执行人提起多起强制执行案件的情形。在此情况下，多起执行案件给付要求之间的排斥与重合，被称为广义上的执行竞合①。执行竞合可能进而导致多个债权人就财产分配产生争议等情况，使多个执行案件迟迟无法执结②。解决执行竞合问题，目前常用的方法是首封法院或享有处置权的法院处置财产后，根据《最高人民法院关于适用〈中华人民共和国民事诉讼法〉的解释》第508条、第514条的规定主持分配。该制度在一定程度上能够解决分配争议问题，但仍无法避免重复查控问题、法院间处置权争议问题、大体量财产统筹处置问题以及不同债权人矛盾纠纷等问题。这些问题从深层来说，是执行法院间各自为战、分散执行、缺乏统筹导致的。要进一步解决执行竞合的深层问题，切实解决执行难，还应当进一步强化集约思维。在已有的分配集约基础之上，向执行前端程序打通查控集约、处置集约的路径，这就需要探索集中执行制度。

集中执行是"切实解决执行难"的现实需要。实践中，部分地区可能存在地方保护主义倾向，影响法院执行措施，导致出现消极执行、选择性执行，有的法院受执行水平所限无法驾驭疑难复杂案件，一些案件涉"保交楼"企业或地方支柱产业需要统筹考量，这些因素都是造成部

---

① 参见谭秋桂：《民事执行原理研究》，中国法制出版社2001年版，第325页。
② 参见王娣：《强制执行竞合研究》，中国人民公安大学出版社2009年版，第39页。

分案件执行难的重要原因。集中执行的广泛开展，既能引入非本院的更强执行力量进来，以不同的思路、方式，打破原案未能执行的局面，调动起执行法院的主动性；又能使审判权与执行权在同一法院不同机构间分离的基础上，进一步在不同法院之间分离，丰富审执分离内容。这是新时代"切实解决执行难"深化执行改革，推进执行工作体系和执行工作能力创新发展的现实需要和重要举措。

（二）集中执行的概念和功能

1. 集中执行的内涵

《交叉执行意见》第12条是关于集中执行情形的规定：集中执行是人民法院优化执行资源配置，提升关联案件执行质效，依法平等保障当事人合法权益的重要手段。同一被执行人涉及多起执行案件，不同法院具有管辖权，集中执行便于当事人参与执行、便于人民法院依法及时有效开展执行工作的，上级法院可以决定集中执行。第13条是关于如何确定负责集中执行法院的规定。据此，可将集中执行的内涵界定为：同一被执行人涉及多起执行案件，不同法院具有管辖权，为便于当事人参与执行、人民法院依法及时有效开展执行工作，上级法院决定由最先受理法院或主要财产所在地法院负责办理该多起执行案件的一种执行制度。

集中执行的运用有多重维度。一是专业财产集中执行。《最高人民法院关于全面推进交叉执行工作的通知》（法〔2024〕59号，以下简称《交叉执行通知》）第7条提出，对于船舶、飞行器、股权、证券、网络资产、知识产权等财产处置专业性强的案件，可以指令海事、金融、互联网、知识产权等法院执行。该维度的集中执行建立在专门法院集中管辖制度基础之上，便于提升专业性财产的处置规范性和效率。二是跨区域、审级集中执行。这类集中执行涉及更大范围内的资源整合，为解决跨区域案件、大型企业案件、系列案件等传统执行难案件开拓了思路，是交叉执行推广以来，实践中逐渐探索成型、效果较好、转化经验较为成功的集中执行维度，也是本文主要研讨的维度。

2. 集中执行的功能

集中执行的一项重要功能就是集中执行后，人民法院对关联案件可以同时采取查控措施，在避免执行法院重复采取执行措施的同时，实现对执行当事人的平等保护。① 在集中执行提出之前，除极个别案件集中管辖外的绝大多数执行案件，法院间、债权人间各自为战，就相同财产重复查封、重复参与分配，引发大量查封顺位矛盾、处置权纠纷、分配利益纠纷。在经济下行压力下，涉及大型企业集团系列执行案件更为多发，前述问题更加突出。

集中执行的实践有以下突出优势：一是集约思维。对于关联案件，可以集中至某一家法院执行。对当事人而言，可以避免对被执行人重复采取执行措施，由一家法院统一分配财产也有利于依法平等保障申请执行人的合法权益；对人民法院而言，可以避免不同法院之间的执行争议以及重复性工作，避免因执行异议、破产申请等不同诉求的相互牵制导致执行僵局②。二是善意理念。被执行人在多个法院有执行案件的情况下，法院间往往各自处置财产，缺少大局意识，难以实现利益最大化，甚至加速被执行人进入破产清算。但在集中执行情况下，同一法院更容易协调各方当事人，在保障债权实现和顺位利益的前提下，更容易实现"活封""活扣"等善意文明执行举措，甚至统筹考量多方利益，促成和解方案。三是民生原则。集中执行案件往往涉及劳动纠纷，在企业未进入破产程序的情况下，劳动者债权比例小、无法定优先权、不清楚财产线索，往往处于弱势地位。集中执行后，集中执行法院对所有债权可通盘考量，分配中能够体现民生原则，保护债权人利益。四是审执分离。集中执行和指令执行、提级执行等交叉执行方式涉及执行管辖权的转移，以及执行实施权转移后执行审查权的一并转移，其广泛性和常态化应用对于深化审判权和执行权分离改革、健全国家执行体制有重要意义。

---

① 参见黄文俊、毛立华、向国慧、杜圣杰：《〈最高人民法院关于交叉执行工作的指导意见〉的理解与适用》，载《人民法院报》2024年7月11日第5版。

② 参见宫纳、闫冰、李佳：《交叉执行的再认识与实践完善》，载《人民司法》2024年第21期。

3. 集中执行与合并执行的界分

与集中执行制度内涵最为接近的是合并执行，也称并案执行。我国台湾地区"强制执行法"第33条即关于合并执行的规定①。从该规定可知，合并执行是指对于已经开始实施强制执行的债务人的财产，其他债权人再申请强制执行的，应当合并其执行程序的情形。其他债权人对于已开始强制执行的债务人的财产再申请强制执行的，从理论上说应当属于强制执行的参加，其执行程序应合并办理，并就合并执行所得的金额，比照分配程序予以处理。合并执行由两个部分组成，即并案执行和并案分配。执行竞合是合并执行的前提，合并执行是解决执行竞合问题的方式之一。

集中执行与合并执行的区别有以下两点。

一是并案前查封措施效力不同。在我国台湾地区，合并执行后，在先执行案件实施的查控措施效力当然及于后申请强制执行案件；而集中执行后，原执行案件此前已经采取了查控措施的，会保障其在先查控的顺位利益。我国台湾地区的分配原则为群团优先原则，即将债权人按时间标准分为若干群团，前序群团优先于后序群团受偿，同一群团债权人平等受偿。因此在财产处置前申请执行的债权人均视为同一群团享有相同顺位利益。对于企业法人，我国法律目前采有限破产主义原则②，就执行变价所得财产，在扣除执行费用及清偿优先受偿的债权后，按照财产保全和执行中查封、扣押、冻结财产的先后顺序清偿普通债权。因此原执行案件的在先查控顺位在集中执行后仍应予以保障。

二是适用情形不同。我国台湾地区的合并执行以不同债权人申请执行同一被执行人的特定财产为前提，而集中执行的必要条件为同一执行人涉及多起执行案件，不同法院具有管辖权，并不要求针对特定财产。

---

① 我国台湾地区"强制执行法"第33条规定："对于已开始实施强制执行之债务人财产，他债权人再声请强制执行者，已实施执行行为之效力，于为声请时及于该他债权人，应合并其执行程序，并依前二条之规定办理。"（注：前二条为参与分配规定）。
② 参见肖建国、庄诗岳：《参与分配程序：功能调整与制度重构——以一般破产主义为基点》，载《山东社会科学》2020年第3期。

这是由于实践中的执行争议案件往往不只针对同一特定财产的执行竞合，还存在财产数量多、查封情况混乱的情况，这就需要统筹考虑多个债权人利益和善意文明理念，因此可通过集中执行，对多个案件的多项财产统一制订执行方案，集中处置被执行人财产。

4. 集中执行与集中管辖的界分

民事诉讼法对集中管辖并无明确规定。实践中，上级法院一般以民事诉讼法第 39 条第 1 款为依据，作出集中管辖决定：上级人民法院有权审理下级人民法院管辖的第一审民事案件；确有必要将本院管辖的第一审民事案件交下级人民法院审理的，应当报请其上级人民法院批准。实践中的集中管辖包含特定类型案件集中管辖和特定主体案件集中管辖，前者如行政案件集中管辖、知识产权案件由专门法院集中管辖，后者如涉某企业及关联方案件的集中管辖。与集中执行较为接近的是后者，二者的区别为：一是涉及法律程序不同。集中管辖为立审执协调一体的管辖原则，而集中执行仅为执行案件的管辖。二是涉及案件范围不同。一般集中管辖案件涉及大型企业集团案件，地域范围较广，标的总金额较大，案件数量较多。而集中执行案件仅以有两个以上债权人为前提，既包括大型企业作为被执行人的案件，也包括小体量案件。

二、集中执行的适用场景

《交叉执行通知》第 7 条和《交叉执行意见》第 12 条对集中执行的适用场景进行了规定：一是同一被执行人涉及多起执行案件，且不同法院具有管辖权，同时集中执行符合两便原则的案件；二是专业性强的财产处置案件。现有规定表述较为笼统，且仅为列举性规定，难以提炼出适宜集中执行的具体案件情形。通过对典型案例的梳理，可归纳出适用集中执行并取得较好效果的案件模型，进行类型化分析。作为反向补充，通过对现有规范性文件和执行实践的特点分析总结出不适宜集中执行的情形。

（一）根据财产特点适宜集中执行的情形

1. 多个案件涉及同一被执行人特定财产，可集中至财产所在地法院

因多个债权人实现债权均指向被执行人唯一财产，故集中至财产所在地法院执行便于处置和分配。在李某与刘某土地承包经营权纠纷案中，因7件关联案件债权人均与被执行人刘某名下位于某区的鱼塘相关，分别主张土地承包租金、劳务费、供货商欠款等，还要求刘某履行鱼塘清空义务。通过集中至该区法院，发挥属地优势实施鱼塘清空和变价水产品，联动地方基层组织安抚债权人，释法明理，取得较好效果。此外，本案中也体现出针对特定财产的行为给付与金钱给付虽然不属于狭义上的执行竞合，但出于便利性考量，也可以集中执行。这不失为集中执行对传统合并执行理论仅用于解决金钱给付类执行竞合的创新。

2. 多个案件涉及同一被执行人关联财产，可集中至财产所在地法院

集中执行便于将多个案件的财产处置难题"合并同类项"，找出最优解。在宋某与某信托公司借款纠纷执行实施案中，被执行人宋某将名下两套房产打通装修，由家属居住，并分别抵押给不同债权人，且案件在某市A区、B区法院分别执行。因家属拒绝腾房，A法院无法推进执行。该市中院将案件集中至房产所在地B区法院执行后，执行员将两个案件合并处理，征得抵押权人同意后先拍卖一套房产，变价款由两房抵押权人按比例受偿，剩余款项达成和解，保障了宋某亲属得以继续居住在另一套房产中。因两个案件的两套抵押房产为打通状态，如分散处置将难以妥善处理腾退、交付、分配等一系列事项，集中执行后得到了圆满解决。

3. 多个案件涉及被执行人名下较大体量财产，可集中至财产所在地法院

大体量财产的评估处置存在花费高、时间长、难度大等问题，如处置后可实现多个债权人利益，则可以考虑通过集中执行实现事半功倍的良好效果。在某农村商业银行与某房地产开发公司借款合同纠纷执行案①中，某市中院和某区法院先后受理以某房地产开发公司为被执行人的案件，需处置其名下一幢（负1层至12层）商业房产。某市中院案件的申请执行人为抵押权人。该房产经评估拍卖流拍后，某市中院将1层至11层抵债给申请执行人实现抵押权。某区法院案件的申请人为一般债权人，为避免造成当事人经济负担、浪费司法资源、延长执行期限，某市中院提级集中执行某区法院案件，将剩余的负1层和12层房产抵债给一般债权人，为其快速实现部分债权。

除处置整栋商业的案件外，"保交楼"案件涉财产多，情况复杂，也可以采用这种集中执行思路。在某房地产开发集团公司系列执行实施案②中，涉及"保交楼"项目的多起关联执行案件，由于项目仍是在建工程，且已烂尾，难以处置。通过将案件集中到主要财产所在地法院执行，实现统一管辖、一揽子办理，这既有利于节约司法资源、提升财产处置效率，也便于争取当地党委政府支持、强化府院联动、加大和解力度，最终案件以"抵债+解封"模式化解，实现了申请执行人、被执行人、购房者多方利益共赢。

4. 涉及专业性较强的财产，可集中至专门法院

对于船舶、飞行器、股权、证券、网络资产、知识产权等财产处置专业性强的案件，可以指令海事、金融、互联网、知识产权等法院执行。这类财产处置的专业性较强，且许多财产形式未能实现查封、扣押、冻结一体化处理，集中至相关专门法院处理，可以充分发挥其专业优势，提升执行质量和效率③。例如，某省多个沿海城市法院分别与某海事法院签订《涉海事执行工作协作互助框架协议》④，建立涉海事执行工作协作

---

① 《交叉执行到位金额398.91亿元！最高法首次发布交叉执行工作情况及典型案例》，载中国法院网，https://www.court.gov.cn/zixun/xiangqing/436881.html，2024年9月1日访问。

② 最高人民法院交叉执行典型案例（第二批）。

③ 参见黄文俊：《深入贯彻习近平法治思想 做深做实交叉执行》，载《中国审判》2024年第12期。

④ 参见刘庭梅、徐畅、李小虎、余建华：《交叉执行 啃下执行"硬骨头"——各地人民法院执行工作创新实践综述》，载《中国审判》2024年第12期。

互助机制，就是依托交叉执行制度，形成海事法院处理海事执行案件的工作思路。

（二）根据被执行人特点适宜集中执行的情形

1. 被执行人为大型企业集团或地方支柱企业，可集中至被执行人登记地中院

在被执行人为大型企业集团或地方支柱企业的情况下，执行案件往往财产情况复杂、多方利益纠缠，需要运用"一盘棋"思维妥善化解，可以集中至属地中院。在某矿业有限公司系列执行案①中，被执行人虽为千万吨级能源保供煤矿，但因停工停产无法偿还债务，涉及案件53件。某市中院将这些案件全部提级至本院进行集中执行，采用"活封""活扣"执行方式，助力企业复工复产，通过"放水养鱼"策略化解债务。

2. 被执行人债务较多，可能导入破产重整程序的案件，可集中至具有破产管辖权的执行法院

将原属于不同管辖法院的同一被执行人系列案件，集中至具有破产管辖权的执行法院进行"执破融合"，是执行前瞻性、体系化思维的生动实践，往往能够实现"一揽子"解决矛盾。在某新材料公司系列执行实施案②中，被执行人债务规模大、案情复杂、管辖重叠。如果直接强制执行将导致企业无法继续生产经营、千余名劳动者丧失工作岗位，且欠付工资无法支付。某市中院决定将系列案件全部集中至该企业破产管辖法院某区法院执行。某区法院强化执行部门与破产审判部门的"执破融合"，通过多方调查发掘企业潜在偿债能力，引导企业申请重整，既保障了各方当事人合法权益，又帮助被执行企业摆脱困境、实现再生。通过执行转重整，成功避免100余件案件进入执行、1300余件案件进入诉讼。

---

① 参见于苜纳、闫冰、李佳：《交叉执行的再认识与实践完善》，载《人民司法》2024年第21期。

② 我国台湾地区"强制执行法"第33条规定："对于已开始实施强制执行之债务人财产，他债权人再声请强制执行者，已实施执行行为之效力，于为声请时及于该他债权人，应并其执行程序，并依前二条之规定办理。"（注：前二条为参与分配规定）。

（三）根据案件特点适宜集中执行的情形

1. 情况复杂、需争取地方党委政府支持的案件，可集中至被执行人住所地或财产所在地法院

通过基层法院集中执行，主动争取地方党委政府支持，可以充分发挥当地党委总揽全局、协调各方的积极作用，以府院联动实现财产快速处置和多方共赢。在某民间资本管理有限公司与田某某等增资纠纷执行案[①]中，被执行人名下待处置的38亩批发零售用地法律关系复杂，处理难度极大，还是长期闲置土地，当地党委政府予以重点关注。由财产所在地法院执行后，依托当地党委政府和法院的合力协调，促成涉土地在月余时间顺利成交，顺利完成权属变更。

2. 案件数量多、债权情况复杂、涉群体性纠纷的案件，可集中至首先受理的法院或受理案件数量最多的法院

对于案件数量多、债权情况复杂、涉群体性纠纷的案件，分散执行可能会出现财产查控处置进展不一、执行措施适用交织等问题，进而影响债权人受偿顺序和比例，不利于群体性矛盾纠纷的妥善化解。由首先受理的法院或受理案件数量最多的法院集中执行的优势如下：一是这些法院对债权人情况、被执行人财产情况都较为了解，便于财产尽快变现和协调各方达成分配协议，保护劳动债权；二是有利于统一调度执行力量，整合执行资源、降低整体执行成本。在某电器公司涉劳动争议系列纠纷执行案[②]中，被执行人因经营不善，多家门店相继关门歇业，大量涉劳动争议案件以及合同类案件陆续进入执行程序，案件分布在某市辖区多家法院，后某市中院决定由首先受理且案件受理数量最多的C法院对该系列案件进行集中执行。C法院查找到该院审理的另一被执行人作为原告的案件，提取到期债权400余万元，并考虑到各劳动者的实际困难、

---

① 参见于苫纳、闫冰、李佳：《交叉执行的再认识与实践完善》，载《人民司法》2024年第21期。

② 参见于苫纳、闫冰、李佳：《交叉执行的再认识与实践完善》，载《人民司法》2024年第21期。

各债权人的利益分配关系，组织各方协商达成执行财产分配协议，实现劳动争议案件全额受偿。

3. 案件影响范围大、涉及多个辖区协调的案件，可集中至被执行人住所地或财产所在地中院

中院受理案件标的额在系列案件中一般占比较高，中院执行法官在辖区范围内政治素质、业务能力也普遍较为突出，具备较强的统筹协调能力，对案件影响范围大、涉及多个辖区协调的案件，可集中至中院执行，发挥中院的办案优势，综合运用执行手段，协调多方利益，避免"办一个案子，垮掉一个企业"，实现"从政治上看，从法治上办"。

（四）不宜集中执行的情形

1. 违反必要性原则的集中执行

集中执行突破了执行管辖的一般规定，需经过审批、作出决定书、原执行法院通知当事人、移送案卷款物及执行措施、集中执行法院确定执行方案等程序，一定程度上会增加执行当事人的诉讼成本以及人民法院的工作量。另外，更换执行法院对当事人来说意味着执行思路的调整，无异于"伤筋动骨"，因此应该严格把关，以确有必要为前提。既不宜为了凑数量、"甩包袱"泛化适用集中执行，造成司法资源浪费；也不宜为了宣传效果，将本应在小范围开展的集中执行扩大为大范围集中执行。结合前文关于集中执行的三个维度可作如下理解：一是优先执行会商，非必要不变更承办法官（团队）；二是优先内部交叉，尽量不变更执行法院；三是优先协同执行，充分运用委托执行，尽可能做到"案不动人动"，必要情况下才采取跨区域、跨审级集中执行。

2. 违反效果导向的集中执行

交叉执行的方式选择应坚持效果导向。[1] 根据《交叉执行意见》第3条第2款的规定，在能达到同样执行效果的情况下，一般应当优先运用

---

[1] 参见周磊、汪澜、何文翟、伏瑚：《交叉执行的实践检视与规则完善》，载《人民司法》2024年第21期。

内部交叉、督促执行等成本更小的交叉执行方式；在直接变更案件执行法院效果更好的情况下，也可以不经内部交叉、督促执行，直接指令执行甚至提级执行；对于关联案件，可以集中至某一家法院执行；对于没有必要变更执行法院，但需要整合辖区不同法院执行力量，共同协作执行的情况，可以协同执行。为了获得更好效果，可以对必要性原则进行突破，但必须在选择集中执行前对是否符合效果导向加以考量。效果导向的考量不应是主观化或模糊化的，也不应以执行结果反向推论，而应在选择是否集中执行之时明确客观标准，如案件是否符合前述集中执行的类型化适用场景。未对集中执行后的执行效果加以预测和对比，或是预测、对比前后的结果并无明显的差异的，则上级法院不应决定集中执行。

3. 违反"两便原则"的集中执行

"两便原则"，即坚持便于当事人诉讼，便于人民法院依法独立、公正和高效行使审判权的原则，是我国民事诉讼法和审判实践一贯遵循的重要原则。根据《交叉执行意见》第13条的规定，集中执行选定的法院一般应为最先受理的法院或者主要财产所在地法院。但实践中不能仅按照该标准随意选择集中执行法院，更不能舍近求远或毫无关联地确定集中执行法院。而应参照"两便原则"精神，统筹考虑当事人住所地、主要财产所在地、执行法院案件数量、执行力量等因素[①]，合理确定集中执行法院。

4. 选择方式不当的集中执行

情况复杂、需要统筹协调的案件不选择提级集中执行，而选择指定辖区其他法院执行；数量较大的执行不能案件不选择集中执行导入破产程序而选择督促执行，均为集中执行方式选择不当：一方面，衍生出负面的选择性执行问题；另一方面，也不符合必要、便利和经济的原则。交叉执行各种具体方式既有联系，又有区别，是有机整体，并非简单的

---

① 参见肖建国、庄诗岳：《参与分配程序：功能调整与制度重构——以一般破产主义为基点》，载《山东社会科学》2020年第3期。

并列关系或者递进关系。具体选择哪种交叉执行方式，不能思维僵化，而应具体情况具体分析，做到因地制宜、因案施策。

三、集中执行的规范机制

明确集中执行的适用场景后，为填补现有规定对集中执行具体程序规定的空白，还需通过总结实践中的规范性做法，用于集中执行适用参考。

（一）集中执行案件的发现机制

根据目前规定，集中执行的发起方式主要是上级法院依职权启动。如当事人申请启动，可向上级法院提出申请；如下级法院申请启动，可以向上级法院报请。上级法院对集中执行申请的事实理由作审查判断，再决定是否集中执行。有学者认为，集中执行所适用情形较为特殊，相较于申请执行人，人民法院对相关情形的判断具有比较优势，因此，将集中执行的启动方式限于上级法院依职权启动和依下级法院报请启动较为妥当。[1] 本文认为，当事人享有申请启动交叉执行的权利，在具体交叉执行方式的选择上，法院具备优势，因此应由法院在充分听取申请执行人表达意见的基础上，确定效果更好的交叉执行方式。

在具体案件的发现上，除符合前述类型化适用场景的案件外，还可以建立几类特殊案件库[2]，如消极执行案件、外部干预案件、超期未结案件、反复信访案件、重大疑难案件、关联案件、大标的案件、争议协调案件等，加强特殊案件日常监管，从中甄别适宜采取集中执行或其他交叉执行方式的案件。

（二）集中执行案件的衔接管理

凡是决定集中执行的案件，势必会涉及不同法院、不同承办人之间

---

[1] 参见肖建国、李皓然：《民事执行中交叉执行的理论问题研究》，载《人民司法》2024年第21期。

[2] 参见刘庭梅：《共话交叉执行 共享执行智慧》，载《中国审判》2024年第12期。

的案件移送和互动响应。要想集中执行取得较好效果，案件衔接管理必须细致、顺畅。做好案件衔接管理应注意以下三点。

1. 提前研判

对于跨区域集中执行，新案件承办人应提前做好以下三方面工作。一是提前与原案件承办法院沟通协调。新旧案件承办人组织"圆桌讨论"，交接卷宗、梳理案情、清查财产，查明原案件堵点，探索新办案思路。二是提前对接当事人。原案件承办人通知当事人集中执行情况并做好释明工作，新案件承办人尽快与当事人进行集中执行后首次谈话并做笔录，深入了解各方矛盾，寻找利益平衡点。三是提前向本院做工作报告，汇报案件背景、风险隐患、困难及办理思路，必要时召开法官会议研讨工作思路。如涉及疑难复杂问题，需做好案件办理预案，并争取人力、警力支持。

2. 及时移转

《交叉执行意见》第6条对交叉执行（含集中执行）的案件交接工作予以明确。实践中，实现集中执行案件卷宗材料、财产快速移转交接应依托于信息化手段。集中执行推进过程中，应充分发挥数字化、信息化的技术优势，依托于综合信息化系统，基层法院发现相关案件符合集中执行的条件，可通过线上系统向上级法院提出集中执行申请。上级法院审查认为符合集中执行条件，可决定集中执行。集中执行决定作出后，原执行法院和新执行法院应利用信息化系统实现集中执行材料移转、沟通会商、执行立案线上完成，有效解决纸质卷宗交接缓慢、烦琐等问题，提高集中执行案件移转对接效率。

3. 全面监管

集中执行决定作出后，原执行法院不能"一移了之"，新执行法院更不能停滞不前。最高人民法院已建成集全国法院交叉执行信息汇总、案件监管、业务指导于一体的综合信息化系统，实现案件全面监管。借助于该系统的实时统计和动态监管功能，可以细化案件执行阶段情况填报，对比案件集中执行前后的执行进展情况，对进行中的集中执行案件定时追踪评查。上级法院对集中执行案件应做好精准监管、统筹协调，并完善考核激励、追责问责机制，结合流程监管、质效评查、申诉信访办理、督查巡查等方式，强化对辖区集中执行案件监管力度，压实各层级法院监督管理责任，规范执行行为，提升人民群众司法获得感和满意度。

（三）集中执行案件的具体操作

集中执行是为了破解执行难问题探索出的新方法。这就意味着集中执行的案件办理难度、矛盾复杂程度都非一般案件可及，也对执行人员的能力水平提出了更高要求。为了寻求集中执行案件的妥善解决，既能"执行得了"，又能"执行得好"，本文总结了实践中可供借鉴的经验做法。

1. 多种交叉方式综合运用

交叉执行各种具体方式相互间既有联系，又有区别，是有机整体，并非简单的并列关系或者递进关系。在部分疑难复杂案件中，仅靠一种执行方式难以实现案件妥善解决，应依托上级法院，综合运用提级执行、督促执行、指令执行等多种交叉执行方式，全面发挥上级法院指导功能、属地法院便利性优势及法院间的协作配合。例如，某高院在处理涉某超市有限公司劳动争议、买卖合同纠纷等系列案件过程中，就将无财产可供执行案件和执行款集中至被执行人注册地基层法院，由某高院成立专班督促执行、指导工作，从而化解了涉多个辖区的群体性民生信访矛盾。

2. 引"网"入"执"

社区网格员具有人熟、地熟、话熟、情况熟的优势，引"网"入"执"能让社区网格员发挥以下积极作用：一是便于查找联系被执行人及家属，说服被执行人配合执行；二是便于了解当地政策，发现拆迁房、小产权房等查控系统不易发现的财产线索；三是对被执行人做释法析理工作效果较好，往往能引导当事人进入和解程序。集中执行案件中包含相当数量的异地执行案件，协同属地社区网格员开展工作，往往能取得良好效果。例如，某法院对外院交叉来的案件，优先指定当事人所在社区挂钩法官执行,利用社区网格员查人找物优势破解执行难题。

3. 府院联动

一方面,集中执行涉及执行权优化配置、执行工作监督管理、执行体制机制改革等方方面面,应当重视依靠党委领导、府院联动推动交叉执行工作取得扎实成效;另一方面,地方党委政府对待处置的较大体量商业楼、土地情况非常了解,也具备较强的沟通协调能力,争取到地方党委政府的支持,对化解矛盾纠纷、加快评估进度、实质化解纠纷甚至寻找意向买受人都能起到重要作用。在某民间资本管理有限公司与田某某等增资纠纷执行案[①]中,集中执行后待处置土地面积较大,有流拍风险。执行法院与地方党委政府沟通后,政府发动当地企业广泛参与竞拍,并协调税费问题,最终拍卖成交,顺利完成产权过户登记。

4. 善意文明

在各类案件尤其是涉及劳务纠纷的案件集中执行过程中,应体现出鲜明的人民性。在保障顺位利益的前提下,协调各方债权人,尽力优先保障劳动者合法权益,化解矛盾纠纷,提升人民群众的执行获得感。与此同时,集中执行法院应当坚持比例原则,贯彻善意文明执行理念,避免移送案件衔接不畅引发超标的、超范围、超期限等过度执行;应当坚持审慎原则,综合案件具体情况,仔细审查被执行人履行能力、履行意愿、配合程度等,充分用好"活封""活扣",以及执行和解、破产重整等制度。多个系列案件集中执行后,都通过多方协调实现了大批量劳动债权的优先清偿,也促成了多方债权人、被执行人利益最大化,妥善化解了矛盾纠纷。

5. 执破融合

对于债务规模较大、经营困难的案件,不应忽略"执破融合"思维。对于资不抵债且确无救治可能的企业,通过集中执行转入破产程序,依法宣告破产;对于一些有发展潜力的企业,通过集中执行与破产保护制

---

① 参见于苫纳、闫冰、李佳:《交叉执行的再认识与实践完善》,载《人民司法》2024年第21期。

度的衔接，通过破产重整、破产和解等方式帮助企业化解危机。将原属于不同管辖法院的同一被执行人系列案件，集中至具有破产管辖权的执行法院进行"执破融合"，能够"一揽子"化解已有和潜在的大量债权债务关系。通过集中至破产法院执行，建立执行部门与破产审判部门的"执破融合"长效机制，在个案中多方调查，发掘企业潜在偿债能力，引导企业申请重整或清算，既能保障各方当事人的合法权益，又能帮助被执行企业破除大量涉执的被动局面，实现多方共赢。

四、集中执行的优化路径

集中执行适用过程中，也出现了一些亟待解决的问题。为进一步完善集中执行制度，确保集中执行充分发挥维护当事人权益、提升执行质效、监督执行权运行的实际功效，应考虑沿以下路径优化集中执行制度。

（一）夯实理论，厘清争议

集中执行作为一项执行领域的重大制度创新，尽管实践中已积累了丰富的经验成果，但该制度规范与现有的民事执行规范体系尚未完全融合，理论研究不足，导致部分相关问题存在较大争议。

一是启动方式。如前文所述，部分学者认为，应当由法院判断后依职权启动；部分观点认为，应根据民事诉讼法第237条的规定，符合"人民法院自收到申请执行书之日起超过六个月未执行的"情况下也可由申请执行人申请启动。二是集中执行法院的选择。最高人民法院发布的典型案例中，既有集中至被执行人住所地或主要财产所在地基层法院的，又有集中至当地中院的。部分学者认为，同一被执行人的关联案件涉及两级及两级以上的法院集中执行时，基于上级法院相对于下级法院在司法权威性、协调执行等方面的优势，应采用"就高不就低"原则，集中至相关法院中级别最高的法院执行。① 三是当事人是否享有异议权。一种

---

① 参见肖建国、庄诗岳：《参与分配程序：功能调整与制度重构——以一般破产主义为基点》，载《山东社会科学》2020年第3期。

观点认为，交叉执行是人民法院内部管理行为，对当事人利益无实质显著减损，因此不宜赋予当事人异议权。另一种观点认为，对于涉及管辖权转移或变更的集中执行，应参照裁定管辖的基本法理考量相应救济机制的设立。① 四是异议审查法院的确定。根据《最高人民法院关于人民法院办理执行异议和复议案件若干问题的规定》第4条第1款的规定，执行案件被指定执行、提级执行、委托执行后，当事人、利害关系人对原执行法院的执行行为提出异议的，由提出异议时负责该案件执行的人民法院审查处理；受指定或者受委托的人民法院是原执行法院的下级人民法院的，仍由原执行法院审查处理。但《交叉执行意见》第9条规定，执行实施权转移后，执行审查权一并转移。执行案件被指令或者提级执行后，当事人对原执行法院的执行行为提出异议或者案外人对执行标的提出异议的，由提出异议时负责该案件执行的法院审查处理。二者并不协调。

基于集中执行在执行领域的创新性和重要性，应对集中执行的制度基础加以夯实，将其纳入民事执行法律体系，运用体系解释等方法厘清理论和实践中的争议问题。

（二）完善制度，明确标准

尽管已有规范性文件对作出规定，各地法院也进行了一些有益探索，但目前集中执行案件的启动和办理标准仍未统一，制度规范有待完善，导致是否启动集中执行弹性较大，影响司法公信力。实践中甚至出现以下情形：有的移送法院为了凑数量，泛化适用集中执行，将简单案件移送集中执行；有的移送法院为了"甩包袱"，将耗时耗力但不具备集中执行情形的案件甚至是问题案件移送出去，将矛盾隐患转移给其他法院；有的法院启动集中执行时不区分执行不能与执行难案件，原执行法院已穷尽一切执行措施，仍无法实现执行到位，案件客观上已不具备执行条

---

① 参见肖建国、庄诗岳：《参与分配程序：功能调整与制度重构——以一般破产主义为基点》，载《山东社会科学》2020年第3期。

件，其他法院集中执行只是徒增司法资源损耗①；有的法院不清楚交叉执行的启动标准②；有的法院无法明确判断一个案件是否适宜集中执行③。

规范建设是制度建设的基础性内容。要促进集中执行工作法治化规范化、常态化开展，就需要继续加强规范建设。一是应依托《交叉执行通知》《交叉执行意见》，结合集中执行实践成果，继续探索集中执行案件识别、集中方式、办理标准、进度跟踪、互动响应和回应反馈机制，尽快完善相关实施细则，细化配套机制，延伸集中执行规范脉络。二是应加强对集中执行相关操作规范的培训学习，提高执行法官认识水平，推动集中执行的积极性，统一工作标准。

（三）加强协作，细化监管

集中执行涉及不同案件的承办人，以及不同层级或地域的法院，案件管理较为复杂。实践中，本院内交叉执行、上级法院提级执行等运转较为流畅，但涉及集中执行、协同执行、跨市域指定执行等则流畅度不够，法院间在信息传递共享、协作配合等方面都存在不同程度的碎片化和滞后性④，甚至有些法院"一移了之"，不主动配合集中执行法院调取卷宗、研判案情、交接财产，也消极应对当事人释明工作，这在客观上会使执行成本增加、执行期限延长、执行效果受到影响，甚至可能产生财产漏封或引发当事人对法院集中执行工作不满的后果。此外，集中执行后，个别执行法官可能会优先保障本院案件申请人的利益，甚至因办案过程中缺乏监督制衡，产生廉政风险。

为避免前述风险，应在集中执行过程中加强协作，细化监管。一是提高信息化监管水平。加强执行信息化建设是推动执行工作高质量发展

---

① 参见段鹏、赵奇、李航：《交叉执行的探索、问题及解决路径》，载《人民法院报》2024年3月21日第8版。

② 法答网问题：交叉执行案件是否以具有可供执行性为前提，在执行过程中发现案件为执行不能案件如何处理。

③ 法答网问题：交叉执行中的集中执行如何区别该案是否需要集中执行？

④ 参见柴鑫：《交叉执行的实践问题与应对思路》，载《人民法院报》2024年8月22日第7版。

的必由之路。在现有的最高人民法院已建成的全国法院交叉执行综合信息化系统基础上,应强化对集中执行案件的全流程细化监管和追踪评查,发挥交叉执行制度"千里眼""显微镜"的功效,完善执行监督管理体系,压实各层级法院监督管理责任,规范执行行为。二是细化集约事务分工。将集中执行的维度从类型财产集约、案件集约的维度细分为事务集约。例如,同一中级人民法院辖区范围内的财产查控由甲法院集中实施,案款分配由乙法院实施,实现系列案件办理过程中,多家法院执行事项的集约化以及相互间的执行权制约。① 三是加强上级法院监管力度。对于存在"案移事了"工作态度的法院,上级人民法院应发挥协调和统筹优势,督促原法院协同履职、打通堵点。四是对违法行为主动问责。原执行法院未及时移送财产、卷宗,导致严重影响当事人权益的,应明确其违法行为导致后果及应承担的责任,严肃追责问责。

(四)坚持"三统一",强化引领

根据《交叉执行意见》第6条,原执行法院收到交叉执行决定之日起七日内移送卷宗及案件执行情况说明,集中执行法院收到材料之日起七日内立案。但现有文件尚未对集中执行启动阶段的申请、研判、决定期限作出规定,也未明确该情况能否扣除执行期限。该情况下,原执行法院与集中执行法院交接案件可能产生不当拖延,如涉及案件数量较多,可能导致集中执行案件进度进一步放缓。当事人对于案件集中执行程序所需时间无法产生合理预期。此外,集中执行案件往往是涉及地域范围较广、利益纠纷复杂、待处置财产体量较大的案件,比一般执行案件更复杂,需要办案人员具备更高的执行水平和协调能力,否则集中执行也可能无益于推动案件化解。

因此,集中执行过程中,应坚持"三统一"工作机制,强化全方位管理、指挥、协调。一是上级法院发挥引领作用。上级法院执行局展现

---

① 参见苫纳、闫冰、李佳:《交叉执行的再认识与实践完善》,载《人民司法》2024年第21期。

"头雁效应"，亲自办理集中执行案件，特别是疑难复杂重大案件，并形成示范效应和常态化机制。二是上级法院发挥监管作用。与督查部门协作配合，对于在执行过程中发现的原执行法院存在的执行不规范、违法违纪行为，按照"一案双查"要求严肃追责问责。三是上级法院发挥指导作用。对于集中执行衔接不畅、释明不到位引发新矛盾的案件，上级法院总结经验教训，形成操作规程，规范辖区法院办理后续集中执行案件的方法。

（五）提升素质，培养能力

当前，全国法院正通过交叉执行方式努力破解消极执行、选择性执行等问题，但案件数量和办结量呈现区域失衡现象。一些法院重办案、轻管理，不主动发现适宜集中执行的案件。一些执行法官对集中执行案件有畏难情绪、抵触情绪，推动集中执行工作积极性不够。[1] 对于集中执行制度，主观上存在理解不全面、认识不准确的问题，甚至处理不当，引发当事人误解。例如，原执行法院敷衍塞责，未按照《交叉执行意见》要求做好通知当事人和释明工作，或是案件本身为长期未结案件或长期信访案件，更容易引发当事人的对抗情绪，认为法院拖延时间、降低执行效率，因集中执行引发新的矛盾。

要构建集中执行长效机制，避免该制度在实践中的异化，应着力加强队伍建设，提升集中执行办案能力。一是加强干警培训和案例学习，培养对多种执行手段、执行理念的综合掌握，全方位提升执行干警的政策理论水平、业务素质和执行能力，把学习成果转化为"为大局服务、为人民司法"的实际举措。二是针对集中执行后效果较好的案件，组织"圆桌会议"，交流原执行与现执行工作思路及具体举措，总结经验。通过培育典型案例和经验分享，明确集中执行的案件选定、执行难点及破解方法，拓宽执行法官发现和办理集中执行案件的思路。三是做好案例

---

[1] 参见刘庭梅：《共话交叉执行 共享执行智慧》，载《中国审判》2024年第12期。

宣传和氛围营造，以实实在在的案例向当事人释明集中执行工作的具体机制和成效，增强人民群众对集中执行的司法认同感。

结　　语

法学学科是实践性很强的学科。实践中，关于集中执行的适用场景、规范做法已经积累了丰富的成熟经验，也暴露出了一些亟待解决的问题。通过规范建设带动实践探索，以实践经验反哺理论研究，再将研究成果转化为新的制度建设，这是习近平法治思想的生动实践，也必将促进包括集中执行在内的交叉执行工作进一步规范化、常态化发展。

交叉执行的司法实践与理论思考

——以上海法院交叉执行开展情况为视角

邹 杰[*] 唐良源[**]

做好执行工作是确保胜诉当事人合法权益及时兑现的根本保障。近年来，全国各级法院攻坚克难，不断加大执行工作力度，初步实现了基本解决执行难的目标。但与此同时，执行难问题的切实解决依然任重而道远。部分案件因消极执行、拖延执行、执行不力等原因导致长期无法执行到位。执行难是诸多因素叠加的结果，既有区域发展不平衡、异地执行难等客观因素，也有部分法院执行能力薄弱等主观因素。2024年1月，最高人民法院在全国范围内有序推进交叉执行工作，旨在克服地方保护主义，化解执行积案、难案。通过督促执行、指令执行、提级执行、集中执行、协同执行等交叉执行方式，加大执行力度，提升执行效果；同时建立配套的管理和监督机制，充分释放交叉执行效能。

本文从分析交叉执行的内涵、主要类型及制度价值入手，结合上海法院在开展此项工作过程中遇到的问题及相关探索，从实证分析及理论思考两个层面对交叉执行制度进行浅析。

---

[*] 上海市高级人民法院执行局综合处副处长。
[**] 上海市普陀区人民法院执行局审判员。

一、交叉执行的内涵与价值

（一）交叉执行的内涵

民事诉讼法第 237 条规定，案件超过六个月未执行的，可以由申请执行人向上一级法院申请执行。上一级法院审查后，可以决定由本院提级执行、指定辖区其他法院执行或限定时间让原法院继续执行。上述民事诉讼法相关条文是交叉执行在法律层面的体现。即交叉执行系根据执行申请人的申请，由执行法院的上一级法院指定执行、提级执行或责令原法院限期执行。在司法实践中，执行法院将本院部分存在执行困难的案件移交其他法院开展执行，既可以减少地缘性的权力、关系、人情干扰，发挥执行措施应有的功能，也是从法院内部对相关执行案件进行监督的有力手段，进而遏制消极执行、执行不力等现象。

（二）交叉执行的类型

广义交叉执行涵盖类型较多。从交叉的范围、对象、方式等不同角度，可以对交叉执行进行分类（见图 1）。

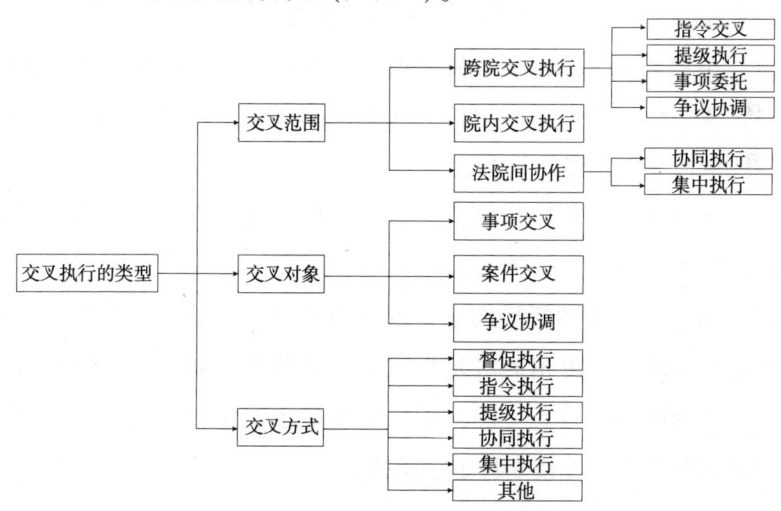

图 1　交叉执行的类型

1. 从交叉执行所涉法院角度分类

根据交叉案件所涉法院是否为同一家法院，交叉执行可以分为跨院交叉执行、院内交叉执行及法院间共同执行三大类。

（1）跨院交叉执行主要指执行案件由法定管辖法院被交叉至其他法院开展执行，此类交叉执行发生在不同法院之间。主要有指令交叉执行、上级法院提级执行、事项委托及法院间执行争议协调等形式。

（2）院内交叉执行主要指执行案件在院内以变更承办人、合议庭的方式开展交叉执行。另外，上级法院制发督促执行令，督促下级法院限期执行或采取相应措施的情况，因未发生案件移转，也可以视为一类较为特殊的院内执行。

（3）法院间共同执行主要指对重大、疑难复杂案件开展多家法院协同执行及集中执行的情况。协同执行系通过上级法院调集多家法院的执行人员、装备，集中辖区优势力量对重大案件开展协同执行。集中执行则是对同一被执行人关联的多起案件，由上级法院指令最先受理法院、主要财产所在地法院或者专业性更强的法院开展更为高效的集中执行。

2. 从交叉对象角度分类

根据开展交叉执行的具体对象类型，交叉执行可以分为事项的交叉执行、案件的交叉执行及执行争议协调三大类。

（1）事项的交叉执行指对异地财产，执行法院通过最高人民法院执行指挥管理平台，将查封、扣押、冻结等事项委托属地法院代为开展，降低异地执行成本，提升效率。

（2）案件的交叉执行指将执行案件整体交叉至其他承办人、合议庭或者法院开展执行。

（3）执行争议协调指涉案法院间对财产处置、分配、受偿顺位等执行事项发生争议时，由相关法院报请上级法院协调解决。一般而言，上级法院经协调形成一致意见的，相关法院应予落实。必要时，上级法院也可以就相关争议案件指令特定法院执行。

3. 从交叉方式角度分类

根据交叉的不同方式，可以分为督促、指令、提级、协同、集中执行等方式。外在表现形式虽多，但初衷都是防止外部干扰，整合各院执行力量，推进执行工作。司法实践中尤其要避免法院之间"手拉手"的定向交叉，即为了交叉而交叉，而应从案件的具体情况和最终效果考量，从更有利于执行工作开展的角度组织并开展交叉执行工作。

（三）交叉执行的制度价值

1. 从外部减少地缘性干扰

在执行案件办理过程中，由于执行法院与被执行人之间可能存在一定的地域联系或人际关系，导致执行工作可能会受到各种外部因素的干扰。而交叉执行通过变更执行法院，减少了这种地缘及人际的外部干扰的可能性，使得执行更加公正、客观、有力，有助于减少关系案、人情案。

2. 从内部更迭执行办案思路

一些执行案件"久执不结"，虽然不乏被执行人难找、可供执行财产线索缺乏或不可执行等客观因素，但也在存在执行法院能力薄弱、执行人员能力不足等主观因素。对此，交叉执行可通过更新执行思路及方法，或者将专业性较强的案件交叉至更有经验的法院开展执行工作，进而打破原案执行僵局，提升执行效果。

3. 实现对案件的监督

在交叉执行工作开展过程中，现执行法院会查看原执行案件材料以掌握案件基本情况。尤其会重点关注涉案财产调查是否穷尽、相关执行措施采取的时间节点是否及时、约谈内容是否完整、财产处置工作是否处理到位等执行关键事项，进而在客观上实现对原执行案件的核查与监督。若为可补正问题，可由现执行法院在后续交叉执行工作中予以补正；若存在消极执行、拖延执行、执行腐败等重大问题，由上级法院进行核实并追究责任。

4. 实现对人员的监督

在交叉执行工作开展过程中,发现原执行法院或者原执行承办人存在消极执行、拖延执行、执行腐败等问题,根据情节轻重,对相关法院和执行人员进行约谈、通报、责令限期整改,并在考评、考核中予以体现。确有必要的,启动"一案双查"程序。

二、上海法院交叉执行工作开展情况

(一) 基本情况

上海法院有序开展并积极探索交叉执行工作。针对部分消极执行、涉信访、影响重大、疑难复杂及其他未在法定期限内执结且确有交叉执行必要的案件开展跨院及院内交叉执行。2024年1月1日至2024年4月30日,上海法院开展各类交叉执行案件共计1289件,取得实际进展或化解的案件为534件,申请执行标的金额共计130亿余元,执行到位金额10.9亿余元。逾半数案件取得实质进展或化解,群众满意度得到提升,取得一定工作实效(见表1、表2)。

表1 上海法院交叉执行案件统计

	交叉类型	案件数(件)
交叉执行案件	督促执行	149
	指定执行	777
	提级执行	8
	协同执行	3
	集中执行	352
共计	5类	1289

表2 上海法院交叉执行相关金额统计

交叉类型	取得实质进展或化解的案件（件）（共计534件）	申请执行标的金额（万元）（共计1300383.86万元）	执行到位金额（万元）（共计109448.47万元）
督促执行	82	61758	36238
指定执行	213	1228349.61	71718.15
提级执行	0	5344.63	-
协同执行	3	2212.28	-
集中执行	236	2719.34	1492.32

在开展交叉执行工作过程中，可以发现因为法律规范供给不足，交叉执行在开展过程中还有诸多程序性事项需要进一步明确。例如，如何进一步明确交叉执行适用的案件类型，以避免司法实践中交叉执行的差异化适用，进而影响司法公信力。交叉执行启动后，除对当事人进行告知及释明，当事人可否就交叉执行提出异议。如何在跨院、跨地区开展交叉执行工作过程中对相关案件进行有效、严格的管理，如何开展交叉执行案件的工作量考评、业绩考评也需明确，以激励现执行法院积极、高效地开展后续执行工作等。围绕上述有待完善的方面，上海法院在积极运用交叉执行制度的同时，从制度完善角度开展如下探索：首先，明确三级法院在交叉执行工作中的分工及职能；其次，制定关于交叉执行工作的实施细则，从规范化角度进一步明确交叉执行工作的开展。最后，在开展上海地区交叉执行工作的基础上，还就长三角区域开展跨域交叉执行进行有益探索。旨在以交叉执行为契机，充分发挥区域协作优势，整合区域执行力量，通过交叉执行提高执行质效，实质化解执行矛盾，兑现当事人胜诉权益。

（二）上海法院就交叉执行工作开展的探索

1. 明确三级法院在交叉执行中的职能

结合执行工作的实际情况，上海法院明确三级法院执行局以及原执行法院与现执行法院在交叉执行工作开展过程中的各自职能及定位，形成三级法院执行局分工协作、上下联动、一体发力的工作格局。

具体而言，高院执行局承担交叉执行案件的启动、指导、监督及考核职能；中院执行局发挥高院与基层法院之间的沟通作用，加强对辖区基层法院的跟踪督办、具体落实、报告反馈等工作；案件移送法院执行局承担案件交接移送、当事人释明、属地维稳等工作，杜绝"一转了之"；案件现执行法院执行局不仅要完善释明机制，充分尊重当事人知情权，保障其合法利益，还要拿出切实可行的执行方案，以任务清单的方式攻坚克难，实质性化解矛盾。

2. 细化并完善交叉执行的管理

一是通过制定交叉执行实施细则，进一步明确和规范交叉执行的适用案件范围、启动程序、流转衔接、办理规范、协调指导、监管考核等方面内容。二是拓展适用案件范围。将进京访、越级访、重复访以及同一被执行人涉及多起关联案件等四类案件，也纳入交叉执行案件的主要类型，进一步发挥交叉执行的制度优势。三是明确时间节点。针对案件归档移送、财产续冻续控等环节，进一步明确工作时间节点，防止因职责或节点不明而出现脱封、脱控等推诿扯皮的问题。四是规范办理流程。从释明送达、办理期限、台账报告、局领导承办制等四个方面规范办案流程，逐案压实主体责任，抓工作落实。五是强化协调指导。高院执行局建立专题会议制度，定期召集相关法院，从未执原因、执行规范、风险控制、属地维稳、执行预案等重点方面进行专门研究并给出意见，切实提高工作针对性、实效性。六是细化监管考核。从奖励、惩戒两方面分类建立交叉执行工作考核奖惩机制。

3. 探索长三角跨域执行

为推动长三角区域一体化、高质量发展，上海法院从长三角跨区域协作实际出发，探索交叉执行中跨域协同执行、集中执行、事项交叉执行和全案移送执行等协作新机制，充分发挥各协作法院的地域资源优势，做实、做好交叉执行工作，有力破解跨域执行难。

通过统筹长三角地区法院执行力量、细化长三角地区法院间的协作规则，以人员交叉、案件交叉、地域突破等创新形式实现对执行积案、长期未化解信访案件、可能存在地方保护或不当干预案件、涉特殊主体案件等疑难执行案件实现集中力量办理、高效推进，提升长三角地区的整体执行工作效能。

长三角地区四家高院在充分沟通的基础上，明确并细化了交叉执行的启动程序、交接手续、执行措施衔接等工作环节。重点针对以下五类疑难复杂的跨域案件探索开展跨域交叉执行工作：（1）被执行人主要财产在长三角地区异地且在执行法院所在地已无其他可供执行财产，案件移送更有利于推进执行的；（2）同一被执行人有多起长三角地区跨域执行案件，通过处置权移交或优先权债权全案移送更有利于推进执行的；（3）对于船舶、股权、证券、网络资产、知识产权等财产处置专业性强，需要移送专门法院执行的；（4）被执行人可供执行财产分散于长三角地区异地的，群众反映执行法院存在滥用执行权、消极执行、选择性执行等情形，信访矛盾激烈，全案移送更有利于化解信访矛盾的；（5）其他经两地法院协商一致认为需要全案移送交叉执行的案件。实现跨域疑难执行案件的重点突破、定点清除，进而维护法律尊严、司法权威和当事人胜诉权益，服务保障长三角地区更高质量一体化发展。

三、关于交叉执行工作的思考与建议

（一）交叉执行开展的要点

1. 合理高效

明确各级法院在交叉执行工作开展过程中的角色、功能与定位，形成有序合力。高院应当逐步建立交叉执行统一调度管理机制，畅通各院联动机制，充分调动执行法院和执行干警的积极性。中院具体组织、推进、监督、管理。基层法院做好具体案件的推进及落实工作。

2. 公开规范

考虑到适用交叉执行程序可能导致申请执行人在交通、联系法院等方面付出较多诉讼成本，被执行人及利害关系人可能对适用交叉执行程序存在异议，因此在启动交叉执行程序过程中，应当及时向当事人公开并充分征求申请执行人的意见，强化人民群众对法院执行工作的认同感。

3. 司法为民

受理交叉执行案件的法院，应当在执行过程中遵循便民原则，充分运用信息化手段，建立与申请执行人之间的有效沟通机制，减少当事人的诉讼成本；加强对涉民生案件执行力度，依法保障人民群众特别是困难群体合法权益。同时，进一步探索、完善当事人、利害关系人在交叉执行程序中的救济机制。

4. 强化监督

对于交叉执行工作开展过程中发现的消极执行、执行不力、违法违规等问题，对相关法院和执行人员及时采取约谈、通报、责令限期整改等措施，必要时及时启动"一案双查"程序予以核实处理。对于发现执行人员违法违纪线索的，移送相关部门依法、依规处理。

（二）交叉执行的启动

1. 交叉执行适用的案件类型

交叉执行应适用的案件类型，在本质上反映了交叉执行启动时应考量的因素。交叉执行制度的初衷是更好地整合执行力量，进而推进重大、疑难、复杂案件的有效执行。从这个角度考虑，一个执行案件应否纳入交叉执行范畴，主要考虑案件在执行过程中是否存在执行法院消极执行、拖延执行、执行不力、执行力量薄弱，是否存在外部权力、关系、人情干扰导致执行推进困难，是否存在案件疑难复杂、财产处置专业性强等现实困难。此外，还要从效果角度考虑相关案件是否适合开展交叉执行，即是否有利于执行工作推进、取得工作实效、让当事人满意。

案件无正当理由超过六个月未执行且具有消极执行、拖延执行，案件受到非法干预，重大疑难复杂等情形，结合案件具体情况，上级法院可以责令执行法院限期执行，也可以指令辖区内其他法院执行或者直接提级由本院执行。具体而言，消极执行、拖延执行主要指以下情形：债权人申请执行时被执行人有可供执行的财产，执行法院自执行案件立案之日起超过六个月对该财产未执行完结的；执行过程中发现被执行人可供执行的财产，执行法院自发现财产之日起超过六个月对该财产未执行完结的；对法律文书确定的行为义务的执行，执行法院自执行案件立案之日起超过六个月未依法采取相应执行措施的。案件受到非法干预主要指人民法院以外的组织、个人在诉讼程序之外干预执行，案件执行困难的。案件重大疑难复杂主要指：涉及国家利益、社会公共利益的；对执行行为存在较大争议的；新类型案件具有首案效应的；具有普遍法律适用指导意义的；涉及国家安全、外交、民族、宗教等敏感因素的。

2. 交叉执行的启动

申请执行人、执行法院认为案件确需交叉执行的，可以向上级法院提出申请，由上级法院决定是否启动交叉执行。上级法院决定督促、指令或者提级执行的，应当经执行局负责人批准，作出决定书并分别送相关法院。原执行法院应当通知相关当事人并做好释明工作。

(三) 交叉执行的衔接工作

1. 案件交接

因为会发生案件的移转，因此要确保交叉执行相关案件材料、执行措施及执行程序的高效衔接，以确保后续执行工作的有效开展。具体而言，原执行法院应当在收到指令执行、提级执行决定之日起七日内，将案卷材料及案件执行情况说明移送受指令或者提级执行法院，原执行法院的执行案件在相关法院立案后以销案方式结案。

2. 对当事人的告知

执行案件系根据权利人的申请而启动并立案。交叉执行在开展过程中会变更案件承办主体或者管辖法院，因此交叉执行启动后，相关法院应向当事人做好释法说理及告知工作。即拟开展交叉执行的案件，不论是依当事人申请还是法院依职权启动，都应充分听取当事人的意见。当事人若对交叉执行不理解的，原执行法院及接受交叉执行的法院应共同做好释法说理工作。

在司法实践中，存在是否应赋予当事人对交叉执行决定以程序性救济途径的疑惑。例如，当事人对于交叉执行裁定不服，可否提起复议、异议？对此，笔者认为不宜赋予当事人复议、异议权。主要理由有以下四点：首先，交叉执行系执行工作内部制度设置，而非具体执行实施行为，亦不会对当事人有直接利益影响。如果参照执行实施行为赋予当事人复议、异议权利，从执行程序角度考量则过于烦琐冗长，与执行程序的效率原则相悖。其次，交叉执行本质上系上级法院开展的执行监督行为，对于执行监督行为赋予当事人复议、异议权不妥。再次，交叉执行主要为提级执行及指令执行，因此客观上并不损害当事人的审级利益。最后，即使赋予当事人复议、异议权，从结果考量，上级法院及执裁部门也基本不会变更执行交叉的结果，因此意义不大。

3. 案件材料的移交

原执行法院的执行人员应及时梳理案件执行现状并形成全案的书面情况说明或者报告，力求全面、清晰、完整、准确地说明案件情况、执行现状以及遇到的难点，以便现执行法院能快速掌握案件情况并开展后续执行工作。同时将案件以销案方式报结并将案件材料归档入卷，随后将案件执行情况说明及案卷材料移交给现执行法院。在司法实践中，偶有法院怠于移出案件，导致现执行法院始终无法开展后续执行工作的情况。对此，上级法院可以在作出交叉执行裁定时明确案件移出期限，以敦促原执行法院尽快处理后续事项。

4. 执行措施及财物的衔接

案件交叉后，涉案财产的续封工作由现执行法院承接并实施。若距离涉案财产查控措施到期日不满三十日，原执行法院应在移送前做好续封措施，避免财产脱封、转移。

需要注意的是，原执行法院应将在案未处置、变现的财物及相关材料一并移交。若在案财物较多，原执行法院应制作财产清单，明确财产事项、基本信息、原查封信息、查封到期日等关键信息，以便现执行法院准确掌握在案财产情况并采取相关执行措施。若部分财产已经启动处置，则可由原执行法院和现执行法院就后续处置工作协商一致后处理。从便利财产处置的角度，若原执行法院已经启动处置，可由原执行法院继续处置，相应处置款项则移至现执行法院一并发放。

5. 执行程序的衔接

理论上，一个执行案件不得同时在数家法院开展执行程序。因此上级法院作出交叉执行裁定后，原执行法院应将原执行案件作销案结案。现执行法院则在收到案卷材料之日起七日内立"执他字"案件开展执行。新立执行案件的标的金额为前案未执行到位的剩余金额，执行期限重新计算。

（四）案件退出机制

根据《最高人民法院关于交叉执行工作的指导意见》第11条的规定，经两次指令或者提级等交叉执行，未发现可供执行的财产，经最后负责执行的法院报作出指令执行的法院批准后，可以依法裁定终结执行。交叉执行后终结执行的案件，申请执行人发现被执行人有可供执行财产的，可以再次申请执行，再次申请不受执行时效期间的限制。

此处的退出机制给交叉执行案件一个可预期的程序出口。司法实践中不乏虽无明确财产线索或者在案财产，仅因未执行到位，而反复恢复执行的情况，既浪费了有限的司法资源，也不利于执行案件的有效管理。引入交叉执行后，如果一个案件被交叉两次，经过三家法院开展执行，仍旧无法执行到位的，经院长审批后，可以终结。从这个角度讲，交叉执行可以作为认定案件执行不能进而退出的前置性程序。这也是交叉执行的一大制度功能。

（五）恢复执行

交叉执行后终结执行的案件，申请执行人若发现被执行人有可供执行财产的，可以再次申请执行，且再次申请不受执行时效期间的限制。此处明确了终结后的交叉执行案件若有新的财产线索，可以再次申请恢复执行。

因相关案件在多家法院开展过执行程序，申请执行人若发现新的财产线索，应向哪一家法院申请恢复？考虑到原执行法院已经将案件作销案结案，不宜再行恢复，申请人应向作出终结裁定的法院申请恢复执行。具体流程可以参考恢复执行案件的立案标准及办理流程。

（六）加强交叉执行案件的管理

交叉执行案件因为案件大多疑难复杂，又涉及执行承办人主体或执行法院的变更，执行期限普遍较长，因此要尤为关注对此类执行案件的管理。具体而言，可以从执行期限、台账管理、会商研判、执行局领导参与等角度加强监管，避免执行不力、程序空转。

（1）执行期限：一般而言，现执行法院应当在法定期限内执结交叉执行案件。有特殊情况的，需报请作出交叉执行裁定的上级法院批准方可延长。

（2）台账管理：为加强对交叉执行案件的跟踪、管理，各级法院需制作交叉执行案件台账，整理交叉案件的基本信息、执行难点、后续计划、执行到位情况等基本信息。现执行法院应及时将执行情况上报至裁定交叉执行的上级法院，以便上级法院执行局对现执行法院的后续执行情况予以跟踪督办推进。

（3）会商研判：对于交叉执行开展过程中出现的执行难点、法律困惑、现实困境等疑难复杂需要协调的事项，裁定交叉的上级法院认为确有必要，或由原执行法院、现执行法院申请，可以根据案件情况召开专题会议，对难点问题进行商讨。

(4) 执行局领导参与：考虑到交叉执行案件多为疑难复杂案件，为了加大此类案件的执行力度，执行局领导应就执行思路及重大事项进行把关，因此有必要提升执行局负责人在交叉执行案件办理过程中的参与度。上海法院建立执行局领导承办交叉执行案件制度，即交叉执行案件原则上应由现执行法院执行局领导承办或者作为合议庭成员方式参与案件办理。以此确保交叉执行案件得到稳妥处理。

（七）考评与奖惩

交叉执行案件的工作量考评主要通过现执行法院立执行案号及适当提升考核权重系数两个方面实现。设立案号后，既方便考量现执行法院的工作量，也能在日后依规结案并将相关案件材料及时整理归档，规范后续执行行为。与此同时，考虑到交叉执行案件多有疑难复杂、矛盾激化的情况，可以适当提升此类案件的考核权重系数，更为合理地体现交叉执行承办人的工作量。

除工作量考评，还应建立交叉执行工作考核奖惩机制，如经交叉执行案件取得重大进展的，对现执行法院和相关执行干警按照有关规定给予表彰和奖励，并在考评、绩效考核等方面予以体现。

（八）与执行监督的衔接

交叉执行既是执行实施措施，也是执行监督手段，其制度价值在于推动特定案件的执行进展，并发现可能存在的消极执行、执行不力、执行不规范甚至徇私枉法等违法违纪情况。因此有必要在发现问题的交叉执行案件中及时引入监管甚至惩处机制。

上海法院在交叉执行过程中发现存在消极执行、执行不规范等情形的，对相关法院和执行干警视情节轻重，进行约谈、通报、挂牌督办，责令限期整改，并在考评、绩效考核等方面适当扣分。确有必要的，启动"一案双查"程序；发现执行干警违法违纪线索的，移送所在法院督察室依规处理。

四、结语

作为执行工作创新的重要路径,交叉执行制度有诸多优势。从制度功能角度讲,交叉执行能有效破除消极执行、地方保护、力量不足、效率不高、监督不到位等制约执行工作的突出问题;从法院管理角度讲,交叉执行能进一步强化上级法院的统一指挥、管理和协调功能,提升执行工作整体质效;从司法实效角度讲,交叉执行能切实解决人民群众急难愁盼问题,推动执行工作高质量发展,提升群众满意度。但是,客观上,交叉执行制度也存在法律供给不足、相关具体操作事项不明确等有待完善之处。任何一项制度的完善与发展都需要合理的制度架构作为支撑,大量的实证经验予以丰富。因此,要在司法实践中积极运用交叉执行制度,发现问题、总结经验、勇于探索、不断完善,充分发挥交叉执行制度的功能与价值。

交叉执行制度现状分析及对策研究

张 蕾* 高岩松**

内容摘要： 民事执行程序是以国家强制力为保障，确保生效法律文书确认的权益最终实现的民事诉讼程序，也是最能让当事人感受到公平正义的诉讼环节。民事执行能力和效果直接影响人民法院的司法权威。近些年来，执行难一直是困扰人民法院执行工作顺利开展的一大难题，而交叉执行作为一项创新执行方式，能够在提高法院执行能力、实现"切实解决执行难"的目标上发挥重要作用。但限于交叉执行制度在全国法院推行时间较短、司法实践经验不足以及相关法律规范较少等因素，交叉执行制度还不够完善，制约交叉执行制度优势的充分发挥。因此，本文立足于现阶段交叉执行存在的问题，从交叉执行的内涵出发，对交叉执行的必要性和可执行性进行分析，并针对司法实践中存在的问题提出完善交叉执行制度的建议，力争为促进交叉执行制度的发展贡献些许力量。

关键词： 执行难 交叉执行 现状分析 对策研究

---

* 辽宁省东港市人民法院三级法官。
** 辽宁省高级人民法院执行一庭综合组组长，四级高级法官助理。

一、交叉执行制度的内涵

(一) 交叉执行的界定及范围

1. 交叉执行的界定

民事强制执行程序是维护公平正义的"最后一公里",是直接体现"让人民群众在每一个司法案件中感受到公平正义"的诉讼环节。交叉执行是民事执行工作的重要组成部分,虽然目前理论界还没有关于交叉执行的明确的定义,但根据《最高人民法院关于交叉执行工作的指导意见》(以下简称《交叉执行意见》)对交叉执行工作的规定,可以对其内涵进行界定,即交叉执行是通过督促执行、指令执行、提级执行、集中执行、协同执行等方式,对辖区内法院的案件、人员等进行统一管理、统一指挥和统一协调,以充分调动各法院的执行积极性、发挥各法院的执行优势,有效破解消极执行、选择执行等难题,切实提高执行质效的创新执行方式。

2. 交叉执行案件的范围

设立交叉执行制度的直接目的是解决执行积案数量多、执行信访压力大以及执行量分布不均等问题,交叉执行的案件范围可以概括为以下三类:一是案件无正当事由长期未结或者没有实质性进展,且存在消极执行、选择性执行问题的或者案件执行受到地方保护等非法干预以及案件的执行可能涉及国家利益、社会公共利益等重大疑难复杂情形的;二是同一被执行人的多个关联案件,集中由一家法院执行能更好、更平等地保障申请执行人利益、节约司法资源的;三是案件的执行需要多家执行法院协同配合完成的。

(二) 交叉执行的方式及分类

交叉执行的方式主要包括法院内部交叉执行、督促执行、指令执行、提级执行、集中执行、协同执行等方式。

根据是否有执行法院以外的其他人民法院的执行力量参与，可以将交叉执行分为法院内部交叉执行和法院外部交叉执行两种类型。法院内部交叉不涉及执行法院以外的执行力量的加入，包括变更承办人或执行团队以及督促执行的交叉执行形式；而法院外部交叉执行包括指令执行、提级执行、集中执行、协同执行等方式。

根据交叉执行是否改变执行管辖权，可以将交叉执行分为变更执行管辖权的交叉执行和非变更执行管辖权的交叉执行。在变更执行管辖权的交叉执行中，原执行法院丧失对案件管辖权，将管辖权和执行案件整体移交给交叉执行后的执行法院，主要包括提级执行、指令执行以及集中执行；在非变更执行管辖权的交叉执行中，执行法院对案件的执行管辖权不会因交叉执行而发生变更，主要包括执行法院内部的交叉执行、上级法院对辖区内下级法院的督促执行以及协同执行。执行法院内部的交叉执行以及督促执行一般不涉及执行法院以外其他法院执行力量的加入，而协同执行则是对区域内各法院执行力量的整合，执行管辖权虽然不发生变更，但能汇聚区域内各执行法院的执行力量，充分发挥各法院的执行优势，实现执行效果最大化。

二、交叉执行制度的必要性和可行性分析

（一）交叉执行制度的必要性分析

1. 解决部分执行案件质效不高问题的现实需要

现阶段影响执行案件质效的因素主要有以下几点：一是人案矛盾严重导致执行案件质效不高。相比 2012 年，2023 年收案量增长 281.01%，结案量增长 295.78%，[1] 在案多事难且办案人员有限的执行现状下，难免会出现部分案件执行周期长、案件质量不高的情况；二是部分案件办理过程中存在的消极执行、选择性执行等违规执行行为，影响案件质效；

---

[1] 《交叉执行到位金额 398.91 亿元 最高法首次发布交叉执行工作情况》，载中国法院网，https://www.court.gov.cn/zixun/xiangqing/436881.html，2024 年 7 月 16 日访问。

三是部分执行案件中存在地方保护主义影响案件质效的现象。

交叉执行制度通过变更承办人或者变更执行法院的方式激发执行积极性，避免地方保护主义的影响。另外，通过交叉执行后的责任倒查机制，对执行活动中的消极执行、选择执行以及违规违纪等问题进行问责，预防懈怠以及违规执行现象的产生，进而达到激发执行积极性、提高执行质效的目的。

2. 执结重大疑难、长期未结案件，保障当事人胜诉权益实现的必然要求

及时、高效实现胜诉债权是民事执行的首要价值目标，交叉执行能够整合区域内各法院的执行力量、避免地方保护主义干预执行，集中力量快速执结重大疑难案件，保障当事人胜诉权益得以快速实现。

3. 化解执行信访矛盾的有效途径

在涉诉信访案件中，涉执行信访案件占有较大比例，而且具有化解难度大、当事人对法院抵触情绪强烈的特点，不及时化解信访矛盾，有可能会扰乱正常司法秩序、增加执行压力。交叉执行通过变更承办人或者执行法院的方式，降低当事人对原承办人或原执行法院的抵触情绪，有利于执行信访的彻底化解，有利于执行工作的顺利开展，也有助于法院司法权威的提升。

4. 整合区域内各法院执行力量，实现执行效果最大化的有效措施

由于经济发展水平、执行法院执行人员数量、办案人员素质以及硬件设施配备等方面存在差异，区域内各法院的执行力量发展不平衡，通过交叉执行制度，上级法院可以对区域内法院的人员、案件进行统一的管理和调配，整合区域内法院的执行力量，形成合力，实现执行效果最大化的目标，提升区域内法院整体的执行能力，推进区域内法院的整体执行工作。

5. 加强法院内部监督，保证公正廉洁司法的重要手段

执行监督是旨在保障执行的正当、合法与高效不可或缺的制度。[①] 执

---

① 参见滕艳军：《民事执行检查监督之检视与改进》，载《人民检察》2023年第5期。

行内部监督能对执行权运行的全过程进行监督,能充分发挥预防的作用,而且法院相较于外部主体而言,对执行工作更为了解,监督中发现的问题更为全面,提出的问题和意见更具有针对性。交叉执行制度的实行不仅能够加强上级法院对辖区内各法院执行全流程的监管,而且通过变更执行法院或者执行法院以外的其他法院执行力量的加入的方式,能够及时发现问题,有效预防违规执行行为的产生,强化法院系统内部监督,保证司法公正廉洁。

6. 规范终本案件,有效减少终本案件存量

近年来,全国法院对终结本次执行程序的适用率普遍较高,以 L 省为例,2021 年新收案件终本率为 52.36%、2022 年新收案件终本率为 54.54%、2023 年新收案件终本率为 46.98%,① 终本结案方式的适用率占一半左右。虽然终结本次执行程序为法院执行工作提供了新的思路,但在执行实践中也存在执行积案越来越多以及终本程序不规范现象明显的问题。交叉执行制度能够通过增强法院执行队伍的积极性、提升执行能力以及加强监督的方式,提高案件的实际执结率、减少案件终本数量、规范终本程序的适用;此外,交叉执行制度还为终本案件退出执行程序提供了新的路径,即经过两次交叉执行的案件,符合条件的,可以裁定终结执行,减少终本案件存量,减轻执行压力。

(二) 交叉执行的可行性分析

1. 变更执行法院具有合理性

执行管辖是指上下级法院之间以及同级法院之间受理执行案件的分工及权限。② 执行管辖的恒定能够为当事人申请执行权利的行使提供明确的指引,有效避免执行管辖争议的发生。但并不是所有对案件有执行管辖权的法院都适宜进行执行工作,因此,在确定执行管辖一般规则的基

---

① 数据来源于人民法院执行办案系统。
② 参见孙文龙、张太亮:《变更回字形法院的使用条件及价值取向》,载《人民司法》2011 年第 22 期。

础上，还需要针对具体情况对执行管辖作出适当调整。变更执行法院就是对执行管辖一般原则的变通和补充，有利于实现区域内各法院执行合力的最大化，具有合理性和法律基础。

2. "三统一"管理机制为交叉执行提供制度保障

"三统一"管理机制即最高人民法院提出的以信息化为支撑的"统一管理、统一指挥、统一协调"执行工作层级管理模式，能够实现对辖区内法院执行工作的全程监管，及时发现和处理问题，以及对辖区内执行案件和人员的统一调配，为案件交叉执行提供便利条件和制度保障。

3. 交叉执行具有现实可操作性

上级法院对下级法院执行质效定期考核和评查制度、定期督查巡视制度的设立，上级法院对申诉信访案件的办理以及全国各级法院的执行指挥中心的建设，实现了中级以上法院对辖区内法院执行工作进行全流程监管，对辖区法院执行工作进行指导、指挥和调度，能够及时发现辖区法院执行工作存在的问题，同时也为交叉执行案件的移送以及执行措施的衔接提供便利，使得交叉执行具有现实可操作性。

三、交叉执行面临的问题

（一）交叉执行案件启动中存在的问题

1. 未能严格区分执行不能与执行难案件

执行难与执行不能虽然都是影响法院执行效果的重要因素，但二者含义明显不同。执行难是因主观或客观原因使案件难以执行，而执行不能是案件本身不具有可执行性，是一种不具备执行条件的事实状态。

案件执行的前提是具有可执行性，但在交叉执行实践中，存在适用交叉执行程序审查不严格、部分执行不能案件进入交叉执行程序的现象，造成司法资源的浪费。

2. 交叉执行的案件启动方式不明确

对于交叉执行的启动方式目前没有明确的规定。仅在民事诉讼法第

237 条中规定，在案件超期未结的情形下，申请执行人可以向上一级法院申请执行，上一级法院针对不同情况决定督促执行、指令执行或者提级执行。在当前的执行实践中，在交叉执行的启动方式上各地做法不尽相同，特别是在申请执行人能否主动提起交叉执行以及申请执行人的意愿是否影响程序的启动上都没有明确的标准，这种情况严重影响交叉执行制度优势的充分发挥。

（二）交叉执行案件的审查及办理标准不明确

1. 交叉执行案件的审查程序及内容不完善

对交叉执行案件进行审查是保证交叉执行制度充分发挥作用的基础，但在现阶段的交叉实践中，上级法院在对交叉执行案件的审查程序及内容上还不够完善，对审查的期限、方式及具体内容都缺少明确的规定。

2. 指令执行中执行法院的选择标准不明确

指令执行是交叉执行实践中最常用的方式，但如何选择指定法院以及确定指令法院应考虑的因素等方面还没有明确的标准。

3. 交叉执行案件的执行措施衔接不畅

执行措施衔接不畅不仅影响案件执行工作的顺利进行，而且还可能因为衔接不畅出现"脱保""脱封"的情况，导致信访案件和国家赔偿案件的产生。当前，交叉执行案件中的执行措施衔接不畅主要体现在以下几个方面：一是当前交叉执行规范中关于执行措施衔接的内容不够详细；二是执行办案系统等未能提供技术上的支持；三是法院与相关协助单位因沟通协调不畅而导致继续查控措施难以顺利进行；四是法院之间在案件移交过程中因移交材料或者沟通不及时而导致执行措施未能有效衔接。

4. 交叉执行案件退出执行程序的规定不明确

案件能否执行完毕，虽然与执行能力有关，但最终起决定性作用的是案件本身。执行不能案件，本质上属于申请执行人应当承担的商业风险、法律风险、社会风险，经过强制执行程序救济后，只是确认了该风险后果。① 因此，不具备继续执行可能的案件，应当及时退出执行程序，但目前在执行实践中存在法院不敢终结或是随意终结的情况。

（三）存在滥用以及消极办理交叉执行案件的现象

1. 存在个别执行法院滥用交叉执行的现象

案件进行交叉执行后，原执行法院的执行案件以销案的方式结案。在执行实践中，个别法院将交叉执行作为推卸责任、"甩包袱"的工具，甚至存在部分法院在将案件移送后就采取"案销事了"的态度，不积极配合交叉后执行法院了解案情、接续采取查控措施等工作，导致交叉执行后的现执行法院在了解案情、查控财产等方面付出更多的时间和人力成本，增加其他法院的执行压力，浪费了司法资源。

2. 存在交叉执行法院消极执行的现象

在当前的交叉执行实践中，存在交叉执行后执行法院消极执行的现象。一是交叉案件与其他执行案件相比，在查人找物上更加耗时费力，交叉后的执行法院在主观上不愿意耗费执行资源在交叉执行案件上；二是经交叉执行后案件顺利执结的，根据具体情况，原执行法官、原执行法院可能会被问责，因此，在执行实践中，存在部分法院相互形成默契，秉承"与原执行法院执行差不多"的观念，对其他法院交叉执行的案件消极执行。

（四）现行法律中交叉执行救济制度阙如

1. 现行法律规范中有关交叉执行的规定

强制执行是对当事人业已生效法律文书确认的债权予以公力救济的司法活动，② 而执行救济则是旨在对违法执行和不当执行提出质疑的程序性工具，③ 依现行法律规定，当事人、利害关系人以及案外人可以对执行

---

① 参见苏良波、崔永峰：《执行不能案件的认定与处置》，载《人民司法》2020年第7期。
② 参见江必新主编：《民事执行制度理解与适用》，人民法院出版社2010年版，第2页。
③ 参见陈衍桥：《民事执行救济制度体系化的逻辑基础与路径选择》，载《河南大学学报（社会科学版）》2022年第6期。

行为或执行标的提出异议。当前，有关交叉执行救济的规定较少，仅有执行管辖权转移后对执行法院执行行为和执行标的异议管辖的相关规定，但对此问题的规定，《最高人民法院关于人民法院办理执行异议和复议案件若干问题的规定》（以下简称《执行异议复议规定》）与《交叉执行意见》也存在差异，《执行异议复议规定》第4条规定，由提出异议时负责该案件执行工作的人民法院负责审查处理，但如果原执行法院是交叉执行后承接法院的上级法院，由原执行法院负责审查处理；而《交叉执行意见》则不作区分，执行审查权随执行管辖权一并转移，均由提出异议时负责该案件执行工作的人民法院负责审查处理。

2. 缺少适用交叉执行程序后对相关当事人的救济规定

案件交叉执行会对当事人特别是申请执行人的权利造成影响，应当为相关当事人提供权利上的救济途径，但目前对于异议能否提起交叉执行、异议期限以及异议审查法院，都没有明确的规定。

3. 缺少对案件经交叉执行后退出执行程序的救济规定

在交叉执行实践中，对于经过两次交叉执行并且符合条件的案件，可以终结执行的方式退出执行程序，但目前的法律规定中缺少对案件经交叉执行后退出执行程序的救济规定。

四、交叉执行制度的完善建议

（一）明确交叉执行案件的启动标准

1. 交叉执行案件以具有可执行性为前提

可执行性是案件执行的前提条件，为了避免执行不能案件进入交叉执行程序，造成程序滥用，可以采取以下措施：一是制定规范以明确案件具有可执行性的条件。包括最高人民法院在司法解释中进行的规定以及各地高院和中院根据本地区的案件特点制定的不同类型案件具有可执行性的标准；二是在交叉执行程序适用的审查过程中，加强对案件是否具有可执行性的审查。在审查中明确规定需要由原执行法院提交案件执行过程的报告，通过审查报告以及案件执行的全过程，对案件是否具有可执行性进行判定；三是建立相应的追责、问责机制。对于原执行法院和承办人因故意或者过失没有在审查中说明案件执行不能的情况，而导致案件进入交叉执行程序的，根据具体情况，对原执行法院和承办人追责、问责。

2. 建立以依职权为主、依当事人申请为辅的启动方式

法院依职权启动，包括执行法院向上级法院的报请和上级法院通过对案件流程监管、督查巡视等方式发现并依职权决定两种方式，执行法院对案件执行过程最为了解，对执行中遇到的阻碍往往能作出准确的判断，而上级法院依职权决定交叉执行，能够有效避免执行法院对地方保护或不当干预的案件不予报请的情况；依当事人申请的启动方式是首先由当事人提出申请，经审查由人民法院最终予以确认的模式。

依当事人申请启动的模式是指当事人提出交叉执行的申请，但最终需要由法院经过审查后决定。当事人是对案情和执行情况最为了解和关注的主体，变更执行法院会对当事人的权益造成直接影响，因此，应当赋予当事人申请交叉执行的权利，但不可否认，受专业性的限制，当事人对案情以及执行工作的判断可能存在偏差。

综上所述，在交叉执行启动方式上，应以依职权为主、依当事人申请为辅，同时在依职权决定交叉执行时要询问申请执行人的意见，增加当事人对交叉执行适用的认同，有利于当事人对执行工作的配合和参与，有利于交叉执行更好地发挥作用。

（二）交叉执行案件的审查及执行

1. 完善对交叉执行程序适用的审查

对案件能否进入交叉执行程序进行审查是交叉执行的关键环节，完善对交叉执行程序适用的审查包括完善审查程序和审查内容两方面。

在完善审查程序方面，一是要将案件以"执他字"号立案，并纳入执行办案系统进行统一管理；二是确定合理的审查期限。适用交叉执行

的目的是高效推进执行工作,因此审查期限不宜过长。在期限的具体确定上,可以比照执行异议的审查期限,但因审查内容较执行异议更为复杂和全面,在期限的确定上可以适当长于执行异议的审查期限。笔者认为,审查期限为一个月较为适宜;三是在审查过程中采取书面审查的方式;四是在审查过程中要听取申请执行人对交叉执行的意见;五是经审查后作出决定要经过执行局负责人批准,并将决定书向相关法院送达,变更执行法院的,由原执行法院通知相关当事人,并告知其相关权益。

在完善审查内容方面,一是要对案件是否具有可执行性进行审查,严禁执行不能案件进入交叉执行程序;二是对原执行法院的执行过程进行审查,查明其在案件执行过程中是否存在消极执行、选择性执行以及不当干预等违规情形;三是根据案件具体执行情况决定是否应进行交叉执行以及采取何种交叉执行的方式,需要指令执行的,还要综合审查辖区内其他法院的执行能力以最终确定指令执行的法院。

2. 明确交叉执行方式及执行法院的确定规则

在确定具体交叉执行方式时,在能够达到同等执行效果的前提下,优先选择法院内部交叉或者督促执行等交叉执行成本低的方式。

在法院内部交叉不能实现快速推进执行的目的,需要指令其他法院执行或者关联案件需要集中执行的,在确定执行法院时,一是要遵循合理匹配执行能力原则。确定法院时要综合考虑执行法院本身的案件数量及难易程度、执行人员的数量及综合素质等因素,避免因交叉执行而影响指令法院本身执行工作的进行,产生新的积案。二是要遵循节约执行成本原则。在确定执行法院时,不仅要考虑执行法院需要付出的司法资源,也要考虑当事人参与执行活动需要付出的时间与金钱的成本。

3. 完善交叉执行案件执行措施的衔接

实践中的执行案件以金钱债权执行案件为主,而金钱债权执行案件的重点就是对财产的查控,在交叉案件的移送中,要注意做好执行措施的衔接工作:一是明确案件的移送时间、移送材料以及法院对案件移送期间执行措施的责任分工;二是完善执行办案系统功能,为执行措施的衔接提供技术支持，实现在交叉执行后一键完成案件续行查控措施；三是加强与银行、不动产登记、车管所等相关协助单位的沟通协调，向各协助单位就交叉执行案件的财产查控事项进行说明，避免因缺少沟通造成查控措施衔接不畅的问题。

4. 完善交叉执行案件退出机制

（1）交叉执行案件退出执行程序的合理性分析。交叉执行案件退出执行程序具有合理性，首先，退出执行程序的案件以不具有可执行性为前提，执行不能案件即使不以终结执行的方式退出执行程序，执行工作取得进展的可能性也不大，申请执行人的权益因案件退出执行程序而受到损害的可能较小；其次，交叉执行案件退出强制执行的程序要求严格，不仅对交叉执行的方式、次数有要求，而且还需要听取申请执行人意见以及经作出交叉执行决定的法院批准，严格的程序限制能够有效避免程序的滥用；最后，申请执行人在发现财产线索后依然享有申请执行的权利。综上所述，符合条件的案件退出执行程序，体现了公平与效率的价值追求，具有合理性。

（2）明确交叉执行案件退出执行程序的条件。交叉执行案件退出执行程序的条件包括案件本身不具有可执行性、经过两次指令执行或一次提级执行、案件退出执行程序前要听取申请执行人意见以及报请作出交叉执行决定的法院批准四个要件。

一是案件本身不具有可执行性。在金钱债权执行案件中，不具有可执行性的情形包括以下几种：第一，经过执行调查，发现被执行人没有可供执行财产或者财产经过处置后再无其他可供执行财产，且被执行人将来的收入在可预见的期限内不足以或者仅够维持自身生活而无法继续履行清偿义务的；第二，作为被执行人的自然人死亡且无遗产可供执行、作为单位的被执行人破产且无义务承担人的；第三，丧失劳动能力等原因导致永久丧失履行能力，无法继续执行的。物之交付执行和完成行为的执行案件不具有可执行性的情形包括以下几种：第一，在特定物交付中，特定物灭失，且双方未达成和解意见的；第二，受客观条件限制等不具备交付标的物或不具备完成行为的可能的；第三，虽然物之交付以及行为完成能够实现，但对当事人的生存权益造成重大影响或者可能影响社会公共利益或第三人利益而不宜执行的。

二是至少经过两次指令执行或一次提级执行。不同执行法院的执行角度、执行方法可能不同，案件经过两次指令执行或一次提级执行后，案件调查的范围更全面、过程更严谨，调查后得出的结论与案件事实更接近，能最大限度地避免因程序适用不当对当事人的合法权益造成损害。

三是案件退出执行程序前要听取申请执行人意见。在作出终结裁定前，应向当事人告知相关的执行情况，并向申请执行人做好释明工作，告知其在发现有可供执行财产线索的情况下可以申请执行的权利，并听取申请执行人的意见，以保障申请执行人的知情权并争取获得申请执行人的理解和认同。

四是报请作出交叉执行决定的法院批准。执行法院需要将终结执行的情况报请作出交叉执行决定的法院批准，原因在于：一是交叉执行的决定由执行法院的上级法院作出，执行法院应当将案件执行情况向作出决定的上级法院报告；二是两次指令执行的决定都是由同一上级法院作出的，该上级法院对案件的执行情况更为了解，报请批准有利于提高终结执行裁定的准确性。案件经过提级执行的，由于作出提级执行决定的就是执行法院本身，因此无须报请上级法院的批准，但需报请本院执行局负责人。

(三) 建立案件评查和激励奖惩制度

1. 建立案件定期评查制度

案件定期评查制度包括两部分内容，一是定期对所有执行案件的评查，以便及时发现执行中存在的问题，筛选进入交叉执行程序的案件。二是定期对已经交叉执行的案件进行评查。一方面，掌握案件交叉执行的进展情况，便于及时给予指导意见，推进执行工作；另一方面，对于经过交叉执行顺利执结或者取得较大进展的，要重点对原执行案件进行评查,审查原案件执行过程是否存在消极执行、选择性执行情况或者其他违规违纪行为,为奖惩激励提供依据。

2. 建立完善的激励奖惩制度

建立激励、奖惩制度的前提是设立科学的考核体系,根据各地法院的具体情况以及案件类型,确定不同的考核标准。在对交叉执行案件进行考核的过程中,案件取得重大进展的,要对交叉后执行法院及相关执行人员按照规定予以适当的激励,对原执行法院以及相关执行人员在执行工作中存在消极执行、选择性执行或者其他违规违纪行为的,要按照相关规定予以相应的惩戒,并将奖惩评价体现在考评、绩效考核等方面。

(四)完善交叉执行案件的救济制度

"有侵害就有救济"被认为是诉讼权利救济的原则之一,① 交叉执行程序的适用、措施的采取以及案件的退出执行程序,都可能对相关当事人的权利造成影响,因此,应当为其提供救济途径。在不涉及变更执行法院的交叉执行方式中,执行救济与普通执行案件无异,这里主要讨论涉及变更执行法院交叉执行方式下的执行救济问题。

1. 对交叉执行程序的适用有异议的救济

(1)应以执行复议的途径予以救济。交叉中执行程序的适用是上级法院作出的决定,在性质上偏向于依职权作出的法院系统内部的管理行为,不适宜以执行异议的途径予以救济。而从民事复议制度上来分析,根据目前的民事诉讼法及相关的司法解释的规定,民事诉讼中的复议可以概括为两种情形,即因驳回当事人程序性的申请引发的复议和因法院职权行为引发的复议。② 因此,对适用交叉执行程序的决定有异议的,以执行复议的途径予以救济较为适宜。

(2)提起执行复议的程序设置。执行复议的程序设置涉及复议期限、

---

① 参见江必新、刘贵祥主编:《最高人民法院关于人民法院办理执行异议和复议案件若干问题规定理解与适用》,人民法院出版社 2021 年版,第 132 页。

② 参见江必新、刘贵祥主编:《最高人民法院关于人民法院办理执行异议和复议案件若干问题规定理解与适用》,人民法院出版社 2021 年版,第 127~128 页。

复议法院以及不服复议结果的救济问题。在执行救济程序的设计上，要平衡权利救济和实体权益，针对执行程序中的不同争议事项，设定不同的救济途径，以实现效率和公平的统一。就交叉执行程序的适用而言，在执行复议程序中投入过多的时间成本和司法资源，会对案件本身执行工作的推进造成影响，因而复议期限不宜过长，在执行法院通知申请执行人时起算十日较为适宜，同理，复议法院对复议申请审查后，根据具体情形作出裁定，对该复议裁定应实行"一复终复"，不宜再赋予救济的权利，避免司法资源的浪费。基于"一复终复"的设置，复议的法院应为作出交叉执行决定人民法院的上一级人民法院，作出决定的人民法院与复议审查的人民法院是同一法院不利于复议申请人权利的维护。

2. 对执行措施或执行标的有异议的救济

与普通执行案件相同，交叉执行案件中的当事人、利害关系人以及案外人也享有提起执行行为异议和案外人异议的权利，需要注意的只是在案件交叉执行后，对原执行法院的执行行为及执行标的提出执行异议时审查法院的确定问题。

首先，案件交叉执行后，对执行行为或执行标的提出异议的，原则上由异议申请提出时负责办理案件的执行法院审查处理。变更执行法院是执行管辖权的变更，相应地，执行审查权也应一并转移，同时，向负责案件执行的法院提出，也便于相关当事人行使权利和参与正在进行的执行活动，避免其在同一段期限内往返不同的法院。

其次，原执行法院为交叉后执行法院上级法院的，异议申请应由原执行法院审查：一是由于异议审查法院与原执行法院存在上下级的关系，下级法院在异议审查过程中可能存在顾虑，不利于异议审查的进行；二是在执行行为异议中，对裁定不服的，向上一级人民法院复议，或者在案外人异议中，对裁定不服提出执行异议之诉后向上一级法院提起上诉的，都可能会出现复议法院或者上诉法院与原执行法院为同一法院的情形，不利于异议事项的审查，也不利于当事人对审查或审理结果的认同。

3. 对案件退出执行程序有异议的救济

（1）应以提出执行行为异议的方式进行救济。案件经过交叉执行后，符合退出执行程序的案件由最后执行的法院以裁定的形式终结执行。在此种情况下能否进行救济，现行法律没有明确的规定，但依法理，当权益受到侵害或者可能受到侵害时，就应当有救济的途径，对交叉执行案件退出执行程序有异议的，也应当有相应的救济途径。虽然案件在退出执行程序前需要报请作出交叉执行决定的人民法院的批准，但案件退出执行程序是以终结执行裁定的形式体现的，《执行异议复议规定》第7条对民事诉讼法提出异议的执行行为的范围进行了界定，其中列举了"终结执行"①，因此对案件经交叉执行后退出执行程序有异议的，也应以提出执行行为异议的途径救济。

（2）执行异议的审查法院为作出终结裁定的法院。经交叉执行的案件在退出执行程序前虽然需要报请作出交叉执行决定的人民法院的批准，但案件最终退出执行程序的终结裁定仍是以最后执行法院的名义作出，实质上，报请批准在案件终结执行中发挥的是核准的作用，因此，对终结裁定有异议的，向作出终结裁定的执行法院提出更为适宜。

（3）异议审查中应举行执行听证。关于执行听证的概念有程序说和方法说两种观点，但无论何种观点，都明确执行听证是有利于当事人了解执行裁判过程、有利于查明执行案件中复杂事实的活动。因此，《执行异议复议规定》第12条规定，在执行异议、复议案件的审查中，对案情复杂、争议较大的，根据情况可以依法举行听证。举行执行听证有利于查清执行法院是否已经穷尽了调查措施、案件是否符合退出执行程序的条件，也有利于相关当事人了解执行裁决的过程，有利于对异议审查结果的认同。

---

① 《执行异议复议规定》第7条第1款第1项规定："当事人、利害关系人认为执行过程中或者执行保全、先予执行裁定过程中的下列行为违法提出异议的，人民法院应当依照民事诉讼法第二百二十五条规定进行审查：（一）查封、扣押、冻结、拍卖、变卖、以物抵债、暂缓执行、中止执行、终结执行等执行措施……"

新时代交叉执行的实践适用研究

——以厘定交叉执行的理念定位与启动标准为视角

夏从杰[*]　宋骏男[**]

内容摘要：交叉执行制度通过引入其他法院的执行力量,以不同的思路、方式,助力执结"难缠案""骨头案",具有鲜明的时代意义和实践价值。但由于交叉执行是人民法院不断深化中国特色执行体制机制改革的制度创新,实践中,对交叉执行案件的选取、启动标准以及适用等方面,还存在认知不清、理念偏差等问题,下级法院在报请启动交叉执行案件以及上级法院在审查是否启动交叉执行案件时欠缺具体、明确、具有可操作的适用标准,制约了交叉执行制度的功能发挥。本文通过对江苏省实务案例的归纳分析和实证考量,主张应当摒弃唯交叉执行至上的错误理念,明确交叉执行的补充性、兜底性地位,树立依法交叉、便利交叉、善意交叉的理念。在审查标准上,聚焦于"交叉前有执行困难"和"交叉后便于找人或便于财产处置"两个实质维度,注重审查执行依据、执行可能性、执行措施、标的权属、处置效果、关联案件等重点要素,避免不当交叉。在运行程序上,强调赋予申请人及利害关系人的启动权、全面征求拟指定法院和申请人的意见,促使交叉执行的审查标准、办理程序更加规范化、统一化。

---

[*] 江苏省高级人民法院执行局执行指挥中心副主任。
[**] 江苏省高级人民法院执行局法官助理。

关键词： 交叉执行　理念定位　启动标准

2024年1月，最高人民法院院长张军在全国高级法院院长会议上指出，交叉执行是做实公正与效率、强化执行监督制约、杜绝消极执行的重要举措，是克服地方保护主义、化解执行积案难案的重要执行制度。要在全国范围内有序推进交叉执行工作，通过指定执行、提级执行等方式，将难以执行的案件交由其他法院执行，发挥"鲶鱼效应"作用，克服地方保护主义，更好发挥这一制度的效能。① 同年3月，张军院长在全国两会作最高人民法院的工作报告中提出，持之以恒解决执行难，全面推进交叉执行。② 同时，张军院长也指出，目前交叉执行还存在重视不够、认识不清、选择案件避重就轻等现象，有的法院把一些即使不交叉执行、正常办理也可执行的案件交给异地法院办理，既是形式主义的表现，也浪费了宝贵的执行资源。交叉执行还需加强规范完善，完善制度机制，规范交叉执行。③ 最高人民法院审判委员会副部级专职委员刘贵祥指出，要细化完善交叉执行启动规则，严防在案件甄别、审查甚至执行等环节可能滋生的廉政风险。同时指出，2024年交叉执行工作重点首先是要建立健全交叉执行工作制度机制，交叉执行案件如何选取、如何启动、如何管理等，这些问题都要进一步明确，配套制度也要跟上。④ 因此，对交叉执行问题进行研究，特别是对交叉执行案件的选择与启动标准加强研究，对于完善交叉执行制度，发挥交叉执行制度效能，促推整体执行工作，具有较强的理论和实践价值。

---

① 参见最高人民法院院长张军2024年1月15日作出的《在全国高级法院院长会议上关于执行工作的专题讲话》。

② 参见最高人民法院院长张军2024年3月8日在第十四届全国人民代表大会第二次会议上所作的《最高人民法院工作报告》。

③ 参见最高人民法院院长张军2024年1月15日作出的《在全国高级法院院长会议上关于执行工作的专题讲话》。

④ 参见最高人民法院审判委员会副部级专职委员刘贵祥2024年2月23日作出的《在全国法院第一季度执行工作调度会上的讲话》。

一、问题检视：交叉执行的规则审思与实践考察

在推进交叉执行工作过程中，面临现行法律关于交叉执行制度的规定较为简单、缺乏操作性的实践难题，制约着交叉执行工作的规范高效开展。

（一）交叉执行的演变

交叉执行并非无源之水、无本之木，而是具有法律依据和实践基础的制度创新和实践再发展。① 早在 2004 年 10 月，最高人民法院在《关于进一步加强人民法院基层建设的决定》（法发〔2004〕21 号）中就明确提出，对跨地区的重大执行案件，要实行指定执行、交叉执行、提级执行等方法，排除地方保护主义的干扰；民事诉讼法第 237 条规定，超六个月未执行案件可以"向上一级法院申请执行"，上一级法院可以责令原人民法院限期执行、提级执行或指定其他法院执行，该规定在立法上为交叉执行的明确法律依据；2009 年 7 月，最高人民法院在《关于进一步加强和规范执行工作的若干意见》（法发〔2009〕43 号）中强调，通过上级法院提级执行、指定执行、交叉执行等途径，纠正违法执行和消极执行行为，加强对执行权行使的监督；2016 年 4 月，最高人民法院在《关于落实"用两到三年时间基本解决执行难问题"的工作纲要》（法发〔2016〕10 号）中提出，要规范指定执行、提级执行、异地交叉执行的提起和审批程序，提高执行实施效率；2019 年 2 月，最高人民法院在《关于深化人民法院司法体制综合配套改革的意见——人民法院第五个五年改革纲要（2019—2023）》（法发〔2019〕8 号）中要求，完善协同执行、委托执行机制，规范指定执行、提级执行、异地交叉执行的提起和审批程序；2021 年 12 月，最高人民法院在《关于进一步完善执行权制约机制加强执行监督的意见》（法〔2021〕322 号）要求，对辖区内跨区域执行案件、一个被执行人涉及多起关联案件、疑难复杂案件等统筹调配

---

① 参见黄文俊、毛立华、向国慧、杜圣杰：《〈最高人民法院关于交叉执行工作的指导意见〉的理解与适用》，载《人民法院报》2024 年 7 月 11 日。

执行力量，集中执行、交叉执行、联动执行。

在上述文件中，交叉执行是与提级执行、指定执行、集中执行、联动执行（协同执行）、委托执行相并列的概念。进入新时代，为切实解决执行难，最高人民法院党组重新赋予交叉执行新的功能和价值。2023年9月，最高人民法院院长张军对交叉执行作出部署，深刻指出，民事诉讼法和相关司法解释都规定了指定执行、提级执行等制度，为交叉执行提供了依据，并强调，对重大疑难复杂的执行难案和长期未执结的历史积案，运用"推磨式"分层交叉执行方法，通过指定执行、提级执行，执行法院交互将本院部分难以执行的案件移交其他法院执行，促进加大执行工作力度。① 张军院长首次将指定执行、提级执行界定为交叉执行的两种方式，交叉执行从与指定执行、提级执行并列的平级概念上升为上位概念。

张军院长关于交叉执行的部署，为交叉执行赋予了崭新的内容和意义，是新时代人民法院切实解决执行难的重大制度创新，是执行领域深入贯彻习近平法治思想的生动实践。②

为贯彻落实张军院长关于交叉执行工作的讲话要求，2024年6月，最高人民法院印发《关于交叉执行工作的指导意见》（以下简称《交叉执行意见》），规定交叉执行包括督促执行、指令执行、提级执行、集中执行、协同执行等多种方式，其中协同执行包括个案协同与事项协同（事项委托）。③ 新时代的交叉执行，是关于多种执行方式的概括性表达，其外延扩充为至少五种方式，内涵更加丰富，功能更加强大。

最高人民法院党组关于交叉执行的重要部署，为交叉执行赋予了崭新的意义，在摒弃既往实践的基础上，丰富和发展了交叉执行的内涵、功能、本质、范围、机制、效果等，具有前所未有的广度和深度。从内涵上看，民事诉讼法第237条里的交叉执行只包含了提级执行和指定执

---

① 参见黄文俊：《深入贯彻习近平法治思想 做深做实交叉执行》，载《中国审判》2024年第12期。

② 参见黄文俊：《深入贯彻习近平法治思想 做深做实交叉执行》，载《中国审判》2024年第12期。

③ 参见《交叉执行意见》第1条、第18条、第20条。

行两种方式。有效地实现这两种方式需要系统内外的督促执行、集中执行、协同执行等。新时代的交叉执行是一个综合性、复合型的执行机制，[1]包括督促执行、指令执行、提级执行、集中执行、协同执行等多种方式。新时代的交叉执行极大丰富和发展了交叉执行的内涵和外延，契合新时代执行工作实践要求，是解决群众急难愁盼和做深做实公正与效率的重要抓手，是推动执行工作高质量发展和执行现代化的制度性变革更，是顺应新时代、新发展阶段执行工作的必然要求。[2]

(二) 交叉执行的规则审思

为充分激发交叉执行制度效能，有效破解执行实践难题、解决人民群众急难愁盼、推进执行体制机制改革，自2023年10月开始，最高人民法院在19个省（区、市）法院部署开展交叉执行试点工作，并在总结试点经验基础上，于2024年3月在全国法院推开交叉执行工作。2023年10月开展试点以来，攻克了一批大案、要案和"骨头案"，激活了解决执行难的工作效能，为"切实解决执行难"提供了可供借鉴的成功经验。截至2024年7月3日，全国法院累计受理交叉执行案件7.28万件，其中，2.31万件取得实质进展或者化解，执行到位金额398.91亿元。[3]

在肯定成绩的同时，更需要审视实践中制约交叉执行制度运行和效能发挥的一些因素。正如最高人民法院审判委员会副部级专职委员刘贵祥所指出，交叉执行案件如何选取、如何启动、如何办理、如何管理等尚需进一步明确，[4]反映出目前关于交叉执行的制度机制还不够健全。为此，最高人民法院先后出台了《交叉执行通知》《交叉执行意见》，明确

---

[1] 参见李阳、邱梓喆：《激活"第二百三十七条"》，载《人民法院报》2024年3月13日。

[2] 参见《最高人民法院关于全面推进交叉执行工作的通知》（以下简称《交叉执行通知》）。

[3] 最高人民法院：《交叉执行到位金额398.91亿元！最高法首次发布交叉执行工作情况及典型案例》，载中国法院网，https://www.court.gov.cn/zixun/xiangqing/436881.html，2024年7月3日访问。

[4] 参见最高人民法院审判委员会副部级专职委员刘贵祥2024年2月23日作出的《在全国法院第一季度执行工作调度会上的讲话》。

了交叉执行的工作目标、总体要求、基本原则、主要方式、主要内容和工作程序、上级法院调度指挥、监督管理等问题，构建了交叉执行的规则基础，为实践中开展交叉执行工作提供了方向性指引。但实践中亟须解决的交叉执行案件的选取、启动标准问题还需要进一步明确。笔者在办理下级法院报请交叉执行的案件审查时，发现部分案件在审查过程中就已经执行完毕或者达成和解协议。从结果看，这部分案件只要原执行法院正常办理便可结案，属于典型的属地可化解案件，并无交叉执行的必要性，显然不符合的"骨头案"标准，更是"选择案件存在避重就轻"的典型。①

（三）交叉执行的实践考察

以江苏省各中院向江苏省高院报请市外交叉的案件为例，笔者一共查阅了142件，裁定同意交叉执行67件，占比为47%。其中，有的报请理由充分翔实，有的报请理由笼统单一；有的报请案件疑难复杂，有的报请案件简单可执；有的财产处置存有阻力，有的财产处置正在进行。这些现象反映出各级法院在报请或者办理交叉执行案件时缺乏明确的判断标准，具体情况如下。

1. 简单以人或财产在异地为由报请交叉执行

根据民事诉讼法第235条关于执行管辖规定，申请人可以选择向被执行人或者财产所在地申请执行。被执行人在异地有不动产或是被执行人在异地，原执行法院在并无执行障碍情形下，仅以此为由申请交叉执行，有推诿责任之嫌，无交叉执行必要。

在江苏省13个中院以此项理由上报辖区两级法院的90件申请交叉执行案件中，仅有30件被裁定同意交叉执行，同意理由为不动产存在异地清场障碍或者不动产为安置房、宅基地等特殊财产在异地未处置。未被裁定交叉执行的案件主要理由为：第一，原执行法院无执行障碍，如财

---

① 参见最高人民法院院长张军2024年1月15日作出的《在全国高级法院院长会议上关于执行工作的专题讲话》。

产虽在异地但距执行法院较近、被执行人另有其他可以执行财产、被执行人配合处置财产、财产已经在处置程序中等；第二，无益处置，如财产共有人较多、抵押权较大、终本案件较多等；第三，拟交叉法院存在处置障碍，如既非抵押权法院也非首查封法院、执行依据可能被改判、存在执行异议、财产权属不清、被执行人破产、被执行人实际居住地并非该院辖区等；第四，无交叉执行必要，如已经执行完毕、达成和解、终结执行等（见图1、图2）。

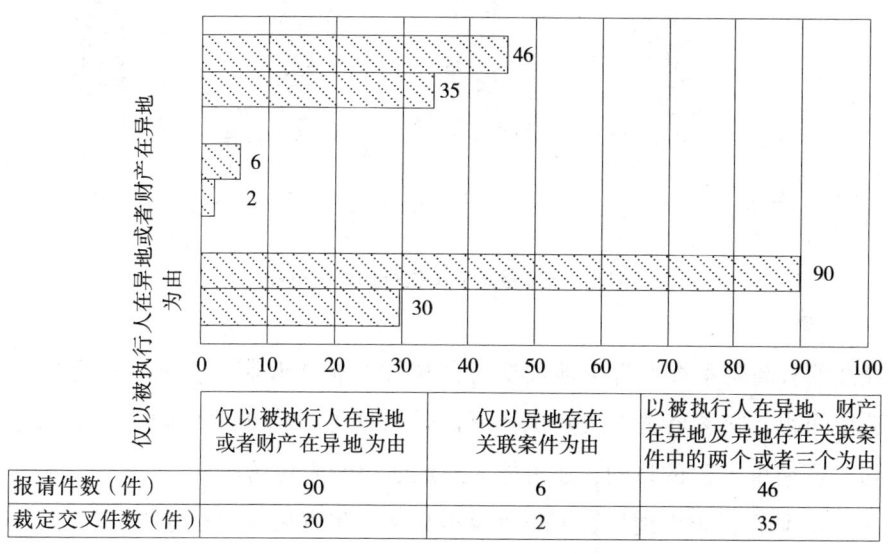

图1 报请交叉执行及裁定交叉执行案件分布

2. 简单以被执行人在外地关联案件较多为由报请交叉执行

若被执行人在异地法院存在诸多执行案件，集中由其执行确有节约执行资源、提高执行效率的可能性；但是前提应当是有可供执行的财产，如果是确无财产或者财产无法处置，交叉执行并无实益，除非能推动进入破产程序。此类报请案件中，江苏省高院未裁定交叉执行的2件案件主要是因为被执行人无财产或者是无处置权，无法实质化推动案件办理。

3. 报请交叉执行时未考虑异地地方保护可能性

某中院以异地执行更有利于推动实质化解为由报请交叉执行，但是

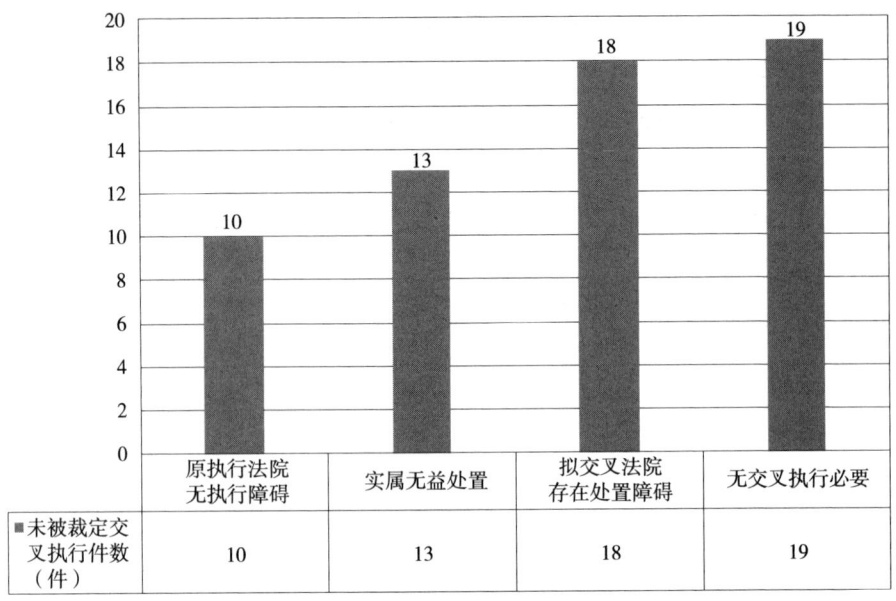

图 2 未被裁定交叉执行的原因分布

经江苏省高院审查发现案涉被执行公司涉及企业改制、工人下岗等历史遗留问题，交叉至属地法院执行反而带来地方政府干预的隐患，难以达到"案结事了"的目的，还可能为属地法院带来信访压力。

4. 是否征求申请执行人意见及拟交叉法院意见认知有分歧

实务中有观点认为，交叉执行是职权行为，不需要征求申请人及拟交叉法院意见；另一种观点认为，交叉执行可能会增加当事人的沟通和路程往返成本等，在变更执行法院的情况下，对当事人诉讼权利的行使产生影响，应当充分考虑当事人的意愿，做好当事人的沟通释明工作；而有的观点则主张，既要征求申请执行人的意见，也要征求拟交叉执行法院的意见。观点的不一致不仅会导致办理程序的差异，更会造成是否启动交叉执行办理标准的不一。江苏省高院在审查交叉执行过程中，有50件案件征求了拟交叉执行法院的意见，有17件未征求拟交叉执行法院的意见。

二、理念重塑：交叉执行的适用定位辨析

理念是行动的先导，理念一新天地宽。交叉执行固然要实现"兑现申请人胜诉权益"的正义价值追求；但也要避免矫枉过正、舍近求远、因不当交叉破坏了高效执行的效率价值。如何树立交叉执行的科学理念、如何界分交叉执行与常规执行的关系，是当下必须要明晰的问题。

（一）理念反思：交叉执行实践的理念偏差

交叉执行对于防止权力、关系、人情干扰，强化执行监督管理，解决重大疑难复杂案件和长期未执结案件，提高执行质量和效率，具有重大意义。但是在具体实践过程中存在一些不当倾向。一是交叉执行至上。一些法院把交叉执行当成办理执行案件的"万能钥匙"，对执行案件不加甄别地优先适用交叉执行，不区分是否存在执行困难、不思考是否存在执行不能、不判断是否属于无益处置，把交叉执行当成把案件推出去、"甩包袱"的途径，背离交叉执行解决疑难复杂案件、降低执行成本的初衷。二是交叉执行案件越多越好。在交叉执行案件数量考核压力下，有的法院认为交叉执行案件数量越多越好。为了使数据更亮眼、考核更靠前，部分法院将一些不应交叉执行的简单案件或无交叉执行必要性的案件进行交叉，虚增交叉执行案件数量。这种选择性交叉，一方面，加剧选择性执行之弊，助长形式主义；另一方面，浪费宝贵的执行资源，影响真正需要交叉执行案件的办理。

任何事物都有两面性。交叉执行案件数量过多，既反映出交叉执行成效明显；也反映出原执行法院执行不力、执行工作监督管理不到位、司法环境及法治化营商环境有待改善等。

（二）理念回归：明确交叉执行的辅助地位

交叉执行和常规执行的功能如何定位、适用场域如何界分？这是实践中亟须明确的问题。《交叉执行意见》第 2 条规定，民事诉讼法第 235

条确立了执行管辖的一般原则,人民法院一般应当按照该条规定精神,确定执行案件管辖法院。以此确定执行法院的执行,即常规执行。但是,发现因不当干预、消极执行、执行法院力量不足等因素导致执行工作长期未有效推进,或者因多案存在关联,集中办理更有利于执行,或者因执行案件疑难复杂需要上级法院协调、其他法院配合的,可依法开展交叉执行。① 此原则确立了常规执行与交叉执行的适用关系。本文认为,在常规执行与交叉执行的适用关系上,应当明确交叉执行的辅助地位。

1. 交叉执行是一种补充性执行方式

之所以要开展交叉执行,是因为部分执行案件存在一定的执行困难或消极执行,导致原执行法院不再适宜继续执行,为了实现执行的实质性推进,迫不得已对该案件进行交叉执行。从江苏省近年来终本案件合格率、有财产可供执行案件法定审限执结率等数据指标看,绝大多数案件是规范执行、为民执行(见表1)。这从客观上决定了需要交叉执行的案件数量不会过多,所以交叉执行不应该成为一种常规性、普遍性的执行手段,而应该是一种辅助执行方式,是对常规执行的有效监督和必要补充。因此,交叉执行要聚焦执行难案积案,着力破解执行难题。

表1 江苏省近年执行数据指标

	无财产可供执行终本案件合格率	执行案件执结率	有财产可供执行案件法定审限执结率
2024年至今	99.91%	65.92%	98.54%
2023年	99.55%	92.01%	99.98%
2022年	99.98%	93.60%	99.18%

2. 明确交叉执行是一种兜底性执行方式

在常规执行和交叉执行的适用顺位关系上,要明确常规执行具有优先适用地位,交叉执行作为常规执行难以有效推进时的一种监督管理手

---

① 参见《交叉执行意见》第2条。

段，居于兜底适用地位。原执行法院必须充分履行属地管辖责任，在常规执行无法见效的前提下再考虑报请交叉执行，而不是在常规执行有效的情况下优先采用交叉执行。例如，A 法院在执行过程中发现被执行人可供执行的财产处于 B 法院辖区，在未充分研判执行难度和潜在风险的前提下报请交叉执行，显然未尽到属地管辖责任。一旦交叉到异地法院执行，会加重申请执行人负担，不便于当事人参与执行，背离执行管辖所依据的便利性原则和以人民为中心理念。当然，申请执行人同意的，出于降低执行成本的考量，可以交叉至财产所在地法院执行。不能为了交叉执行数据"漂亮"，对一些无须交叉执行的简单案件予以交叉。

（三）理念更新：树立规范、便利、善意交叉执行理念

在明确交叉执行补充性、兜底性适用地位的基础上，应当优化交叉执行的适用理念，为交叉执行工作提供方向性指引。一是坚持规范交叉理念。人民法院开展交叉执行必须依据有关规定，确保交叉执行依法、规范，避免乱交叉。上级法院要切实落实交叉执行案件启动的甄别、审查、管理职责。如果随意启动交叉执行，会造成部分法院选择性执行，交叉执行也会异化为把疑难复杂案件推出去、"甩包袱"的途径。有的法院把不存在执行障碍但耗时耗力的"骨头案"推给其他法院执行，而把关系案、人情案、金钱案留下来自己办理，产生较大的寻租空间。同时，有的上级法院把关系案、人情案、金钱案有选择性地决定交叉执行，易滋生廉政风险。二是坚持便利执行理念。法院开展交叉执行应当坚持便利性原则，统筹考虑当事人住所地、主要财产所在地、执行法院案件数量、执行力量等因素，从便于当事人参与执行、便于法院依法及时有效开展执行工作出发，合理确定交叉执行案件和交叉执行法院。[①] 具体而言，要以案件交叉后"是否便利找人及是否便利财产处置"为标准判断是否交叉执行，避免无效交叉，浪费司法资源。三是坚持善意交叉理念。

---

① 参见《交叉执行意见》第 2 条。

交叉执行应当坚持善意文明理念。交叉执行的目的是兑现申请执行人的胜诉权益，如交叉执行到离申请执行人较远的法院，往返费用及时间成本会因此升高。因此，对于依职权决定交叉执行的案件，应当充分考虑当事人的意愿，做好沟通释明工作，充分尊重申请人意愿。对同一被执行人有数起执行案件等关联案件，不同法院具有管辖权的，征得当事人同意，可以集中至一家法院执行。对于被执行人而言，可以避免被重复采取执行措施；对于申请执行人而言，可以在破产程序或参与分配程序中，依法平等实现权益。

三、规则优化：完善细化交叉执行案件的启动标准

交叉执行具有独特的时代价值和实践价值，但是在实践运行过程中审查标准不明、操作程序不清的问题亟待完善。本文认为，应当健全细化交叉执行的实质标准、审查要素和操作程序，以此统一交叉执行案件的办理，规范交叉执行案件的管理。

（一）明确启动交叉执行的实质判断标准

交叉执行内涵丰富，类型多样，但提级执行和指定执行最具代表性，二者在交叉执行中占比约为50%。[①] 本文以这两者为中心展开分析。

本文认为，交叉执行的实质标准应当为有利于实质性推进案件执行、便于当事人参与执行及节约执行成本。具体而言，交叉执行应当坚持"两便原则"和"两个有利于原则"。所谓"两便原则"，即便利查找被执行人及便利处置财产；所谓"两个有利于原则"，即有利于节约司法成本，有利于实现债权。例如，被执行人及财产均在外地，被执行人拒不配合执行，执行法院处置受阻，交叉至财产所在地法院执行，即符合"两便原则"和"两个有利于原则"。

[①] 参见最高人民法院执行局局长黄文俊2024年5月31日在进一步强化涉执突发事件和舆情管理做实做细善意文明执行工作调度会上的讲话相关内容。

（二）细化启动交叉执行的实质审查要素

交叉执行突破了执行管辖的一般规定，同时，在变更执行法院的情况下，交叉执行对当事人诉讼权利的行使会产生影响。一定程度上会增加当事人的诉讼成本及人民法院的工作量，因此，应严格把关，以确有必要为前提，确保"好钢用在刀刃上"。[①]

本文认为，无论是下级法院报请交叉执行还是上级法院依职权交叉执行，实质审查要素都应该聚焦于"交叉前有执行困难"和"交叉后便于找人或便于财产处置"两大要素，具体而言，应当从以下几个方面审查。

第一，审查执行依据。民事执行的目的是实现法的安定，正当与安定不能兼具之时，法律往往倾向于安定。[②] 交叉执行的案件应当是执行依据不存在争议的案件。若某执行案件的执行依据存在争议，如正在申诉审查中或者再审审理中，可能会导致原执行依据被改判或者推翻，出于执行稳定的角度，不宜交叉执行。待争议消除，若符合交叉执行其他实质条件，可依法交叉执行。

第二，审查执行标的大小及是否穷尽其他执行措施。如果属于小标的执行案件，要审查是否实际查找（包括动员申请人查找）被执行人，有无穷尽搜查、拘留、拘传等强制措施，是否组织和解。部分小标的案件完全可以通过拘传、拘留、和解促成履行。只有强制措施无效，确实需要处置财产的，才有交叉执行的必要。

第三，审查被执行人能否找到。如果被执行人外出务工、在国外、下落不明或服刑等，影响拘传、拘留等强制措施实施，仅仅以人在外地为由申请交叉执行便无实益。只有能找到被执行人，便于组织和解，便于采取搜查、拘留、拘传等强制措施，便于推进财产处置的，交叉执行

[①] 参见黄文俊：《深入贯彻习近平法治思想 做深做实交叉执行》，载《中国审判》2024年第12期。

[②] 参见谭秋桂：《民事执行原理研究》，中国法制出版社2001年版，第1064页。

才有实益。

第四,审查被执行人履行能力。审查执行案件是否已经执行不能。一是长期执行不能,即永久丧失履行能力,例如被执行人既无财产,又丧失劳动能力,缺乏重新获得工作、创造财富的可能性。二是短期执行不能,在一定期间缺乏履行能力,但是具备劳动能力,具有重新获得工作、创造财富的可能性。针对第一类案件,实质上属于无益交叉情形,不应当交叉执行。针对第二类案件,原则上不建议采取交叉执行方式,但是被执行人长期处于异地,可以考虑交叉至该地法院,便于现执行法院定期开展实地调查、财产查控等执行措施。

第五,审查原案执行难度。审查被执行人财产情况以及有无处置难度,是否实地走访、组织和解,是否实际处置财产等情况,不动产的共有情况、居住情况、租赁清理、清场难度,据此综合判断执行难度。若原执行法院有处置权但案涉财产处置不存在交付、清场等障碍,则无交叉执行的必要。

第六,审查财产权属情况。应当关注案涉财产权属是否清晰、是否存在确权诉讼、析产诉讼、执行异议及执行异议之诉等纠纷,若存在上述纠纷,则不建议采取交叉执行方式。如案涉财产通过离婚诉讼归于案外人或经过调解确认属于案外人等,处置财产易引发案外人异议及执行异议之诉,而且债权人需要到执行法院起诉或应诉,既不方便,也不节约成本,便不宜交叉执行。

第七,审查财产处置情况。审查财产首查封或优先权情况,如首查封为财产所在地法院且正在处置财产,可发函参与财产分配,便无交叉执行的必要;原执行法院对拟处置财产享有优先权,一般不宜交叉执行,但无正当理由长期消极处置财产的,可以考虑交叉至其他法院执行。审查财产抵押权、租赁权、共有权等情况,若导致无益处置,则不宜交叉执行。若被执行人所占共有份额较低,综合考虑扣除询价评估费、拍卖辅助费、税费、为被执行人预留租金等费用后所剩无几,则不建议交叉执行。

第八,审查是否存在潜在矛盾。要重点审查原执行法院和拟交叉执行法院自身案件状态。只有原案件经组织和解不成，才有交叉执行之必要；若已和解、终本或终结结案，要审查交叉执行后是否会引发已结案件当事人之间的纠纷或矛盾，尽量避免引起争议。

第九，审查关联案件。有些被执行人涉及多个执行案件，要审查关联案件状态。若被执行人主要财产在拟交叉法院辖区，但在该法院有大量被执行人的终本案件，说明被执行人财产难以处置或执行不力，不宜交叉至该法院执行，而应考虑提级执行或交叉至临近的其他法院执行，以便推进财产处置。

第十，审查是否符合移送破产或参与分配条件。要强化集约思维，同一被执行人涉及多起执行案件，不同法院具有管辖权，可以集中至某一家法院执行。对当事人而言，可以避免对被执行人重复采取执行措施，有利于依法平等保障申请执行人的合法权益；对人民法院而言，可以避免不同法院之间的执行争议及重复性工作，节约执行成本。集中执行的一项重要制度功能就是集中执行后，人民法院对关联案件可以同时采取查控措施，在避免执行法院重复采取执行措施的同时，实现对执行当事人的平等保护。①

对于被执行人为企业法人的集中执行，有利于推进破产，平等保护债权，一体化解矛盾。因案件标的小、财产价值大而长期有财产未处置的，集中至一家法院，有利于推进财产处置。但通过参与分配程序或财产足够清偿的，依法分配便可达致目的便无交叉执行的必要。

经过上述要素审查，交叉执行基本上聚焦于执行依据无争议，且被执行人有可执行的财产，由于存在地方保护、人情关系干扰、执行力量不足、信访维稳压力，原执行法院存在执行障碍，交叉后有利于处置财产且可以实现部分债权的案件；或者集中执行有利于推动执转破的案件；或者申请执行人以消极执行为由持续信访，需要通过异地执行来消除其

---

① 参见黄文俊：《深入贯彻习近平法治思想 做深做实交叉执行》，载《中国审判》2024年第12期。

疑虑的案件。[①]

(三) 完善启动交叉执行的操作程序

1. 启动程序：赋予申请人启动权利

交叉执行的启动除了上级法院依职权决定和下级法院依申请之外，还应当赋予申请人申请启动的权利。民事诉讼法第237条规定，人民法院自收到申请执行书之日起超过六个月未执行的，申请执行人可以向上一级人民法院申请执行。上一级人民法院经审查，可以责令原人民法院在一定期限内执行，也可以决定由本院执行或者指令其他人民法院执行。若存在地方保护、无正当理由不执行等侵害申请人权益情形，应明确赋予申请执行人交叉执行启动权。此外，要扩大有权申请变更执行法院的主体范围。既包括执行依据中确定的债权人，也包括依法变更、追加后的主体；另案申请执行人因缺乏处置权而享有参与分配权的，为避免有处置权案件一直久拖不决而损害其权益，也应该赋予其申请交叉执行的权利。

2. 问询程序：征求拟交叉执行法院和申请执行人意见

第一，征求受指定法院意见。实务中存在部分法院为"推矛盾""甩包袱"将一些不该交叉执行的案件报请交叉执行，在报请理由中对财产调查情况不进行充分披露或者隐瞒不利于交叉执行的重要情况。例如，交叉理由为被执行人经常居住地或住所地为外地，但实际上被执行人长期在外地务工、在监狱服刑、在国外等；交叉理由为被执行人可供执行的不动产在外地，但实际该不动产上有大额抵押属于无益处置，或该不动产无处置障碍，直接挂网拍卖即可，或该不动产为难以流转的祖孙三代居住的农村宅基地房产；交叉理由为被执行人可供执行财产在外地但双方已经达成和解，且申请人同意暂缓执行等情形。因此，上级法院针对拟同意交叉执行的案件，应当征求拟受指定法院意见，让其对可供执

[①] 参见最高人民法院审判委员会副部级专职委员刘贵祥2024年2月23日在全国法院第一季度执行工作调度会上的讲话相关内容。

行财产和被执行人进行全面调查摸底，以便上级法院作出合理的判断。

第二，征求申请执行人意见。考虑到有些交叉执行并非申请人主动申请，存在加重申请人执行成本、原执行法院推卸责任，导致交叉执行后更不利于执行的潜在风险，且交叉执行直接涉及其利益兑现，因此，应当征求申请人意见，避免因反对交叉执行引发信访投诉等。①

在变更执行法院的情况下，交叉执行对当事人诉讼权利的行使可能产生影响。因此，对于法院依职权决定交叉执行的案件，应当充分考虑当事人的意愿，做好当事人的沟通释明工作。② 最高人民法院指出，开展交叉执行的案件，应当充分听取执行法院和当事人意见。当事人对开展交叉执行不理解的，原执行法院及现执行法院应当协同做好释法析理工作。③ 因此，对于申请执行人极力反对的案件，要深入研究是否有交叉执行必要；确有必要交叉执行的，应当及时告知申请人法院决定交叉执行的原因及益处，并做好释法明理工作。决定交叉执行后，应当在执行过程中充分运用信息化手段，通过减少线下沟通最大限度地降低异地执行中申请执行人的成本。

3. 跟踪程序：强化交叉执行管理

交叉执行案件缺乏实时跟踪管理，是交叉执行工作中存在的显著问题。交叉执行决不能"一交了之"，要建立交叉执行案件跟踪管理机制，形成统一的交叉执行案件台账，④ 定期了解交叉执行案件进展，严格督促执行；建立交叉执行案件结果追踪机制，现执行法院结案后必须及时向上

---

① 交叉执行是法院内部就案件管辖改变而作出的职权行为，并非执行行为，不符合执行异议的内涵和范畴，故不应该通过异议的方式予以救济。此外，交叉执行以解决执行难、提高执行效率、切实维护当事人胜诉权益为首要目标，如果允许当事人提出异议，必然会消耗司法资源、降低执行效率，不符合交叉执行的初衷。

② 参见黄文俊：《深入贯彻习近平法治思想 做深做实交叉执行》，载《中国审判》2024年第12期。

③ 最高人民法院：《交叉执行到位金额398.91亿元！最高法首次发布交叉执行工作情况及典型案例》，载中国法院网，https://www.court.gov.cn/zixun/xiangqing/436881.html，2024年7月3日访问。

④ 应当包括原执行案件案号、执行现状、报请交叉执行理由、上级法院监督案件案号、申请人意见、裁定时间、交叉执行后法院立案时间、案号、执行进展等信息。

级法院报告。若实质化解该案，由现执行法院对交叉执行案件进行倒查，审查原执行法院存在的执行问题，形成倒查报告一并上报。

四、结语

交叉执行是党的二十大以来最高人民法院新一届党组关于人民法院执行工作的原创性贡献，是新时代人民法院"切实解决执行难"的重大制度创新，是执行领域深入贯彻习近平法治思想的生动实践，为新时代执行工作高质量发展提供了基本遵循、指明了前进方向。① 相信随着实践的发展、研究的深入和制度的完善，其作为解决执行难的一种新方法，必将在"切实解决执行难"的新征程中充分发挥强大的制度效能。

---

① 参见黄文俊：《深入贯彻习近平法治思想 做深做实交叉执行》，载《中国审判》2024年第12期。

优化交叉执行制度的思考与论证

——基于执行权行政属性的探讨

李小虎[*] 伏 瑚[**]

最高人民法院院长张军在2024年1月全国高级法院院长会议上，对交叉执行工作作出重要部署，并赋予了交叉执行崭新的意义。工作举措来源于实践，交叉执行制度正是最高人民法院对执行工作实践中，对个案执行难点问题的思考。2024年3月9日，最高人民法院发布了执行主要数据：2023年执行收案增长11.32%、首执案件增长6.11%、结案增长6.37%、执行完毕率增长2.85%、执行到位率增长3.96%。[①] 在执行收案增长的情况下，执行完毕率、执行到位率等效果指标提升有限，与"切实解决执行难"目标还有不小差距。不禁让人追问，"执行难"还"难"在哪里？近些年，最高人民法院为切实解决执行难进行了多项改革。从人、财、物等资源的大幅投入、到执行查控手段的增多；从执行信息化技术的运用到执行惩戒威慑力的增强。但不能否认的是，执行个案中还面临着不少不利因素，例如地方不当干扰、消极执行等问题。基于此，交叉执行制度应运而生，通过督促、指令、提级、协同、集中执行等方式，有利克服监督执行与解决执行干扰因素的各种不利因素。

---

[*] 四川省高级人民法院执行二庭副庭长。
[**] 四川省阆中市人民法院审判管理办公室主任。
[①] 数据来源：最高人民法院发布的《2023年人民法院审判执行工作》。

一、理论支撑：交叉执行于破除执行难点的适用论证

（一）案例引入——交叉执行的理论认证

2025年《人民法院报》以《激活"第二百三十七条"》为题报道了新某公司申请执行全某公司一案①，该案系中华人民共和国成立以来执行标的最大的知识产权案件，面临跨省、强拆化工爆炸可能、无先例可借鉴、执行行业龙头上市公司的负面影响、稳控风险等诸多不利因素。该案最终以最高人民法院执行局亲自督办，成都中院提级执行，四级法院协同配合的方式顺利执结。从该案可以看出交叉执行制度在执行效果上的积极作用。

1. 如何有效激活民事诉讼法第237条

就执行案件中存在的跨区域协调困难、消极执行等情形，我国民事诉讼法第237条就规定了"提级执行"，以应对执行中出现的各种不利因素；最高人民法院制定的《关于人民法院执行工作若干问题的规定（试行）》《关于高级人民法院统一管理执行工作若干问题的规定》就提级执行、指定执行也作出了细化规定。但这些规定尚不足以涵盖前述问题，如在适用民事诉讼法提级执行的规定时，还存在是否采取当事人主义的争议；在适用指定执行的规定时，还存在适用条件与情形上的争议。因此，要想激活民事诉讼法第237条，就需要在更高层次的指挥下，去丰富提级执行、指定执行的内涵与外延。特别是在最高人民法院印发《关于交叉执行工作的指导意见》后，更需要在实践中不断丰富与完善交叉执行制度。

2. 交叉执行的内涵与外延

交叉执行是将某一法院的执行案件（部分或全部）交由另一法院执行，或与其他法院共同执行的一种执行方法。从交叉执行的方式来看，

---

① 参见李阳、邱梓喆：《激活"第二百三十七条"》，载《人民法院报》2024年3月13日。

交叉执行包含了督促执行、指令执行、提级执行、集中执行、协同执行等执行方式。从交叉执行的功能上来看，交叉执行可以同时达到执行监督与排除干扰的目的。

从目前执行实践案例分析，交叉执行的外延还需要予以延伸。首先，交叉执行是从更高层次上予以指挥，前述案例中虽是提级到成都中院执行，但是由最高人民法院执行局督办、四川高院靠前指挥，也就是在提级执行后上级法院仍要予以监督和推进。其次，从方式上来看，除提级执行、指定执行外，交叉执行还包括集中执行、协同执行等方式。如《人民法院报》报道的石家庄中院组织的"交叉执行"统一行动中，统一调配全市法院241名执行干警，分10个执行组展开交叉执行行动[①]。可以看出，应当从更高层次出发，集中执行资源，以保障执行权能充分发挥。最后，交叉执行是更全面的执行监督，是减少权力、关系、人情干扰执行工作的重要举措。[②] 不限于一案双查中的筛查范围，六个月无合理原因未执结的案件就可以启动交叉执行，能对消极执行行为予以有效监督。

（二）理论根基——交叉执行适用上的当然特征

1. 交叉执行是执行中央司法事权的体现

我国执行权来自中央法律授权，其本质上是中央事权的体现[③]。一方面，执行本身就是法律适用中的一环，其司法属性要求其具有一定的独立性，以便公平、公正地执行法律；另一方面，司法的中央事权属性要求必须深化司法体制改革，并且应围绕解决影响司法公正、制约司法能力的深层次问题展开。基于此，执行权的行使当然要求排除来自地方保

---

① 参见史凤琴、王泽帅、鲍娜军：《"交叉执行"化解"骨头案"》，载《人民法院报》2024年2月24日。

② 参见刘亚平：《用好"二百三十七条" 严防交叉执行三种倾向》，载《人民法院报》2024年3月20日。

③ 《人民日报：中国的司法权从根本上说是中央事权》，载央视网，https://news.cntv.cn/2014/01/22/ARTI1390348601328369.shtml，2024年7月30日访问。

护主义的干扰，以保证法律能正常实施，并解决制约司法能力发挥的深层次问题。在切实解决执行难的征程中，目前对公法人的执行仍然面临"程序匮乏"的不利因素，还叠加地方影响力干扰。围绕解决执行难背后的地方保护主义制约因素，执行权应予以自我强化，以破除执行中遇到的各种不利因素。交叉执行在上级法院统一指挥下进行，排除地方保护主义干扰，以兑现胜诉权益的方式实现法律制定之目的，更能体现出司法权的中央事权属性。

2. 交叉执行是审执分离原则的贯彻

审执分离是现代化执行工作的原则，"在法院司法权项下，审判权应当与执行权分离，让'审判的归审判（机关），执行的归执行（机关）'"①。因此，从分离的角度出发，至少包含了三个含义：一是在法院（内部）审判（部门）应当与执行（部门）分离，即首先要实现部门之间的分离；二是审判权与执行权的行使要完全分开，当事人所争议的实体事项应由审判程序解决，执行权着重于保障胜诉权益的实现；三是在执行权配置上要完成执行裁决与执行实施职能的完整划分，避免既是运动员又是裁判员的现象。审执分离避免执行中的越俎代庖损害当事人权益，也避免执行陷入"实体"判断的纠结中而导致执行效率低下。实践中的执行法院一般都为执行依据作出地法院，而交叉执行将执行案件全部（或部分）交由另一法院执行，由另一法院对移交的案件行使执行权，当然符合审执分离原则的要求。

3. 交叉执行是执行管辖权优化的途径

执行实践要求法院在必要时应对管辖权进行优化，以进一步提升执行效果。但单从执行程序而言，其程序上的特征使得其不能同民事审判管辖一样可以自下而上进行优化。首先，在执行程序启动上虽采用的是当事人主义，但不同于民事审判中的诉权保障和对抗性特征，执行程序启动后是对已确定权利义务状态的执行，此时不再赋予被执行人一方程

---

① 张卫平：《论民事执行体系现代化转型》，载《中国政法大学学报》2023年第2期。

序异议的权利,以保障执行程序顺利、高效进行。其次,法的安定性优先于正义①,具体于民事程序而言,即适用的程序应具有安定性。程序安定是执行效率的前提,同时也是减少当事人(主要是申请执行人一方)不安定顾虑的保障。正是基于前述原因,执行管辖权的优化难以自下而上或者由外而内开展。但执行管辖权既是一种司法行为,也可以被看作是行政行为,即由法院对执行工作权限进行划分以及内部分工。执行管辖权的优化自上而下更具有合理性和可操作性。交叉执行以上级法院为主体,以提级执行、指定执行、集中执行为方式,以难以结案的执行案件为基础,有效避免标的"脱节"、处置"失能",自上而下进一步分配执行职责、权限,是完善执行管辖权的当然途径。

4. 交叉执行是执行监督权行使的要求

客观上的执行难应当强化执行实施手段,主观上的执行难就应当通过强化监督程序予以解决,通过强化对执行案件、执行人员的监督以达到高效率兑现胜诉权益的目的。被监督的对象为执行案件,主体在人,对执行工作的监督重点应在于如何避免执行人员的消极执行、乱执行。由于执行案件可能面临具体且不同的难题,执行人员积极履职与否的评判,可能会受主观判断的影响。为避免消极执行使当事人的权益受损,我国民事诉讼法赋予了当事人向上级法院申请执行的权利,同时上级法院也可以依职权直接进行提级执行或指定执行。从这个角度看,上级法院提级执行或指定执行的制度设计,本就是为了发挥上级法院的监督职能而设计的。通过变更执行法院的方式,排除执行人员在办案中的主观因素干扰,还原执行案件客观状态,可以实现监督原执行法院、推动执行工作顺利进行的目的。

二、交叉论证:基于执行权行政属性的探讨

执行工作向现代化转型,在效果上围绕解决执行难展开,在执行权

---

① 参见郝世坤:《民事指定管辖的理论逻辑、行为属性和完善路径》,载《行政与法》2023年第4期。

配置上则围绕执行权性质的探讨展开。在国家权力结构体系下，我国执行权毋庸置疑应归为司法权，且广义的司法权本就包括执行权。但是单一的司法权属性说并不能准确定义执行权的行使，毕竟行政权也具有准司法属性。经过学理上的多年讨论，执行权是具有行政性和司法性双重特征的行政司法权已达成共识[1]。除依执行权的双重属性而强调审执分离原则外，还应当依其行政属性强化执行权的行使，尤其是在交叉执行制度上。

（一）以执行权行政属性确立交叉执行原则

执行法律体系以目的为中心，而非以逻辑为中心[2]，行政权以效果实现为目的，二者在本质属性上极为相似。参照行政权本质属性，笔者认为，交叉执行应围绕以下三个原则展开。

1. 效率原则

应以最低成本在最短时间内创造出更多的成果，达到投入产出比的大幅提升。交叉执行制度中不论是将案件交由其他法院执行，还是共同执行，都仅为一起案件的顺利执结，投入远超其他案件的人力和物力。因此，提高效率是设定交叉执行的首要原则。首先，应畅通上下级法院直接沟通机制，进一步破除沟通障碍，简化上下级法院报批程序和范围，以畅通机制提升交叉执行的实施。其次，应畅通衔接机制，包括上下级法院、交叉执行法院之间相互衔接机制，例如案件移送、财产管理与移交、强制措施主体、时限的变更与有序衔接等。

2. 必要原则

应明确交叉执行的目的是排除不利因素干扰。因此，需要防止在执行过程中不当扩大交叉执行范围，特别是注意防止部分法院将"骨头案"、争议大的案件，通过交叉执行将矛盾上交或下移。为此，应严格筛

---

[1] 参见马登科：《论民事执行权的主体和国家分工属性》，载《黑龙江社会科学》2009年第5期。

[2] 参见邵长茂：《中国民事强制执行法的元规则》，载《法律科学（西北政法大学学报）》2022年第6期。

选案件，并划定一定范围。根据前述人与案两个维度的分析，划定案件范围。针对"人"是否存在消极执行的行为的问题，可以从信访案件中筛选；针对"案"是否存在不利因素，可从有财产但长期未实际推进执行、是否存在地方保护的案件中筛选。

3. 规范原则

执行权规范运行，是在保障当事人合法权益的前提下，兑现申请执行人权益的要求。交叉执行是法院主动发挥监督职能的有效手段，通过将不能执行的案件予以交叉执行，发现案件不易被发现的盲点，从而将监督落到实处。同时，通过案例梳理、筛选以及台账式管理方式，更有利于上级法院发挥监督职能。例如，在筛选中，将信访案件、当事人反映强烈的案件作为交叉执行重点筛选来源之一，就是法院主动发挥监督职能的表现，也是交叉执行的意义所在。

(二) 以执行权的行政属性强调纵向监督机制

与上下级法院之间的审判指导不同，上级法院对下级法院的执行监督是当然性的行政监督[1]，除外部监督外，行政权内部监督主要通过设定内部程序以达到监督目的。例如，设定提级执行就是通过设定内部案件上交实现对案件的直接执行，从而在直接执行过程中实现对原执行法院执行行为的监督。除上级法院直接行使监督职能外，还应当设置以下两种制度，达到监督目的。

1. 事前审批制度

对拟交叉执行的案件应当事先予以审批，保证交叉执行符合执行目的，以达到监督作用。根据交叉执行的审批权限，包括本级法院事前审批程序和上级法院审批程序。根据审批方式，包括内部审批主体的划分，按照案件化方式办理后，由主要负责人进行审批。下级法院报请上级法院的，上级法院应对下级法院审批程序作出规定。上级法院决定交叉执

---

[1] 参见张卫平：《民事执行法：争点与分析》，载《法治研究》2023年第4期。

行的，讨论后也应由负责人予以审批，保证交叉执行工作的严肃性。

2. 事后跟踪制度

与行政主体事后备案制度不同，执行权行使中对案件的事后跟踪是一项较为强硬的监督制度，这得益于执行权的双重属性。在执行权的行使中，上级法院可以依职权或依当事人申请直接予以监督，并撤销执行行为。因此，有必要建立事后跟踪制度，包括进展跟踪、案情分析、结果反馈等。一方面，有利于上级法院监督现执行法院的执行情况，便于适时调整；另一方面，有利于对不规范的执行行为进行监督。

（三）以执行权的行政属性设置交叉执行程序

与行政程序设定目的一致，交叉执行程序设定的重要作用和功能就在于控制和规范行政权①，防止程序空转，促使执行人员积极履职。

1. 防止程序空转

除在案件筛选上，可以通过严格限制"入口"以达到避免程序空转的目的外，在"出口"上，也应设定程序性要求以防止程序空转，主要应体现在对交叉执行后仍未能执结案件的处理上。一般来说，为了保证执行案件的管辖稳定，即使提级执行、指定执行也应限定次数，不应反复提级或指定。因此，在排除人为因素后，经交叉执行仍不能执结的，说明案件确存在一定客观因素导致执行不能。此种情况下，应限定再次交叉执行的次数，可考虑提级执行或再次指定执行，同时限定方式。如指定其他法院执行或由上级法院提级执行，还可以采取协同执行的方式；而案件被提级执行后未能执结的，原则上应由再上级法院予以提级执行。例如，指定执行案件未执结时可再次指定执行或由上一级法院提级执行。

2. 落实积极理念

执行权的行政属性，要求权力行使应当体现行政属性的特征——积

---

① 参见谭宗泽、付大峰：《从规范程序到程序规范：面向行政的行政程序及其展开》，载《行政法学研究》2021年第1期。

极理念。这是来源于依法行政原则项下的行政机关必须主动为之的含义①。与审判权的中立性、被动性不同，执行人员在执行中负有能动履职的积极义务，尽快兑付执行权益，通过积极履职达到启动执行权的目的。基于此，交叉执行程序中应建立移交案件人员负责制，即移交案件的人员应当对所移交的案件是否符合交叉执行的情形负责。此种制度的意义在于：一方面，对移送案件的类型予以监督，对不负责任地移交执行案件的，可以直接追究责任；另一方面，基于前述的责任追究威慑，执行人员需再次认真核查案件情形，对于能够继续执行的，由执行人员进一步执行，促使执行人员积极履职。

三、优化设计：交叉执行的制度构造

基于上述对执行权行政属性的强调，以及如何强化行政权属性的论证，围绕执行权行政属性配置问题，应从对象、管理方式、主体出发，从以下几个方面完善交叉执行制度。

（一）交叉执行对象——案件启动机制

1. 财产条件：实质意义上的有可供执行的财产

除前述的案件筛选范围，还应限定案件有财产可供执行的"必要性"，案件应是能执行的而非执行不能的（如失能当事人）。为此，应当将执行不能案件排除在外。界定执行不能，可以根据应当履行义务的类型予以区分：一是对于金钱债权的执行，确无可供执行的财产；二是交付特定的标的物，但标的物灭失；三是履行特定行为，但被执行人已无能力履行。除排除执行不能的案件外，实践中存在以财产不适宜为由等方式而终本的案件。这些案件的执行法院往往以"有财产，但不适宜执行"为由怠于推动案件执行，径行终本，这不仅不符合终本的结案要件，也混淆了实践中交叉执行案件的判断标准——有财产可供执行。因此对

---

① 参见关保英、侯佳丽：《行政程序理性研究》，载《求是学刊》2023年第2期。

交叉执行案件中的财产标准,必须强调实质意义上的有可供执行的财产。为达到该标准,应当建立以下制度:一是当事人询问制度。对拟进行交叉执行的案件应就是否有可供执行的财产,再次询问当事人(包括申请执行人与被执行人),一方面可以对被执行人起到震慑作用,另一方面由当事人再次确认财产状况。二是可供执行财产的报告制度。原执行法院应当提交财产报告,包括财产状况报告、对财产采取措施的报告、执行进展报告等。

2. 时间条件:不以六个月执行期限为绝对标准

为发挥交叉执行制度的作用,提高执行效率,不应直接以提级执行的时间规定作为交叉执行的时间规定。部分执行案件虽未满六个月,但已存在难以执行情形的,可以直接申请交叉执行。反之,对于已满六个月未执结的,若存在一些特殊的可扣除期限情形的(如需要等待执行异议结果的,或已进入拍卖程序的),即使当事人已提出申请,仍应由原执行法院继续执行,以保证执行程序的稳定性。

3. 程序条件:法院依职权与依当事人申请结合

根据现有法律规定,提级执行的启动程序属于当事人主义,即承继了司法权的被动性特征。但执行监督权属于行政监督,具有当然性特征,上级法院可以主动予以执行监督。因此在交叉执行的启动程序上,应当采取职权主义与当事人主义结合的方式。但需要注意的是,执行权的启动是以实现申请执行人权益之目的,因此被执行人包括执行程序中追加的被执行人均不享有该程序启动权。与之相反,在执行程序中追加的申请执行人、变更后的申请执行人当然享有该程序启动权。另外,与当事人启动不同,因为上级法院可以监督所有下级法院的执行案件,故上级法院可以就所有下级法院执行案件启动交叉执行程序。但当事人主张启动时,只能向执行法院的上一级法院申请提级,不能直接越位向再上一级法院申请。

（二）交叉执行管理方式——行政统筹调度机制

1. 案件选取上的统筹筛选

上级法院应对案件选取进行统筹调度，一是为了落实必要性原则，防止下级法院在申请交叉执行时有选择性地进行筛查；二是为了落实效率性原则，防止下级法院拖延报送，或者报送不满足要求。上级法院应主动履行案件选取上的统筹机制，以便直接选定交叉执行的案件。为此，上级法院应建立案件来源线索主动筛选制度，案件来源包括：多次信访的案件；因无财产可供执行而多次终本的案件，以及因财产不适宜处理而结案的案件；同一被执行人的案件，特别是同一被执行人在不同地方涉多个执行案件，且多次被终本的案件；特殊被执行主体的案件，如政府等公法人为被执行人的执行案件；无合理原因而长期未结案的案件。

2. 执行法院的统筹调度

这是上级法院进一步优化执行案件管辖权的方式。因此接受交叉执行法院的选取，可以参照管辖权的设定考虑以下两个原则：一是中立性原则，虽然管辖权的设定追求效率，但效率的追求是建立在公正的基础上的，即确保指定法院与案件不存在利害关系，客观上保证其中立性[①]；二是便于执行的原则，仍要以便于胜诉利益兑现为目的综合考虑申请执行人、被执行人的经常居住地、执行财产的所在地、执行法院队伍能力等因素，确定接受案件的法院。需要特别说明的是，执行管辖既是基于其司法权的属性，也是基于其行政权的属性，因此应当以决定的方式作出，并排除当事人对交叉执行法院管辖权的异议。

3. 执行方式的统筹指挥

上级法院要对执行方式进行统筹调度，表现为如何选取提级执行、指定执行、协同执行、集中执行等方式。在选择执行方式上，要以充分释放执行力量为目的，全面考虑案件面临的不利因素的类型，综合配置

[①] 参见郝世坤：《民事指定管辖的理论逻辑、行为属性和完善路径》，载《行政与法》2023年第4期。

执行方式。一是受外部干扰的,或者当事人对法院对抗情绪激烈的,可采取指定执行方式;二是案件重大疑难、需要党委政府支持的,可采取提级执行方式;三是同一被执行人涉不同地域的,可采取在上级法院指挥下的集中执行、协同执行方式;四是当事人反映消极执行、选择性执行的,可先在执行法院内部交叉一次,上级法院进行跟踪监督,仍不能执结的,由上级法院提级执行,便于后续监督。

(三)交叉执行主体——监督与考核机制

1. 实行执行结果倒推的复盘考核

裁判结果是否存在司法确定性虽有争议,但执行结果的评价标准具有唯一性,即执行权益是否得到高效、正确的实现。在交叉执行后,执行案件得以顺利执结的,应当适用执行结果倒推机制对原执行法院予以考核。对接收案件法院的执行过程予以复盘,分类型采取不同考核方式。一是因消极执行、乱执行、选择性执行等执行人员主观因素,而未能执结的,应当适用"一案双查"机制;二是对存在外部因素干扰的,应结合"三个规定"填写、沟通协调、向党委政府报告等必要措施的采取情况,综合考察是否存在"消极"行为;三是对重大疑难案件应考察是否提交过讨论;四是对交叉执行中案件的选取进行考核,特别是未认真梳理案件情形而进行报送的应作出负面评价。

2. 现执行法院执行结果的正向激励

与对原执行法院的考核不同,应对现执行法院采取宽松的考核程序。一是现执行法院顺利执结的,应当正向激励。若纳入执行一体化考核,则属于直接加分项目。二是现执行法院未顺利执结的,不应直接予以负向评价,而是应当根据实际执行情况,分别考核。上级法院应对未能执结的案件单独评查。只有当现执行法院也存在消极执行、选择性执行、乱执行情形时,才予以负向评价。

3. 主动引进外部监督方式

除强化法院内部监督外,根据执行公开原则,还应主动引入外部监督方式。一是当事人监督。就拟交叉执行、交叉执行决定、交叉执行后的执行过程等情形向当事人予以告知，以便当事人随时监督。二是检察院法律监督。就争议较大、涉众类、信访类等案件可以主动邀请检察院进行法律监督，以外部监督方式化解信访积案。三是党委监督，主要针对外部干扰案件，要落实沟通、报告制度，争取当地党委政府的支持，为下一步执行创造良好条件。

四、结语

要激活民事诉讼法第237条，更好发挥交叉执行的作用，应当进一步以行政属性强化执行权功能，包括确定交叉执行制度构建的原则、监督机制、程序设置，以强调双重领导机制为管理手段，由上级法院监督下级法院，围绕质量和效果目标，通过理论探索与实践经验，不断扩展和丰富交叉执行制度的内涵与外延。

【执行热点前沿】

执行和解应当实质解纷
——对强制执行和解的反思

李 飞*

法治社会是以尊重当事人的自治和处分权为前提的，法律调整的最大意义在于为社会主体提供一个自由的活动范围或空间，在强制性的外在限制的边界内，应当最大限度地发挥主体的自主性和积极性。[①] 然而，对程序利益的处分会间接导致对实体权益的处分，无疑会影响实体权益的实现。[②] 从执行和解机制看，实践中很多达成执行和解的案件，有的并未得到实际履行，有的在履行期间发生争议，有的甚至在履行期间被转移财产，纠纷并未得以实质解决。本文从实证角度出发，提炼实践中执行和解案例中反映出的问题，对执行和解机制的运行进行反思，进一步思考执行和解与民事执行的强制性、执行人员在和解中的边界以及执行和解在善意文明执行理念下的作为等问题，以期为执行和解在实践中的良性运行以及制定民事强制执行法提供些许参考。

一、强制执行和解不能实质解纷

执行和解在目前的执行环境中有存续的土壤。从比较法的角度来看，

---

* 江苏省徐州市中级人民法院审判委员会委员，审判管理办公室主任。
① 参见范愉：《非诉讼纠纷解决机制研究》，中国人民大学出版社 2000 年版，第 42 页。
② 参见章武生等：《司法现代化与民事诉讼制度的建构（修订本）》，法律出版社 2003 年版，第 423 页。

大陆法系国家的执行程序中没有关于执行和解的规定，在相关的教科书中也未有执行和解的相关表述。这主要归因于审判程序与执行程序的性质、目的等方面的差异。从实践来看，执行和解一般是以债权人单方面全部或部分放弃自己既有的权利而达成的，或者是由于对债务人履行能力信息获取的不对称而达成的。从法理来看，如果从制度上允许或要求执行人员在执行过程中对当事人进行调解，对权利义务关系重新配置，则将引起极度的制度紧张。因为这不仅意味着对判决的"釜底抽薪"，模糊了两种不同程序之间的界限，还意味着司法与行政在理念上的混淆。①在我国，一般把对执行义务人及其他有关人员进行说服教育或者说服教育与强制措施相结合理解为执行程序中一条重要的基本原则。其目的在于通过加强法院裁量的因素和引入当事人同意的契机以减轻执行制度的负担。它使复杂的问题有可能在强制执行的范畴内得到处理，从而加大了制度的容量，在一定程度上弥补了其他制度的不足。说服教育不仅在通过获得当事人同意而满足程序的正当性要求这方面必不可少，而且运用得当时确实能够解决问题，收到良好的社会效果。②

　　执行和解在实践中并不总是有效的，对于执行和解热情过高也容易产生强制执行和解的问题。执行人员在执行过程中将执行和解作为一种重要而且有效的方法广泛运用。在法院内部的考核中，以执行和解方式结案数量也占比较大。执行和解也被视为使债务人、债权人双赢的执行方法，进而被宣传、推广。不可否认，执行和解在推进案件执行、实现胜诉权益等方面发挥了重要作用。但是实践中，以说服教育方式进行执行和解并不总是有效的。相反，过分地依赖疏导或做思想工作，有些情况下可能导致执行措施不力，执行程序延宕，甚至丧失执行的机会。对双方都做工作并实质上改变原有法律文书内容的做法，尽管在一些情况下缓解了执行难，但也会带来更加复杂的问题。对双方的说服常常变形

---

① 参见王亚新：《强制执行与说服教育辨析》，载《中国社会科学》2000年第2期。
② 参见王亚新：《强制执行与说服教育辨析》，载《中国社会科学》2000年第2期。

为一方被迫放弃权利，而且容易使办案人员重新卷入复杂的纠纷。① 从对执行和解的信访案件中可以看出，当前执行和解制度运行中存在强制执行和解的问题，执行人员不当介入执行和解，或明或暗地在执行和解中占主导地位，在执行人员的作用下，自愿性不得不变形、虚化。现实中，执行人员不当介入执行和解的方式一般不会以纯粹强制的方式表现出来，而是采取尽可能隐蔽的方式，如以劝压调、以拖压调、以诱压调等。② 不管是哪一种形式，所谓的自愿都被实质上否定了。③ 实践中，影响执行和解自愿性的因素除执行人员不当介入执行和解外，还体现在对执行进程的不当推进上。信访当事人、委托代理人反映，执行和解在实务中并非执行当事人平等协商的结果，通常是在被执行人、执行人员极力促成、威逼利诱情形下达成，其内容通常以债权人放弃部分权益为代价换取债务人或者第三人的自行履行。在执行和解协议的达成过程中，处于被动地位的往往是债权人，其既有对方当事人不给付的风险，也受到执行法院基于追求执结率而施加的压力。在信息不对等的情形下，个别执行法官通过夸大被执行人财产状况不佳、执行到位率不高、执行成功率低等力促债权人放弃"不切实际的幻想"。④ 执行人员对于执行进程的推进也是促使执行当事人之间进行和解的重要因素。个别执行人员在案件中选择性执行，如明显超标的额查封、拖延处置、无视置换担保等，会促使债务人让渡自身部分利益，主动与对方和解。如果执行人员在执行过程中拖延执行、对于依职权发现或者债权人提供的财产线索不及时控制、不及时处置，导致财产被转移，债权人可能会迫于形势与对方达成和解。

执行和解是执行当事人在执行程序中达成对于生效法律文书履行问题的合意。按照实体法的规定，这种合意必须是双方当事人的真实意思表示，其内容不得违反法律规定，不得损害国家利益、社会公共利益以

---

① 参见王亚新：《强制执行与说服教育辨析》，载《中国社会科学》2000 年第 2 期。
② 参见李浩：《民事审判中的调审分离》，载《法学研究》1996 年第 4 期。
③ 参见章武生等：《司法现代化与民事诉讼制度的建构（修订本）》，法律出版社 2003 年版，第 393 页。
④ 参见肖建国：《中国民事强制执行法专题研究》，中国法制出版社 2020 年版，第 291 页。

及他人合法权益。① 实践中的强制执行和解问题背离了当事人的自愿性。在这些执行和解案件中,当事人的自愿仅是表面上的,其内心是不自愿的,即便按照和解协议履行完毕,纠纷并不会得到实质化解决,执行程序的公信力也会减损。

二、自愿性是执行和解制度的灵魂

执行和解最本质的特点是执行当事人的自愿性。影响自愿性的因素有很多,既有客观的,也有主观的,其自愿性体现在对上述因素以及自身各种利益的精心计算。执行和解协议是执行当事人在执行过程中对已决债权债务关系经过协商进行的再安排,具有程序法和实体法上的双重效果。执行当事人之间能否自愿达成和解,取决于双方之间对其自身利益的考量。一般来说,和解都是以债权人放弃或者让渡部分利益而达成的,这种利益可能是期限利益、预期利益、现实利益等。如何判断这种放弃或让渡是自愿的?影响自愿的因素有哪些?执行程序中如何保障这种自愿性?对上述问题的回答,需要从当事人自愿和解的心理因素入手分析。

从自愿性角度看,执行和解的主动权应当在债权人一方,即便一开始不是主动的,而是经过说服教育的,但这个过程无法否定债权人最终体现出来的自愿性。从债权人角度来看,其之所以放弃或者让渡部分利益与对方和解,主要是基于对生效法律文书确定债权实现程度的判断、对维系未来合作可能的追求以及对修复双方之间关系的考虑等,上述三个因素中,每个因素都可以促成和解。但是,后两个方面的因素是建立在第一个因素的基础之上的。因此,应将第一个因素作为分析重点。生效法律文书确定债权能否实现以及在多大程度上实现,取决于对债务人履行能力的准确查明。在此基础上,债权人对生效法律文书确定债权实

---

① 参见杨荣馨主编:《〈中华人民共和国强制执行法(专家建议稿)〉立法理由、立法例参考与立法意义》,厦门大学出版社2011年版,第259页。转引自肖建国:《中国民事强制执行法专题研究》,中国法制出版社2020年版,第292页。

现程度的判断才是理性的，而非盲目的。其对于是否和解的意愿，才是自愿的，而非强制或者被迫的。

债务人在客观上是否具备履行能力，具备的程度如何，属于客观事实范畴。客观事实通常无法精确还原，对司法工作有意义的往往是法律事实。① 从法律事实上判断是否具备履行能力，需要根据法律规定采取与案件类型相适应的执行措施，达到必要程度且满足特定程序之后，根据已有的线索对被执行人履行能力状况进行综合判断。② 如何保障债权人对于生效法律文书确定债权实现程度的预期，对于执行法院而言，应当坚持不间断执行原则，即执行程序持续不间断推进，直到财产被处分和分配，或执行程序无法进行、没有必要继续进行为止，除非出现法定的执行中止或转入其他程序情形。不间断执行的流程设计，将选择性执行、消极执行曝于阳光下，使执行规范得以切实保障。坚持排除式查控的理念和机制，查找财产前不作"有"或"无"的假定，按照既定项目一一将"无"排除。两种方式的主要区别在于，排除式查控强调必须完成，不能选择，是事先设定好的，而发现式查控则取决于执行人员的经验和水平，也为选择性调查甚至不调查留下了空间。排除式查控需要事先针对不同的企业、组织、自然人，以及自然人的不同身份一层一层"剥洋葱"式调查，设定好刚性的调查项目和内容，被执行人主体的财产调查全覆盖，不因执行人员的能力水平以及主观意愿而遗漏。任何阻却执行情形的出现，都会触发一定的法律后果，并依法采取执行措施予以排除或制裁，减少人为判断和自由裁量空间。什么时间、什么节点应当采取什么样的执行措施不以人的意志为转移。③

三、执行人员应当严守介入执行和解的边界

执行人员不当介入执行和解，不仅是执行和解问题的根源，同时也

---

① 参见沈志先主编：《强制执行》，法律出版社 2012 年版，第 339 页。
② 参见沈志先主编：《强制执行》，法律出版社 2012 年版，第 340 页。
③ 参见李占国：《解决执行难长效制度刍议》，载《人民法院报》2019 年 2 月 28 日。

是引发执行和解一系列深层次矛盾的导火线。在和解制度所蕴含的多种矛盾中，执行人员意志与当事人意志之间的矛盾居于核心的位置。这并非说执行人员在执行和解中不应作为或者无所作为。事实上，在纠纷解决过程中，为了获得当事人对解决方案的同意，纠纷处理机关通常要行使"中介""判断"和"强制"的功能。其中，"中介"功能体现在为当事人搭桥，以方便他们对话；"判断"功能体现在对当事人的主张作出的判断；"强制"功能体现在纠纷处理机关为了形成合意而不断地动员多方资源促使当事人接受解决方案。① 尽管这三种功能主要是针对诉讼调解的，但是对执行和解也同样适用，可以视为执行人员介入执行和解的边界。毕竟，如果没有执行人员的沟通、说服，当事人之间很难达成合意，但这并不意味着执行人员在这个过程中占据主导地位，而应当突出并尊重当事人的意志。

在三种功能中，"判断"与"强制"功能的存在，体现了执行人员意志与当事人意志之间的冲突，但这种冲突是必然的，一个比较理想的模式应当是：在执行人员意志与当事人意志之间寻找一个平衡点，以便既保证当事人合意具备相当的纯度，又能使执行人员具有一定的影响力，使纠纷解决程序具有一定的效率和利用率。②

根据上述分析，从具体来看，执行人员介入执行和解的边界在于以下几点。

一是执行人员原则上可对和解协议进行审查。双方当事人自行达成和解协议的，应当向执行法院报告。执行人员应该对和解协议进行审查，对违反法律规定的和解协议不予批准。对符合法律规定的协议，执行人员应当将协议内容记入笔录，由双方当事人签字或者盖章。当事人不履行和解协议的，对方当事人可以申请执行原已生效的法律文书。和解协议已经履行完毕的，当事人不得再申请恢复对原生效法律文书的执行。

---

① 参见［日］棚濑孝雄：《纠纷的解决与审判制度》，王亚新译，中国政法大学出版社1994年版，第54页以下。

② 参见章武生等：《司法现代化与民事诉讼制度的建构（修订本）》，法律出版社2003年版，第397页。

执行人员虽然可对和解协议进行审查，但原则上非经申请不应介入。

二是执行人员无权要求当事人必须和解，更不应当向申请执行人施加压力，迫使其让步。从执行程序设置来看，执行和解并非执行程序的必经环节。只要查控的财产足以或基本上能够清偿债务的，就应当将其迅速处置变现或者直接扣划，确保申请执行人的合法权益尽快得以实现。同时，应当避免被执行人有财产或者有执行能力却因各种理由而不予执行，甚至为保护被执行人利益而强迫申请执行人作出利益或者履行方式及期限上的让步。执行人员可以建议当事人进行执行和解，但不能主持和解，更不能为当事人提供和解方案或者胁迫当事人接受其提供的和解方案。因此，即使执行和解，也应由各方当事人自主协商后作出债权债务安排，法院不宜介入其中。对于执行和解结案的案件，如何履行由当事人自行负责，执行法院不得作出抵债裁定。对于当事人在和解协议履行完毕后又以协议无效或显失公平、受到欺诈胁迫为由要求恢复执行的，必须在其通过另行诉讼确认执行和解协议或者撤销执行和解协议后才能予以支持，否则不予支持。在这种情况下，也应考量债务人的利益。因为在有些执行案件中，虽然申请执行人作出了让步，但其可能提前实现了债权，从中获得了实际利益。比如，被执行人本来无力履行债务，但达成和解协议后通过四处借贷偿还了债务等。[①]

四、执行和解应当践行善意文明执行理念

当今世界正处于百年未有之大变局，我国经济稳中向好、长期向好的基本趋势没有改变，但也处在转变发展方式、优化经济结构、转换增长动力的攻关期，结构性、体制性、周期性问题相互交织，"三期叠加"影响持续深化，经济下行压力加大。[②]

执行权的行使必须正当合理，严格遵循"两害相权取其轻，两利相

---

① 参见周继业主编：《强制执行新实践》，法律出版社2018年版，第378页。
② 参见刘贵祥：《严格把握财产查封、财产变现的法律界限，为经济社会发展提供更加优质司法服务和保障》，载《人民法院报》2020年1月17日。

权取其重"的通常情理，在不严重影响执行目的实现的前提下，应当权衡利弊，按通常情理选择那些强制程度更低、对被执行人影响更小的执行手段，最大限度地降低执行行为对债务人的不利影响，确保执行行为不给债务人造成生存困难。充分降低执行行为对其正常生产经营活动造成的不利影响，为企业持续发展创造条件。保障执行当事人的基本生存权利得到尊重与保护，保障其必需的生活及生产资料。在这个背景下，执行和解不失为一个两全其美的好办法。经过执行法院的努力，查明债务人的履行能力后，债权人基于对债权实现程度的判断以及与对方未来合作机会的把握，以让渡部分现实利益或者期限利益为代价，以"放水养鱼"的方式给债务人以生机，待其恢复履行能力后履行生效法律文书确定的义务，同时为双方今后的进一步合作打下坚实的基础，进而实现双赢甚至多赢。对执行法院和社会而言，执行和解制度的充分运用，不但能最大限度地降低对被执行企业和个人正常生产生活的不利影响，还能释放出查封财产的经济功能，为各类市场主体创新、创业、创造营造良好的营商环境，有效防止顾此失彼，剑走偏锋。

以和解方式化解矛盾的机理在于：通过加强法院裁量的因素和引入当事人同意的契机以实现程序的正当化，进而不仅使执行当事人双赢，还能减轻执行制度的负担。执行和解使复杂的问题有可能在强制执行的范畴内得到处理，从而加大了制度的容量，在一定程度上弥补了其他制度的不足。在这个过程中，执行人员以说服教育方式，通过获得当事人同意而满足程序的正当性要求必不可少，运用得好确实能够解决问题，收到良好的社会效果。尤其在法院针对难以执行又不宜中止或终结执行的复杂情况而采取的各种对策中，执行和解占有不可或缺的一席之地，在执行和解过程中，不仅包括以物抵债、劳务抵债等灵活的清偿方式，也包括在执行期限、金额、方式、主体等方面的变通做法，如采用"放水养鱼"策略。

需要特别说明，善意文明执行与加大强制执行力度不是割裂对立的，而是辩证统一、相辅相成的。强化善意文明执行理念不是削弱执行力度，也不是放松工作标准、降低工作要求，而是在严格依法执行的基础上实现政治效果、社会效果、法律效果的有机统一，实现法、理、情有机融合。①

五、执行和解是强制性措施用尽后的选项

从实践中的问题来看，根源在于对执行和解功能的错误认识，过于强调执行和解在个案中降低执行成本、缓和当事人之间的紧张关系、使纠纷得到实质性解决等方面的功能，忽视了对债权实现程度的保护，对债权人利益最大化的保护，最终削弱了民事执行的强制性特征。

从后果看，个案中通过执行和解对纠纷解决方案的调整，是以债权人权利实现时间、程度等方面权利的让渡或者放弃为代价的，这不仅使债务人产生逃避、规避执行的侥幸心理，更是一种错误的价值导向，即越主动履行越吃亏，履行越早越吃亏。进而减损社会对民事执行程序公信力的评价，不利于诚信社会的建设。对此，笔者认为，执行和解的功能应当是，在民事执行的强制性措施用尽后，充分尊重当事人意思自治，通过当事人之间的对话与协商，对生效法律文书确定的纠纷解决方案进行调整与落实，使纠纷得到实质性的解决。之所以强调民事执行的强制性措施用尽，是因为该问题对债权人的心理预期至关重要，如果不用尽，债权人一般不会考虑与对方和解。如果用尽，仍无财产可供执行，或者有财产可供执行，可能会使债务人陷入困境，或者可能会让双方今后的合作再无可能，或者使双方今后再难相处。债权人会在综合上述因素的基础上，对是否与对方和解、和解到什么程度，有一个相对清晰的判断。在这个基础上进行的执行和解，显然不会减损债权人的利益，也不会影响生效法律文书的执行力，更不会误导其他案件中的债务人或者潜在纠纷的债务人。

---

① 参见刘贵祥：《严格把握财产查封、财产变现的法律界限，为经济社会发展提供更加优质司法服务和保障》，载《人民法院报》2020年1月17日。

六、民事执行中的和解契机

民事执行结果的可预测性是执行当事人达成合意的契机。在法律的基准下，当事人可以最大限度地利用法律的空间，在强制与合意之间找到符合自身利益和价值观的结果。即使法律和判决是相对确定的，当事人双方根据他们对风险的态度以及采用的策略，仍然有交易的可能。正是基于这种考虑，获得民事执行结果的信息，往往是和解成功的一个关键，准确获得这一信息就可以使交涉的各种条件和筹码计量到相当准确的程度，从而使谈判不致因双方期待值相差过大而失败。①

债务人履行能力处于不确定状态时是债权人选择执行和解的契机。在债务人的履行能力尚不十分清晰，特别是已经查找到的财产上附着有多种权利时，由于执行到位的可预测性相对模糊，仅靠强制执行"一条道走到黑"对于债权人具有一定的风险。债权人为了避免风险，会作出部分让步以获得较合理的结果，使协商解决有了较大的可能性。说到底，问题解决的成本与收益的权衡是债权人考虑的主要因素。所谓利己的合理性就是协商的可能性之所在。权利的放弃是债权人对风险、策略等进行综合思考和权衡的结果。②

执行和解是在民事执行过程中出现契机时达成的，执行手段的多样化和强制化、执行过程的规范化、执行方法的统一化都会影响当事人对执行结果的预测性、期待性，也会影响债务人履行能力的查明结果，最终影响当事人合意的自愿性。在这个过程中，执行人员所能做的就是为执行当事人提供一个在公平程序中通过对话和协商解决问题的渠道。执行和解在实践中的问题就是例证，由于民事执行与执行和解的脱节，使得执行和解在有些情况下可能导致执行措施不力、执行程序延宕，甚至完全丧失执行机会。

需要说明的是，做执行当事人双方的工作并实质上改变原有法律文

---

① 参见范愉：《非诉讼纠纷解决机制研究》，中国人民大学出版社2000年版，第43页。
② 参见范愉：《非诉讼纠纷解决机制研究》，中国人民大学出版社2000年版，第44页。

书内容的做法，尽管在一些情况下缓解了执行难，但也会带来更加复杂的问题。同时，执行和解也容易使强制执行程序处理问题的模式在相当程度上从法律模式退回道德模式，从而降低执行制度的透明度和专门性，致使法的或程序性的判断基准于不知不觉中发生了向道德性判断基准的位移。这是执行和解正当性面临的最大困境。由此看来，尽管目前条件下执行制度或许还不能缺少执行和解，但在今后的发展方向上则应该充分认识其内在的问题和矛盾。① 同样，民事执行的强制性，能够影响执行当事人对执行和解的意愿，故应将民事执行的强制性放在优先的位置，当为则为，该为就为。在这种情形下，将是否和解的权利真正交给执行当事人，才能真正发挥执行和解实质化解决纠纷的功能。

---

① 参见王亚新：《社会变革中的民事诉讼》，中国法制出版社2001年版，第164~165页。

从散点经验到一般命题：社会力量参与执行工作的考察、反思与建构

——以"结构—过程—功能"为视角

张成文* 谢 奕**

内容摘要：社会力量参与执行工作是深化执行体制改革的重要路径，司法实践形成大量社会力量参与执行的点状经验，然而其存在适用范围不明、当事人参与缺位、规范立法供给不足等问题，亟须从理论和实践层面证成其必要性、合理性和可行性。通过对选取的三级法院八个执行阶段的二十项制度工具实践样本分析可知，"切实解决执行难"目标下执行工作生态存在各种内外压力，社会力量参与执行工作动能不足。由于社会力量的参与和执行工作需求存在耦合关系，故可以"结构—过程—功能"为视角，借鉴结构功能主义分析社会力量参与执行的社会化属性、内涵与外延、运转逻辑和考量因素，根据社会力量参与执行工作之功能界分，创设总则及细则基本制度、负面清单等具体工作机制及管理措施，从主体培育、绩效考核、评估监督、信用惩戒、信息化服务管理平台等方面细化配套制度设计。

关键词：执行工作 执行难 社会力量 制度建构

---

* 广东省佛山市中级人民法院一级法官。
** 广东省东莞市第一人民法院一级法官。

执行难表现为法院执行措施难以实施,案件执行效果不佳,生效法律文书所确认的胜诉利益难以及时兑现等。① 执行难问题影响司法公信力,不符合社会对法律权威的期待,导致执行工作的社会认同度受影响,又反向增加了执行工作的难度。② 良好的强制执行制度是社会主义市场经济的重要支撑。③ 随着财政负担加重、终本案件压力加剧、执行资源边际效用递减,我国执行体制改革只能在不增加或适度减轻财政负担的前提下,维持执行效率不降低、执行到位率有提升。引入社会力量参与法院执行工作,因其紧密契合深化执行体制改革的时代需求而对执行工作的资源供给、减负功能的意义重大,是创新发展新时代"枫桥经验"的重要体现。

目前,社会力量参与执行工作存在适用范围不明、当事人参与缺位、规范立法供给不足等问题,实践经验未得到充分提炼,反向制约了其功能发挥,亟须探究其作用机理、从理论和实践层面证成其合理性问题,主要包括:社会力量参与执行的内涵与外延、必要性及可行性如何,有无制度与舆论阻碍?制度程序如何设计,与现行法律体系是否相适应?如何进行考核和监督?本文以41家法院为样本,以执行生态理论和结构功能主义理论为视角,对最高人民法院自2019年提出"切实解决执行难"目标后五年间,各级法院探索的社会力量参与执行的散点经验进行考察、反思并提出制度建构路径,以期为提升执行水平有所裨益。

一、实践考察:执行难问题的社会属性与执行生态系统困境

不少研究将执行难的成因归结为法院执行管理体制混乱、执行工作

---

① 《最高人民法院关于执行权合理配置和科学运行若干意见》对执行权的构造采执行实施权和执行审查权的两权说,本文所称执行权和执行分别仅指执行实施权和执行实施事项。
② 参见吴英姿:《论司法认同:危机与重建》,载《中国法学》2016年第3期。
③ 参见邵长茂:《构建与高水平社会主义市场经济体制相适应的民事强制执行制度体系》,载《湖湘法学评论》2022年第4期。

缺乏监督、执行程序不规范、执行队伍素质偏低导致执行效果差等，基本是将执行难视为技术性问题，未意识到执行难是根源于执行社会属性的国家治理问题。与深化执行体制改革相关的基础理论创新，应当坚持以实现国家治理现代化为价值导向，树立以扩大社会参与为核心的执行社会化理念。

最高人民法院于2024年初印发的"切实解决执行难"工作纲要（征求意见稿）明确规定引入专业机构和人员参与执行，区分执行权核心事务与辅助性事务，分流辅助性事务。党的二十届三中全会通过的《中共中央关于进一步全面深化改革推进中国式现代化的决定》强调健全国家执行体制应遵循执行权兼具司法权与行政权的双重属性。因此，社会力量参与执行机制框架应限于执行实施权范围内部分事务性工作。

全国法院从基层法院到高院就执行悬赏、执行公证、执行调查令制度、执行辅助事务外包等诸多领域进行了探索，形成了大量社会力量参与执行的点状经验。"宜粗不宜细"的改革方法论鼓励地方在顶层设计的宏观指导下，结合本土情况探索具体的改革模式。笔者通过各法院官方网站及相关公开渠道、访谈、问卷调查等方式，选取了全国41家法院为样本，其中高院13家、中院13家、基层法院15家，囊括了改革的"先行者"与"后进者"，覆盖了改革"老区"与"新区"。通过整体描摹和微观解构，勾勒出社会力量参与执行工作的地方实践样态（见表1）。

表 1　41 家样本法院的情况简析

样本审级情况	高院（13 家）；中院（13 家）；基层法院（15 家）							
样本地域分布情况	高院							
	上海高院	广东高院	江苏高院	海南高院	河南高院	黑龙江高院	湖南高院	江西高院
	贵州高院	宁夏高院	陕西高院	内蒙古高院	重庆高院	—		
	中院							
	深圳中院	佛山中院	中山中院	淄博中院	郑州中院	安阳中院	苏州中院	成都中院
	杭州中院	宜春中院	赣州中院	赤峰中院	吴忠中院	—	—	—
	基层法院							
	广州天河法院	佛山顺德法院	佛山高明法院	中山二院	东莞一院	威海环翠法院	南宁青秀法院	贵港平南法院
	玉林陆川法院	怀化道通法院	海口屯昌法院	苏州昆山法院	洛阳孟津法院	喀什伽师法院	林芝墨脱法院	—
样本来源	《人民法院报》；各法院官方网站；调查访谈							

（一）整体描摹：八个执行阶段+二十项制度工具

社会力量参与执行工作以执行实施权为核心，体现为法院根据执行实施权特点设计并搭配运用各类制度工具形成的社会力量参与人民法院执行工作体系。笔者通过对样本法院出台的规范文件统计分析，八个执行阶段+二十项制度工具构成地方司法实践整体概貌（见表2、表3）。

表 2　八个执行阶段+二十项制度工具

执行阶段	具体制度
多元解纷	①执前和解
执行通知	②格式文书制发

（续表）

执行阶段	具体制度		
查人找物	③网络查询	④传统调查	⑤律师调查令
	⑥执行悬赏		⑦网格员
强制措施	⑧强制清空	⑨限制消费	⑩失信惩戒
	⑪拘留		⑫罚款
评估拍卖	⑬评估	⑭拍卖辅助	⑮分配方案制作
行为执行	⑯执行和解		
结案	⑰结案文书制作		
辅助保障	⑱文书送达	⑲档案电子化	⑳执行救助

表3 样本法院在各管理维度上的具体制度工具选择

法院	执前和解	格式文书制发	查人找物					强制措施				评估拍卖			行为执行	结案	辅助保障		
	①	②	③	④	⑤	⑥	⑦	⑧	⑨	⑩	⑪	⑫	⑬	⑭	⑮	⑯	⑰	⑱	⑲	⑳
上海高院	△			△				△					△	△				△		
广东高院			△	△	△	△		△					△	△				△		
江苏高院	△			△					△				△	△						
海南高院													△	△						
河南高院		△		△																
黑龙江高院				△																
湖南高院	△			△	△	△								△						
江西高院				△																△
贵州高院				△																
宁夏高院	△			△																
陕西高院				△	△															

（续表）

法院	执前和解	格式文书制发	查人找物					强制措施					评估拍卖		行为执行	结案		辅助保障		
	①	②	③	④	⑤	⑥	⑦	⑧	⑨	⑩	⑪	⑫	⑬	⑭	⑮	⑯	⑰	⑱	⑲	⑳
内蒙古高院														△						
重庆高院	△			△	△								△	△				△	△	
深圳中院	△				△								△	△				△	△	
佛山中院	△	△											△	△				△	△	
中山中院		△											△	△						
淄博中院					△															
郑州中院				△	△		△						△	△						
安阳中院																				
苏州中院	△			△	△				△				△	△		△			△	△
成都中院	△			△	△															
宜春中院	△								△											
赣州中院					△				△				△						△	
赤峰中院			△																	
杭州中院	△		△	△	△	△							△	△	△			△	△	
吴忠中院					△								△	△					△	
广州天河法院	△			△									△					△		
佛山顺德法院	△	△	△	△	△	△	△						△	△	△			△		
佛山高明法院	△	△			△			△	△				△					△		
中山二院													△							
东莞一院													△							

（续表）

法院	执前和解	格式文书制发	查人找物					强制措施					评估拍卖			行为执行	结案	辅助保障		
	①	②	③	④	⑤	⑥	⑦	⑧	⑨	⑩	⑪	⑫	⑬	⑭	⑮	⑯	⑰	⑱	⑲	⑳
威海环翠法院	△						△						△	△		△				
南宁青秀法院	△	△												△					△	
贵港平南法院						△														
玉林陆川法院					△															
怀化道通法院														△					△	
海口屯昌法院				△																
苏州昆山法院	△	△	△	△	△	△	△													
洛阳孟津法院						△								△				△		
喀什伽师法院	△		△		△	△										△		△		△
林芝墨脱法院												△		△						

由表 3 可知，样本法院均适用了社会力量参与执行工作的改革措施。社会力量参与执行工作在司法实践中具有以下特点。

1. 社会力量参与执行工作总体上处于发展探索阶段

受执行理念、实施权力配置等因素影响，部分法院对社会力量参与执行工作存在偏向性忽视，导致工作制度规范匮乏。在引入社会力量从事的执行事项方面，高院倾向于网拍辅助、律师调查令等较为成熟的事项。中院、基层法院引入社会力量的高低程度差异性较大，部分执行案件体量大、地区财政收入较多的试点法院，引入社会力量创新举措较多，部分法院引入社会力量较少。社会力量参与执行工作体现出"试点→上级肯定→推广"过程。以 C 市某基层法院为例，辅助人员增加与执行工作外包直接完成了约 70% 的案件工作量，使执行法官从冗杂的一般性事务中解脱出来，案件处理能力大幅增加。① 然而该市高院并未出台专门规范社会力量参与执行工作的文件。可见，诸多社会力量参与执行工作经验缺乏研究，总结的深度、广度有所不足。

2. 社会力量参与执行工作的范围存在差异

目前，涉及罚款、拘留等强制性事项尚无法院授权。样本中，社会力量参与司法拍卖辅助事项的数量最多，为 27 家，占比 65.9%，社会力量参与律师调查令事项为其次，有 20 家，占比 48.8%，可能与参与司法拍卖辅助（样本法院均建立了网拍辅助机构名单库）、律师调查令事项等承接主体较为成熟、履职能力较强有关。由此可见，社会力量的履职能力也会反向对法院引入社会力量参与执行工作的频次与范围造成影响。

3. 社会力量参与执行工作的方式多样

参与方式包括向法院派驻驻点工作人员，以及通过签订合作协议方式在其本职工作中协助法院执行等。比如，佛山顺德法院与司法拍卖辅助机构签约，司法拍卖辅助机构向法院最少派驻 15 名辅助人员，并按法院要求及数量派驻到执行局、派出法庭驻点工作。江苏昆山法院则与昆山公证处协议约定公证机构可以参与法院执行中保全送达、和解、调查取证、现场勘察、强制清场工作。江苏张家港法院、苏州吴中法院与公证处达成合作协议，公证处全流程参与见证房屋拍卖前强制开锁、传统评估、清场腾退等重点环节，出具公证文书。太仓法院对开展评估的财产处置案件由评估公司开展辅助工作，提供专业录音录像设备、接受咨询。苏州工业园区法院探索依托"执破融合"理念，引荐执行管理人机制，对涉财产处置款项进行集中分配。

（二）内外压力："切实解决执行难" 目标下的执行生态研究

生态系统理论以生命体与其所处系统环境之间互动和作用为视角，认为生命体与环境之间存在物质、能量和信息的相互交换，形成功能上

---

① 参见左卫民：《中国"执行难"应对模式的实证研究——基于区域经验的分析》，载《中外法学》2022 年第 6 期。

的相互依赖关系，并通过环境的反馈在生命体与环境之间形成动态平衡。社会复杂系统的变化是内因、外因相互作用的结果。当前，内外压力也成为社会力量参与执行工作助推切实解决执行难的"杠杆点"。

1. 外来压力

外来压力主要表现在以下三方面：一是政治方面的治理压力。执行工作也需要回应地方党政机关的治理需求。① 部分地方行政部门将强制拆迁及行政罚款等隐含治理矛盾的行政非诉执行案件，向法院申请执行，由法院负责实施，增大了法院的治理压力。二是经济方面的救济压力。近年来，我国经济下行压力增大，部分企业亏损严重、负债累累，裁判文书执行到位率有待提升。三是社会方面的互动压力。不同于审判活动，执行活动主要发生于社会场景下，法官需要在与被执行人面对面的互动中兑现胜诉利益。社会场景下的执行现场具有开放性与流动性。② 执行现场一般为被执行财产所在地，被执行人对于执行现场更为熟悉，执行法官难以充分控制执行空间，被执行人及相关利益主体亦对执行抱有博弈心态，可能存在在执行现场围攻、侮辱、谩骂执行法官或以暴力抗拒执行现象。③

2. 内在压力

内在压力主要表现在以下三个方面：一是诉讼矛盾的"后移"。由于立审执衔接不畅，在立案、审判环节未能实质性化解的纠纷，将导致压力"后移"至执行环节，加剧了执行工作案多人少困境。二是过重的执行考核压力。为增强执行工作力度，上级法院下达执行目标，并对下级法院执行部门和法官进行考核。在你争我赶的"锦标赛模式"下，个别法院为"拔得头筹"，制定超出司法规律的过高指标，执行法官陷入考核达标与执行案件客观规律难以兼顾的困境。三是执行部门的刚性维稳压

---

① 参见于龙刚：《基层法院的执行生态与非均衡执行》，载《法学研究》2020年第3期。
② 参见韩志明：《街头官僚的空间阐释——基于工作界面的比较分析》，载《武汉大学学报（哲学社会科学版）》2010年第4期。
③ 参见徐昕、田璐：《法院执行中的暴力抗法：1983—2009》，载《法治与社会发展》2011年第1期。

力。由于个别申请执行人对执行效果抱有过高期待,以及执行工作的国家义务,执行信访在涉诉信访中长期占据较大比重。一方面,申请执行人希望通过上访向法院施压,促使法院穷尽执行措施,确保其债权能全额受偿;另一方面,执行过程中,执行法官与被执行人的博弈明显强化,被执行人通过频繁信访、上访,过度使用执行救济措施,以达到其拖延执行的目的。

(三) 机制缺位:社会力量参与执行工作动能不足

1. 重缓解执行压力,轻绩效管理监督

执行难与法院长期缺乏充分的执行资源投入有相当大的关系。各地法院引入社会力量参与执行工作的目的在于增加执行资源供给,然而对于社会力量参与执行工作的绩效管理、考核监督、救济途径等问题却鲜有涉及,即便有所规定也缺乏具体的操作规范。

2. 重便于法院执行,当事人参与不足

法院执行工作应坚持"两便原则",但由于法院面临过重的执行压力,在社会力量参与执行工作的过程中,法院更偏向于方便自身工作,当事人对于执行工作参与度较低。例如,广东高院规定,网络司法拍卖辅助工作费用由被执行人承担,从拍卖、变卖成交款中优先支付。其他各地法院结合网络司法拍卖辅助服务内容、地区人员工资水平等实际情况确定计费标准,并划定了计费的上限。对于网络司法拍卖工作费用的承担方式与费用标准,当事人处于一种被动接收状态,并无法律规定当事人可对收费标准提出异议。

3. 重执行举措创新,欠缺长效机制建设

由表3可知,所有样本法院在执行工作中均有引入社会力量的创新举措,然而长效机制建设有所不足,主要表现为以下两方面。一是社会力量参与执行工作专项立法层级低。通过法条检索,目前还未有一项国家级社会力量参与执行工作的专项立法或司法解释,即使是民事强制执行法(草案)也仅仅明确,人民法院可以将送达、辅助拍卖等辅助性事务，通过购买服务等方式交由社会化的组织办理，其前瞻性与系统性明显不足。二是社会力量参与执行工作混杂于审判辅助事务社会化长效机制之中，执行实施工作的特点未得到应有的发挥。

（四）范围不明：社会力量参与执行机制困境之根源

各类社会力量参与执行的适用范围不同是其参与执行程度差异的根本原因，适用范围问题对社会力量参与执行工作的其余方面起决定性的作用。[①] 对于社会力量参与执行工作适用范围，现行规范性文件虽然要求区分执行权核心事务与辅助性事务并对后者予以分流、适度外包，但对二者的区分规定并不明确。

1. 禁止性清单缺失

通过对样本法院的规范性文件分析发现，样本法院对社会力量参与执行工作适用范围的禁止性清单均未作出明确规定。即使有所涉及，也仅表述为对被执行人采取搜身、入户搜查等需依法采取措施的，只能由执行干警依法实施，不得委托社会力量实施，除此之外，鲜有系统、完备的禁止性清单。

2. 执行权核心事务与辅助性事务不分

各地法院目前主要将非必须由执行人员完成的执行实施各阶段辅助工作外包，例如，郑州中牟法院的执行辅助综合事务服务项目中，将立案登记与当事人身份信息录入、卷宗电子化、执行通知书等格式文书制作送达、网拍公告文字说明及视频等资料制作整理、拍卖财产对外展示、引领看样、拍卖财产的仓储及保管等均纳入辅助性事务范围。昆山法院委托公证机构核实当事人婚姻状况等信息，参与案件各阶段的司法送达事务、核实被保全财产信息、协助清点和管理查封扣押财物等司法辅助事务。但如何具体区分执行权核心事务与辅助性事务，各地法院尚未达成共识。

---

① 参见朱嵘：《民事强制执行社会化入法的类型化路径》，载《人民司法》2023 年第 19 期。

二、理论证成：以"结构—过程—功能"与结构功能主义为视角

"切实解决执行难"目标应在社会治理中寻求各方合力，但这尚不足以证成执行难与社会力量参与执行的社会问题治理本质，可以"结构—过程—功能"为分析框架，以结构功能主义视角切入，阐述社会力量参与执行的社会化属性、内涵与外延、考量因素与运转逻辑等，从而对社会力量参与执行的必要性、可行性与合理性予以证成。

（一）结构解析：社会力量参与与执行工作需要之耦合关系

结构功能主义作为社会学领域的重要理论，旨在深入分析和解释社会结构与社会功能之间的紧密关系，该理论强调社会结构的存在及其运作对维持社会的稳定和正常运转具有至关重要的作用。结构功能主义的主要代表人物帕森斯认为，结构功能主义是从功能的实现来证实结构实体的存在，并认为这些明确的实体之间具有内在的统一性。①

基于"结构—过程—功能"的分析逻辑是，先将执行法律制度和工作机制视为一个有机系统，其内部的各类社会力量参与执行工作所适用的具体制度作为每个子系统，所有子系统都对执行系统整体的均衡有序发展产生影响，每个子制度以具体不同规范结构对流交互，协同配合，对"切实解决执行难"目标进行功能构建，而结构同样影响功能的发挥。与之紧密对应的概念"耦合"，则是指两个或以上的体系或两种运动形式间通过相互作用而彼此影响以致联合起来的现象。② 两个体系存在相互作用、彼此联合的耦合效应，需要沟通媒介或者连接桥梁。一方面，重压下的执行生态促使法院自发式地寻求社会力量参与执行以增加资源供给、缓解压力，为切实解决执行难提供支持；另一方面，社会力量希望通过

---

① 参见周怡：《社会结构：由"形构"到"解构"——结构功能主义、结构主义和后结构主义理论之走向》，载《社会学研究》2000 年第 3 期。

② 参见陈玥衣：《从嵌入到耦合：敏捷治理视域下乡村数字治理的演进逻辑与优化路径——基于桐庐县凤川街道治理实践的案例分析》，载《四川行政学院学报》2024 年第 6 期。

参与执行获得反馈，如评估费用、广告效应、财政支付资金等。

虽然我国民事诉讼法第 235 条对执行社会化有所限制，仅规定了法院的强制执行权，但世界各国民事执行体制发展的共同趋势也可为我国执行体制改革所借鉴。从域外制度而言，民事执行市场化、社会化已成为不少国家民事执行体制发展的共同趋势。随着执行到位率低、执行效率差等问题的加剧，不少国家进行彻底或者有限的改革，其改革方向较为一致，即民事执行市场化、社会化的扩张。

比如，越南于 2009 年开展私人执行员试点项目计划，其被授权执行特定的法庭和民事执行机关的通知、传票、决定等法律文书、获取确认判决执行条件等。① 葡萄牙设立新的民事执行主体，将执行主体分为执行法官与执达员，执行法官是法院专门设立的职位，执达员由自由职业者性质的法律代办人员担任，并进一步扩大执达员的权能范围。德国民事执行体制市场化以渐进、缓和的方式进行，即半市场化的执行官逐渐承担更多执行任务，比如，执行官更深度地参与不动产的执行，特别是不动产的强制腾退，扣押债权等。②

（二）过程探寻：社会力量参与执行的运转逻辑和考量因素

社会力量参与执行工作的运转逻辑可以概括为执行工作"赋能→变迁→均衡"的过程。在"切实解决执行难"目标形成、演变的坐标轴上，按时间顺序分布着若干时间点，在 A 时点，在宏观的社会治理层面已经形成了既定规则，社会力量参与作为一个动态变量加入，赋能于微观层面的个体在 B 阶段的行为，微观行为不断累积，并与时代变迁相互作用，量变产生质变，进而推动整个社会在 C 阶段社会规则的形成。由宏观到微观，再由微观到宏观，赋能与被赋能交替，这个过程循环往复，"切实解决执行难"目标得以不断推进。不同类型社会力量参与执行工作，其

---

① 参见曹凤国：《越南民事判决执行法的特色与创新》，载最高人民法院执行局编：《执行工作指导》2021 年第 2 辑，人民法院出版社 2022 年版，第 143 页。

② 参见陈杭平：《道路通向市场——民事执行体制改革新论》，载《政治与法律》2024 年第 5 期。

核心差异在于适用范围，其考量因素可归纳为以下四个方面。

1. 执行实施权属性因素

从执行事务的具体实施角度，执行实施权分为执行命令权与实施事务权，执行命令权是指决定是否采取执行措施的权力，实施事务权是指具体实施执行措施的权力。① 执行命令权是执行实施权的核心，决定了是否采取执行措施以及采取何种执行措施，主要包括财产控制、财产处置、处罚措施等内容，对申请执行人的胜诉利益兑现起着决定性的作用。执行命令权限于法院行使，只有实施事务权才允许社会力量参与。

2. 实施事务亲历性因素

以实施事务内容的主次地位为标准，实施事务权可再次细分为事务性权力与辅助性权力。② 事务性权力的范围为财产控制、财产处置、采取处罚措施等核心事项。辅助性权力的范围包括执行立案，立案后卷宗扫描，电子卷宗上传，执行通知书等格式文书制作与送达，拍卖辅助事务，以及档案装订等辅助事项。事务性权力对执行法官亲历性有较高要求，限于法院实施。辅助性权力对法官亲历性要求低，存在社会化的空间。

3. 执行措施强制性因素

以是否需要国家强制力的保障为标准，实施事务权可分为事务型实施事务权与强制型实施事务权。事务型实施事务权的表现形式为，工作人员实施执行事务时不需要以国家强制力为后盾，不存在以强制力排除妨碍执行行为的情形。强制型实施事务权的表现形式为，执行措施对抗性强，以国家强制力为后盾，存在以强制力排除妨碍执行行为的情形。因涉及国家强制力，强制型实施事务权限于法院行使。③

4. 执行措施专业性因素

执行事务对专业水平的差异化要求，也对社会力量参与执行工作适

---

① 参见肖建国：《民事审判权与执行权的分离研究》，载《法制与社会发展》2016年第2期。
② 参见肖建国、庄诗岳：《论民事执行实施权的优化配置——以我国的集约化执行改革为中心》，载《法律适用》2019年第11期。
③ 参见王柏东、张守国、杨明月：《本位回归：执行辅助事务社会化的基础与路径》，载《合肥工业大学学报（社会科学版）》2019年第5期。

用范围产生影响。实施事项对专业性有较高要求，必须借助专业机构力量或者资源。专业性要求不高、可自行完成的执行事项，由于经济成本、效率原因，可以引入社会力量参与完成。

（三）功能定位：社会力量参与执行的"社会化"属性、内涵与外延

民事强制执行兼具司法权与行政权双重属性，执行权是审判权的自然延伸和实现途径，带有明显的司法行政权属性。[①] 社会力量参与执行理念是以执行供给侧与执行需求侧双驱为动力源，以多元化纠纷化解机制及解决执行难长效机制为依托。[②] 目前，理论界及实务界对执行社会化的提法处于警惕、排斥状态，此为对社会力量协助解决执行难的意义和本质属性的误读，执行社会化理念与法院执行体制机制改革紧密相关。执行权市场化并非放任私力救济，也非公权力的私有化，而是具有行政权委托与市场化经营两种面向。[③] 依行政法学理论，非政府形态的民间组织或个人可根据法律中关于行政权职权范围的规定或行政契约获得行政性业务的委托外包权。[④]

社会力量参与解决执行难，本质上源于执行问题的社会化解决进路，在社会治理的高度和语境下所称的执行社会化的内涵即为社会力量参与执行，由多元治理主体共同参与，共享、共治、共建，相关主体包括人大、党委、政府、法院、社区组织、志愿团体、执行辅助机构、社会救助资金和慈善基金等。在社会学关于公众参与社会治理的议题中，由于公众在社会治理进程中参与度存在强弱之分，公众参与呈现明显的阶梯性特征，并由此诞生了公众参与阶梯理论。[⑤] 社会力量在执行工作中的参

[①] 参见最高人民法院咨询委第三调研组：《新时代人民法院解决执行难问题的调研报告》，载《中国应用法学》2024年第4期。
[②] 参见邓蔚：《执行社会化理念的确立及展开》，载《求索》2019年第4期。
[③] 参见陈杭平：《道路通向市场——民事执行体制改革新论》，载《政治与法律》2024年第5期。
[④] 参见王克稳：《政府业务委托外包的行政法认识》，载《中国法学》2011年第4期。
[⑤] 参见邓蔚：《执行社会化理念的确立及展开》，载《求索》2019年第4期。

与度同样存在差异，推进社会力量参与执行亦应循序渐进，依照相关考量因素确认社会力量参与执行的程度。

社会力量的外延，既包括法院在强制执行中运用社会化手段、利用社会化力量协助执行，也包括强制执行之前通过社会力量的震慑控制，迫使当事人自觉履行，包括支持、配合法院开展执行工作的社会力量和承担法院委托办理执行辅助工作的社会力量两部分。前者加入案件执行中，支持、配合法院依法完成有关执行事务。后者接受法院委托，承担法院相关执行辅助工作，具体包括建立综合治理格局、执前督促机制、拍卖辅助事务、文书送达、档案电子化外包等措施。

三、制度重构：社会力量参与执行工作一般命题的路径探寻

在社会力量参与人民法院执行工作散点经验层出不穷的司法实践中，尚缺乏国家层面的基础制度、具体机制及配套衔接措施，这直接影响了社会力量参与执行效能的发挥，对此应从战略高度进行全方位制度重构。

（一）社会力量参与执行工作的基础制度创设

在执行工作中推进社会力量参与，不仅应从具体机制构建和诉讼程序衔接层面着手调整和布局，而且应从执行工作制度层面进行整体考量和深层变革，制定社会力量参与执行工作国家层面体系化的规范性文件。

1. 在制度总则中全面规定社会力量参与执行工作的基本原则

在基层社会法治需求供小于求且缺乏增量供给的现实下，基层社会治理主体通过积极发挥匹配法治供求的联结作用，以及准确识别法治需求重点领域、引导激发法治需求、优化供给法治产品等方式，提升基层社会治理法治化水平，对于规范社会力量参与具有重要意义。[1]

民事执行基本原则是指导、约束民事执行的基本规范，明确哪些规范和要求属于基本原则，对于正确理解和把握民事执行制度的基本框架

---

[1] 参见杨林：《基层社会治理的法治供求关系及其联结机制——基于全国法治示范村（社区）的多案例研究》，载《中国行政管理》2024年第4期。

具有理论和实践意义。① 具体至社会力量参与执行工作而言，其基本原则应包括：一是合法性原则，严格界分执行核心工作和执行辅助工作。执行核心工作必须由法院工作人员承担，依照法律、司法解释及有关规定只能由人民法院依职权办理的执行工作，或者社会力量参与效果不好的执行辅助工作，不得引入社会力量参与。二是效率性原则，对拟引入的执行工作进行科学分类、因案施策，建立"整体引入与个案引入"相结合的运行机制，切实提升司法资源利用效率，进一步减轻当事人负担，促进执行工作减负增效，实现执行工作高效有序发展。三是可控性原则，把执行工作信息安全和案件质量管理贯穿于社会力量参与人民法院执行工作始终，建立健全引入社会力量参与人民法院执行工作的机制建设、运行监管、业务培训等制度，构建科学规范的监管机制，确保社会力量在法院管控下有序参与。

2. 根据社会力量参与执行工作的功能分类制定相应细则

以我国强制执行制度及各地司法实践来分析，社会力量参与执行工作可分为外包、委托、授权、共建四种类型。② 可据此将社会力量参与执行工作进一步区分为以下四种类型，分别规定制度细则。一是服务外包型。法院虽可自行完成的辅助性事项，但基于经济成本、效率等考量，可使用财政性资金在依法制定的集中采购目录范围内向社会力量购买社会化服务，如执行案卷集中整理、扫描、装订等事项等。二是专业委托型。专业委托型适用于法院缺乏相应的专业能力，难以单独办理的事项，典型的如法院对外委托鉴定、检验、评估、审计。专业机构对参照标准、计算方法等实体性问题负责。三是司法授权型。司法授权型适用于可由法院实施但实施成本过高或效率无法保障，可授权社会主体办理的事项。常见的如律师调查令和悬赏执行。四是协助共建型。法院与公安部门、中国人民银行、证监会、社保部门、社会救助资金和慈善基金等部门共

---

① 参见张卫平：《民事执行基本原则：构成要求与体系——以〈民事强制执行法〉的制定为中心》，载《北方法学》2023年第1期。

② 参见朱嵘：《民事强制执行社会化入法的类型化路径》，载《人民司法》2023年第19期。

建的网络执行查控系统，以及与网络平台服务商共同建设的网拍平台是协助共建型的典型。

3. 在细则中厘清社会力量支撑配合案件执行的范围

执行权权力运行具有多主体性，应进行分类精细化管理，社会力量支持配合案件执行范围可包括如下方面。

一是查人找物。充分利用城市社区、农村村社综治网格员直接面对群众、熟悉本地情况等优势，在党委政法委统筹下，建立常态化执行联动机制。借助综治网格员调查被执行人下落、现场调查被执行人财产、核实当事人提供的财产线索，收集证明材料。

二是纠纷化解。充分发挥律师的身份优势，释法析理、提出处理建议、引导信访申诉化解，促使虽有可供执行财产但执行难度大或者执行效果不好的案件以执行和解方式结案，因不服执行行为产生的涉执信访息执罢访。对于涉及股权、不动产等权属争议或标的额较大案件，可引入其他力量参与执行和解。积极运用网格化管理机制等工作平台，促成涉及邻里纠纷、婚姻家庭、"三费"等案件执行和解，化解涉执信访，推动案件办理。利用纪检监察机关、行政主管部门、行业协会或自律自治组织的监管职能和引领作用，推进执行多元化解机制建设，促进涉党政部门、事业单位、国有企业、行业部门案件有效执结。

三是行为执行。对涉及探视权、相邻权、恢复原状、赔礼道歉等行为标的执行案件，按照"情理先行，执行并进"原则，可在法院的监督下引入村民委员会、居民委员会、人民调解委员会、公证机关等机构，促成和解前置，通过情理法并用，最大限度地实现案件依法执结、矛盾化解。

四是智力支持。充分吸收、广泛借鉴智慧资源，构建以执行理论研究学者、执行实务工作者、涉执行联动单位负责人及相关知名人士为成员的全市法院执行咨询专家库，为法院推动执行工作、作出执行决策提供参考意见，提升执行工作水平。

（二）社会力量参与执行的具体机制构建

应充分利用市场化、社会化资源，引入适格社会力量，把适合由社会力量承担的执行辅助工作通过购买社会服务等有偿方式委托给社会资源。

1. 执行辅助工作外包范围

一是财产线索的核实及查询。对有形财产与无形财产线下调查、查封及交付，在网络查询方面对被执行人财产进行系统查询并分析结果。在传统调查方面，向第三方协助执行机构、债务人或前往被执行人住所地调查核实财产线索、收集证明材料。在财产线索核实方面，通过网络查询及传统调查方式进行线索核实。对被执行人采取搜身、入户搜查、拘留等强制措施的，只能由执行干警实施，不得委托社会力量。二是司法拍卖辅助事务。扩展网络询价的适用范围，严格按照委托评估规定，优化线上线下服务，引入专业第三方评估机构进行动产及存款等财产的变价。根据需要从行政机关、企事业单位、社会组织等获得执行相关信息、发布悬赏公告，委托执行审计，对难以变价财产的强制管理等。三是综合性行政事务。包括法律文书上网和送达，执行案款发放，以及卷宗扫描、整理、归档等。

2. 负面清单

从执行各阶段入手，对不同阶段涉及的执行裁判与实施事项进行清算，将其列入执行工作清单。划分权能边界可以考虑：执行方法的属性、标的物变价的难易度、执行成本的高低、保护债务人及利害关系人的必要性。因此，间接执行和替代执行，不动产变价及价款分配，对债权、收入的执行，对财产豁免执行的判断，以及执行行为妥当性的判断等均应由法院行使。

负面清单中不得外包的事务包括：一是专属于法院执行机构的执行裁决权；二是执行命令权，其主要包括财产控制裁定、处分裁定、制裁决定权等重大执行事项的权力，体现于执行法官作出的扣划裁定书、拍卖成交裁定书、拘留及罚款决定书、执行结案裁定书等；三是强制型实施事务权，包括拘传、拘留、搜查、强制迁出等，只有执行人员才具有代表国家行使强制力排除执行妨碍的专门资格，若由社会机构代行则必然会对执行工作的严肃性和权威性产生负面影响。①

3. 执行辅助工作引入社会力量的准入条件

根据各地的实践经验，对于执行辅助工作机构的一般性准入要求为，辅助机构应当依法设立，拥有固定的经营场所和具有法律及相关专业知识的人员，以及固定的资本、完善的信誉条件。辅助机构及主要负责人或相关人员在两年内不得有违反职业道德或违法违规的记录以及有影响公信力的其他情形。辅助机构及其成员不得为相关案件的当事人、代理人或其他利害关系人，在承担事务的过程中不得实施影响公平公正的行为，否则应及时回避，并依法承担相应责任。

(三) 配套资源培育与配套制度衔接

社会力量参与执行工作的全面推进将从配合执行范围与配合方式及要求角度出发，实现执行核心工作和辅助工作剥离，同时强化辅助工作市场化运作、强化参与成效的绩效考核与评估监督机制。

1. 社会力量参与执行工作主体的培育

各省法院可根据实际需要，牵头与省律协、公证机构、社会团体等签订合作协议，加强对执行辅助工作外包的指导。

(1) 服务外包型资质认定。服务外包型承接主体应当符合政府采购法中有关供应商的要求，主要包括具有独立承担民事责任的能力，良好的商业信誉和健全的财务会计制度，履行合同所必需的设备和专业技术能力，有依法缴纳税收和社会保障资金的良好记录，参加采购活动前三年内，在经营活动中没有重大违法记录等。

(2) 专业委托型资质认定。该类组织或人员具有相对于当事人更为

---

① 参见王柏东、张守国、杨明月：《本位回归：执行辅助事务社会化的基础与路径》，载《合肥工业大学学报（社会科学版）》2019年第5期。

强大的专业能力和更为中立的第三方立场,完全具备接受法院委托代行执行事务的能力。资质认定和入册标准应当由各省高院制定并接受申请进行审核入册。申请成立专业委托型主体的组织或人员应向法院提交该人员或机构主要负责人员近五年的商业诚信报告或失信行为负面清单报告,交由法院进行资格审定后纳入专业委托型主体库。以拍卖辅助机构为例,在驻场前须签订保密协议,设立专用的法院办案账号辅助法院处理拍卖事务,并严格规范该账号使用权限。

(3) 司法授权型资质认定。由于司法授权的事项存在一定强制性,为避免执行过程中当事人或案件信息泄露,司法授权型主体采取双向认定方式:一是当事人向法院申请,相关主体需取得当事人特别授权,且必须具有特定资质,比如律师;二是法院根据当事人的申请,根据具体的案件类型,予以特定事项的审查,实行"一事一审查"原则。

(4) 协助共建型资质认定。适用于法院和社会主体共同运行事项,因此对于协助共建型的主体有较高的要求,一般要求其具备社会管理职能,比如负责不动产登记的自然资源局等部门,或者掌握一定的大数据资源,比如具有支付宝、财付通等大数据资源的社会主体。

2. 强化参与成效的绩效考核

在绩效考核方面,人民法院对于执行辅助工作具有程序决定权,并应当根据当事人、执行法官及执行参与人的意见,对参与执行的社会机构的服务质量建立动态管理的实时评价机制和年度评价档案。鼓励推进社会公众、行业协会等主体对执行辅助工作办理数量、质量、公众满意度、可持续性等进行第三方评价,并将评价结果作为收费标准、经费补贴以及合作期限等参考依据。建立社会主体积极参与执行辅助事务的正向激励机制,按照社会化类型和执行结果将社会化费用在国家财政、当事人之间合理分担,并允许当事人为降低执行成本,通过协商约定更为快捷、低成本的执行路径,从而促使当事人主动控制执行成本,提高执行实效。当前拍卖辅助机构收费标准相对较低,为提高拍卖辅助机构及工作人员积极性与服务质量,建议适当提高收费标准,同时根据经济发展情况每三年调整一次。

3. 对违法违规行为的监管及信用惩戒

法院应对社会力量参与执行工作效果进行监管，对违法违规行为采取多元监管措施，对当事人权利受损情况及时救济。

一是及时除名与信用惩戒。在委托合同或者社会化的专项规范等文件中，明确列举执行辅助机构丧失入库资格和条件的情形，当出现丧失入库资格和条件的情形时，各高院应当将其从名单库中除名，并向社会公开，在一定期限内不得被再次纳入人民法院建立的名单库中，定期对从事鉴定、评估、审计、检测等活动的专业机构违反公序良俗或不诚信行为进行信用惩戒。

二是取消授权与赔偿损失。建立严格的内部监管机制，确保社会机构工作人员严格遵守保密、竞买禁止规定。签订合同或者进行授权后，社会主体违反勤勉义务，擅自将已接受委托的鉴定事项转交他人承办，无正当理由不接受委托开展服务工作，未按合同要求完成委托的服务工作，或者因履职不当给当事人合法权益造成重大损失的，对于违反规定的行为，立即要求其整改，若限期未整改到位，法院有权单方面终止合同或者取消授权，给当事人造成的损失由社会主体承担，法院保留追究其法律责任的权利。

三是构建多层次处罚措施。如果发现社会主体存在与当事人恶意串通、妨碍执行等情形的，可以按照虚假诉讼、妨碍执行情形作出处理，由法院通过司法惩罚程序，对恶意串通的双方作出罚款等处罚。专业机构存在不履行保密义务、私下接触诉讼当事人和利害关系人、指派不具备相应专业资格的人员承办委托事项、超出登记的执业范围开展活动情形的，法院视情节轻重，作出警告、暂停委托、罚款、吊销执照或从业资格等决定。

四是定期排查社会机构伪造资质情形。目前，个别法院在执行过程中发现有"黑中介"以"法拍房买卖助拍专员"的名义在微信朋友圈发布拍品照片、视频，并对案情进行曲解宣传的情况。对此，法院应予以及时处罚，当事人也可另案诉讼。辅助机构应该予以从业限制，不得从事与法院拍卖有利害冲突业务，比如房产中介服务、有偿贷款服务等。

4. 研发建设全要素集约化的社会力量参与执行工作服务管理平台

数据赋能社会力量参与执行工作要求数据融通，当前，执行工作平台包括在线调解平台、评估拍卖系统、网络查控系统、执行案件流程信息管理系统等，未实现内外角色互通，对跨平台案件分析只能手动计算，无法按工作内容统计辅助机构工作量，考核存在障碍，且同一案件需要在不同平台进行信息录入。建立社会力量参与执行管理模块，整合机构备案、流程记录、审核沟通、质量评价、数据分析、绩效考核六大功能，推动应用集合至统一端口，实现不同环节、平台、流程的数据资源共享。

研发内网系统模块，实现在内网系统中管理辅助机构工作分派、任务进度、数据统计等功能。运用大数据分析社会力量的类型、分布、数量，使执行辅助性事务的流程、操作、时间等信息节点自动生成，审核意见、质量评价、数据排名等信息自动呈现，确保对社会力量参与执行情况精确掌握动态、跟踪管理。构建以一键式审核、提醒、警示、退件为主要方式的社会力量参与执行工作把关机制，使配合不到位或者质量不合格的案件得到及时提醒、整改、退回。

四、结语

在"切实解决执行难"目标尚未实现、审执分离改革模式选择仍存在争议的情况下，应重视社会力量参与执行工作对执行难生态系统治理的赋能作用，明晰执行辅助性事项与执行主体事项关系，明确社会力量参与执行的正面权能与负面清单。这是执行体制改革"深化内分、适当外分"中外分机制应探索的重点。

刑事财产刑执行的问题检视和对策建议

杨世军[*] 姬 雷[**]

内容摘要：刑事财产刑执行包含罚金、没收财产、退赔、追缴等多种事项，执行过程中面临到位率低、涉众型案件难执行、特殊类型财产交接处置困难等问题。本文通过梳理刑事诉讼程序及执行流程，分析诉讼构造、财产查控、被执行人客观经济能力等因素，并深入思考罚金、退赔等财产刑、措施的功能价值，在此基础上结合实践经验提出了设置财产调查保全、审执理念兼顾、财产处置社会化探索等对策建议，以期对实质解决刑事财产刑执行难问题有所裨益。

关键词：刑事执行 财产刑执行 问题检视 对策建议

在刑罚体系中，财产刑是与生命刑、自由刑、资格刑并列的刑罚方法。财产刑以剥夺犯罪人财产为主要特征，对预防和打击犯罪起着举足轻重的作用，其执行效果直接决定着法律权威和刑罚公正。当前财产刑[①]存在适用率高执行到位率低、涉案财产难处置、程序衔接不畅、长期追缴难以落实等问题，为全面准确了解财产刑执行情况，本文以北京市第二中级人民法院（以下简称二中院）2018年至2022年涉及刑事财产判项480件执行实施案件为样本，通过数据统计、个案分析、交流座谈等方式

---

[*] 北京市第二中级人民法院执行一庭二级高级法官。
[**] 北京市第二中级人民法院执行一庭二级法官助理。
[①] 本文所称财产刑泛指以罚金、没收财产为主，包含退赔、追缴等的刑事涉财产判项。

深入调查研究，力求摸清情况、找准问题、提实对策，提出真正解决问题的新思路、新办法。

一、样本法院财产刑执行的基本情况

（一）刑事判决涉财产刑的现状考察

2018年至2022年，二中院刑庭共审结各类刑事一审案件686件，判决涉及财产刑的案件约480件，判决财产刑案件占审结案件总数约70%，判决涉及财产刑案犯1098人。判决涉财产刑案件共涉及8类犯罪92个罪名，其中涉及国家安全类1个，危害公共安全类3个，破坏社会主义市场经济秩序类53个，侵犯公民人身权利和民主权利类2个，侵犯财产类7个，妨害社会管理秩序类21个，贪污贿赂类5个。案件数量最多的前五个罪名依次是：诈骗罪、盗窃罪、危险驾驶罪、非法吸收公众存款罪、寻衅滋事罪。

（二）当前财产刑执行存在的主要问题

1. 财产刑执行总体执毕率不高、到位率较低

五年来，样本法院财产刑执行案件约480件，涉及没收财产110项，罚金314项，追缴退赔144项。所有案件执行完毕约104件，终结本次执行程序约360件。共需追缴退赔24.94亿元，平均退赔率不足5%，罚金需执行1.869亿元，执行到位约1226万元，执行到位率约为6.5%。此外，样本中没收个人全部财产判项执行结案标准不一致，尤其是无财产可供执行的情况下，普遍以终结本次执行程序结案，少数案件执行完毕结案。①

2. 涉众型刑事案件是财产刑执行的突出难点

在财产刑执行中涉众型刑事案件是执行难度最大、复杂程度最高、

---

① 《最高人民法院关于刑事裁判涉财产部分执行的若干规定》第9条第1款规定："判处没收财产的，应当执行刑事裁判生效时被执行人合法所有的财产。"实践中鉴于没收财产无确定数额，结案方式并不统一。

周期最长的一类案件。近五年样本中共有涉众型案件34件，其中33件受害人1000人以下，涉及19万受害人1件。以代表性案例某非法集资案为例，该案判决涉及退赔金额约为27亿余元，涉及受害人4万余人（大量受害人未在公安机关受害人名单内），执行到位约3亿余元，退赔率不足10%，诸多矛盾错综复杂至今不能执行完毕，每年接待电话、当面信访100余次。此类案件显著特点有三个：一是涉案财物数量大、种类杂、权属争议多，处置变现困难；二是被害人数众多、逐一确认受损财产数额工作量大且对工作准确度要求较高，发赃比例普遍较低，易产生信访维稳压力；三是案件办理中存在案情交叉复杂、内外协调工作量大、执行人员普遍不足等问题。以上特点及问题导致该类案件执行困难、追赃挽损效果有限。

3. 财产处置环节成为执行程序主要堵点

从调研情况来看，在财产刑执行全周期中财产处置不仅是核心环节，也是用时最长环节，近乎每个步骤都超长耗时。（1）扣押赃证物流转机制协调不畅。当前扣押财产从公安机关到检察院到法院刑庭再到法院执行庭，全程采用实物不动、清单流转的"空移"模式，公安机关将实物扣押，执行庭根据清单向公安机关要求移送赃证物，涉及协调公安机关、确认存放地点、赃证物转运等步骤，实践调研显示仅该环节平均用时就在15天以上。（2）赃证物评估困难。特殊财产类型如书画、玉雕、瓷器等艺术品需要鉴别真伪，木雕、家具、原木等需要鉴别材质，特殊机械设备、矿产使用权等需要专业机构评估，上述财产价值难以确定，仅凭评估机构难以及时、高效、准确地完成价值评估工作，仅在评估环节就严重消耗时间且增加了额外费用。（3）特殊类型财产难以拍卖。如前述字画玉器、特殊机械设备或是某些股权，尽管能够评估出参考价值，但是在实际拍卖中历经一拍、二拍、变卖仍然无法成交，不仅耗时较长且伴随着大量事务性工作，消耗司法资源。（4）涉众案款发还成难点。除了有些案件无法联系受害人家属，涉众型案款发还存在受害人数多、审核工作量大、发还比例低等诸多问题，造成发还周期普遍较长。

4. 刑事涉财产性判项执行状况受罪名影响较大

从样本数据来看，刑事涉案财产刑执行根据罪名不同呈现出不同的特点。诈骗罪、非法吸收公众存款罪、抢劫罪等涉及财产类犯罪，公安机关在侦查阶段能够查控随案移送的财产数量有限、整体价值较低，该类案件执行到位率较低，普遍低于10%。相较而言，贪污罪、行贿罪由于前期财产查控充足全面，高价值财产较多，刑事判决所涉及财产性判项在执行阶段普遍能够执行到位。另外，在涉及诈骗、非法集资等刑事案件中，涉及多项财产刑执行，根据法律规定按照下列顺序执行：（1）人身损害赔偿中的医疗费用；（2）退赔被害人的损失；（3）其他民事债务；（4）罚金；（5）没收财产。① 由于涉及众多受害者，可供执行财产本就不足，随着执行顺位后移，执行到位率逐渐降低，当退赔金额较大时，罚金、没收财产面临"空判"问题。

5. 财产刑随时追缴制度无法落实

刑法第53条规定财产刑应当随时追缴，以保障财产刑执行效力。然而，在执行实践中大部分财产刑执行案件在终本后，基本上没有案件因为发现被执行人有可供执行财产而恢复执行。实践中常见情形为，罪犯在监狱服刑期间为减刑假释委托家属主动向法院缴纳罚金，但如果案件判项中又涉及大额退赔，依然不能全部履行。当前，随时追缴制度存在以下难点：一是对未履行完毕财产刑判项，罪犯服刑完毕后其财产状况无法掌握，甚至对被执行人去向都难以了解，法院层面没有相应的机制或技术手段进行追踪；二是在司法资源相对有限的情况下，法院执行部门无多余执行力量持续对财产刑执行案件保持密切关注并跟踪执行。

二、财产刑执行问题形成原因分析

财产刑执行难是全国法院系统普遍面临的难题，其形成存在多方面原因，既有法律法规不完善、程序机制不健全等共性因素，也有不同法

---

① 《最高人民法院关于刑事裁判涉财产部分执行的若干规定》第13条。

院自身办案人力保障不足、机制建设滞后等个性因素。本文结合调研情况，对财产刑执行问题形成主要原因进行探讨。

（一）财产刑执行程序二元构造导致程序封闭

我国财产刑执行法律关系中，仅存在法院和被执行人两个程序主体，呈现只有两方主体的二元构造特征。① 根据刑事诉讼法第 271 条、第 272 条的规定，财产刑执行主体为人民法院，由人民法院代表国家执行罚金和没收财产。具体负责执行财产刑的机构为法院执行部门。《最高人民法院关于适用〈中华人民共和国刑事诉讼法〉的解释》（以下简称《刑事诉讼法司法解释》）第 522 条规定："刑事裁判涉财产部分和附带民事裁判应当由人民法院执行的，由第一审人民法院负责裁判执行的机构执行。"《最高人民法院关于刑事裁判涉财产部分执行的若干规定》第 7 条第 1 款规定，由人民法院执行机构负责执行的刑事裁判涉财产部分，刑事审判部门应当及时移送立案部门审查立案。从上述法律法规中可看出财产刑执行程序以刑庭移送方式开启，并没有申请执行的环节，并不像民事执行中存在申请执行人、被执行人、法院三方构造。刑庭在移送案件后，对财产刑执行情况不再过问，也不会持续向执行部门提供线索。这在一定程度上导致财产刑执行缺少监督和制约，执行部门在首次执行程序结束后没有多余精力和力量长期跟踪执行。此外，由于申请执行主体缺失，对被执行人的债务人代位权诉讼、撤销转移被执行人责任财产行为的撤销权诉讼、分割被执行人与他人共有财产的申请执行人代位析产诉讼等涉及执行的有关诉讼，在财产刑执行中都无法提起，导致很多财产刑执行案件因民事法律关系争议无法解决而陷入困境。

---

① 参见乔宇：《论财产刑执行的法律问题——以财产刑制度性执行难为中心》，载《法律适用》2015 年第 10 期。

（二）以证据保全代替财产保全导致财产查控不够

1. 侦查、起诉阶段对财产状况调查缺失或不足

现行法律没有赋予侦查机关、检察机关调查、控制与犯罪行为无关财产的权力，因此，侦查机关和检察机关在侦查和起诉阶段不会基于犯罪嫌疑人可能被判处财产刑而主动调查或控制其名下涉案以外相关财产，所查控财产主要为作案工具及非法所得。至于犯罪嫌疑人合法财产，直至审前阶段一直处于可以自由转移的状态，期间犯罪嫌疑人及其家属面对即将到来的刑事处罚，极有可能转移、隐匿财产。没有完善的审前程序作支撑，在执行阶段执行机关即使启动强制执行程序，也无法执行到位。① 在个别涉及财产判项的刑事犯罪中，可能存在由于公安机关、检察院缺乏法律依据，并未调查罪犯的财产状况的现象，使得刑事卷宗中罪犯财产状况缺失，这也是财产刑不能执行到位的重要原因。

2. 诉前缺少针对合法财产的控制措施

我国执行阶段财产刑难以执行到位与审前未建立保障财产刑执行的准备性程序有很大关系。根据现行法律，审前阶段犯罪人的合法财产依法受到保护，可以自由移转。在侦查程序启动之前及过程中，侦查机关或公诉机关本就将精力集中于犯罪证据和事实调查中，不会关注犯罪嫌疑人合法财产情况，更不会考虑到执行阶段会有财产刑执行而控制犯罪嫌疑人合法财产，而此阶段财产自由转移并不违法，所以侦查机关或公诉机关即便预见到犯罪人可能被判处财产刑，也难以在涉及犯罪财产之外，对犯罪嫌疑人合法财产采取适度控制措施，只能任由其合法财产自由移动。

---

① 参见陈恋：《中国财产刑执行难问题的检视与出路》，载《河南警察学院学报》2021年第2期。

(三) 立法供给不足导致刑民执行程序混同

1. 制度供给不足

当前涉财产刑执行相关法律规定分散在不同法律法规、司法解释中，相关规定亦较为陈旧，部分规定已经不能适应新形势变化。仅以罚金为例，通过威科先行法律信息库检索财产刑、罚金、执行等关键词，共收集到涉及财产刑法律、司法解释、规范性文件352部，与罚金相关的256部。财产刑执行相关法律法规，一方面不成体系，给执行法官实务工作造成困惑，另一方面相关内容覆盖并不全面或是仅有原则性规定，具体到实操层面又需要执行法官根据自身经验自行确定执行措施。

2. 民刑执行程序交叉混同

在理想条件的制度设计中由于财产刑执行法律依据、执行对象、手段措施与民事执行显著不同，所以其执行程序也应存在区别。然而在实际调查中，民事执行和刑事执行并没有被区别对待，较为明显的一点就是所有执行团队办理民事执行案件的同时也办理刑事执行案件，两类案件在查控系统、评估拍卖程序、执行异议等方面使用同一路径，基本没有界分。由于相关法律规范不健全乃至阙如以及既有实践经验不足，二中院及辖区5家法院的财产刑查控方式、手段、财产处置等程序基本与民事执行程序一样[①]，未能体现出专业化分工。

(四) 财产刑执行退出机制缺乏

1. 终结程序被动僵化

根据民事诉讼法第268条的规定，除了全部执行完毕、裁定不予执行、和解协议履行完毕之外，案件只有在债务人死亡、终止或丧失劳动能力等极端情况下才能终结执行。这在很大程度上增加了法院这个"胃"

---

① 《最高人民法院关于刑事裁判涉财产部分执行的若干规定》第16条规定："人民法院办理刑事裁判涉财产部分执行案件，刑法、刑事诉讼法及有关司法解释没有相应规定的，参照适用民事执行的有关规定。"

的负担。不难想象,长此以往法院执行机构很容易陷入"消化不良"甚或"消化功能衰弱"的境地。① 从当前情况来看,对于穷尽调查手段依然无法执行到位的案件,现有的程序设计为"终结本次执行",但是"终结本次执行程序"只是阶段性的结案程序,并不代表执行完毕,而且"终结本次执行"在具备执行条件或再次有财产可供执行的情况下是需要恢复执行的,实际上大量涉罚金终结本次执行案件积压在法院没有退出通道。

2. 减免条件单一

根据《刑事诉讼法司法解释》第524条的规定,罚金的减免条件为"遭遇不能抗拒的灾祸",一方面该条规定情形较为单一,未考虑到其他情形,使之难以在司法实践中启用;另一方面关于减免的程序、审核部门、减免标准等均没有细致规定,也就使得减免程序不具备实操性,实践中也难以见到罚金减免情形。

(五) 犯罪人客观经济能力较弱制约财产刑执行

财产刑能够执行到位的前提是被执行人有足够的财产可供执行,也就是被执行人的财产刑承担能力大小,如果被执行人没有足够的财产用来承担相应刑事责任,执行法官就会面临"巧妇难为无米之炊"的窘境。影响被执行人的财产刑承担能力的因素主要有两个。

一是被执行人财产状况受其年龄、职业、家庭状况等社会因素影响。被执行人财产总和包括银行存款、房产、车辆、金融证券等,是财产刑得以执行的最终物质基础。然而,对于因经济窘迫而犯罪的被执行人,其本身经济情况就较差,通常没有固定职业或住所,收入不稳定,亦没有高价值财产,判处其罚金刑定然会难以执行。部分执行案件所涉及的赔偿损失或退赔金额较大,侦查阶段所查控财产和被执行人的合法财产远远不能覆盖所有财产性判项,也难以有剩余财产执行罚金。二是《最

---

① 参见王亚新、百晓锋:《无财产可供执行案件的退出机制及相关争议的处理》,载《法律适用》2011年第12期。

高人民法院关于刑事裁判涉财产部分执行的若干规定》第4条明确:"人民法院刑事审判中可能判处被告人财产刑、责令退赔的,刑事审判部门应当依法对被告人的财产状况进行调查……"尽管有相关规定,但是在实践中这些原则性规定缺乏财产调查或保全的细化程序,操作性不强,审判法官在繁重的审判压力之下,没有精力去查控被执行人财产。当案件进入执行阶段时,在各种因素叠加下,被执行人名下的自由财产已流失殆尽,以致无财产可供执行。

三、财产刑及涉案财产处置措施的功能价值反思

(一) 罚金的功能与价值反思

罚金刑是人民法院判处犯罪分子向国家缴纳一定数量金钱的刑罚方法。罚金主要适用于贪图财物或者与财产有关的犯罪,同时也适用于少数妨害社会管理秩序的犯罪。当前,我国刑法以必并科罚金刑为主,并科单科混合罚金刑为辅,极少采用得并科或单科罚金刑,且我国刑法中仅有的单科罚金刑均是适用于单位犯罪。必并科使罚金刑附加于自由刑,在剥夺犯罪分子自由的同时还要剥夺一定财产,似乎有重复追究刑事责任之嫌。另外,我国刑法总则规定"判处罚金,应当根据犯罪情节决定罚金数额",没有对罚金刑数额作任何限制,刑法分则中大部分条文没有数额限定,以致罚金刑适用较为随意,有些案件罚金较高,远超被告人承担能力,空有判决数额,没有执行可能性,无实际意义。

故而,罚金在适用中应当体现报应和特殊预防的功能,数额的确定应以被告人缴纳能力范围内罚金感受到痛苦而达到对其惩戒为目的,换言之,也就是判决中的罚金具有可执行性,能够真正减少其财产数量,起到剥夺犯罪分子继续犯罪的经济基础,从而发挥罚金刑惩罚、教育、预防的功能。

(二) 没收财产尺度与标准的实践思考

没收财产的刑罚目的在于剥夺犯罪分子得以实施犯罪的经济基础,

给予其经济上、物质上的严厉惩处，该刑种在司法实践中发挥了积极作用，但也存在一些问题值得思考。根据刑法第59条的规定，没收财产存在两种执行方式，一种是没收部分财产，一种是没收全部财产，其中没收全部财产的，要适当预留一定数额的扶养费用。但是，刑法分则对具体罪名规定的没收财产刑并未指明是没收部分财产还是没收全部财产，更遑论没收财产的具体数额，完全由审理法官根据具体案情自由裁决，导致执行没收财产刑时弹性较大。根据《最高人民法院关于刑事裁判涉财产部分执行的若干规定》第9条的规定，判处没收财产的，应当执行刑事裁判生效时被执行人合法所有的财产。然而在实践中，抢劫罪、贩卖运输毒品罪等重型犯罪的犯罪分子本身就几乎没有合法财产，判决没收个人全部财产将面临无财产可供执行的问题。对此种情况实践中有两种处理方式：一种严格按照法条规定，以判决生效时被执行人合法财产为限，没有财产可供执行即执行完毕；另一种就是终结本次执行转入长期追缴。仅从法律规定视角来看，第一种方式符合法律规定，但是如此一来，没收财产判项则形同虚设，失去刑罚意义。然而，如果终本长期追缴，则面临根本不具备长期持续进行的主客观条件。因此，前述两个问题应从立法和实践中逐步完善统一。

（三）追缴和责令退赔的性质思考

我国刑法第64条规定："犯罪分子违法所得的一切财物，应当予以追缴或责令退赔。"该规定体现出立法者对于通过不正当手段获得财物所持的否定态度。其中，追缴是一种非刑罚处置措施，通过国家司法机关在刑事诉讼中对违法犯罪行为人通过非法手段所获取的现金、物资及其他财产和经济利益依法予以追回，具有法定性、强制性和无偿性的特点。当前追缴存在的突出问题是，司法机关在刑事追缴中对赃款、赃物的认定具有较强的话语权，当事人的参与权利得不到保障，从而导致被害人的合法财产无法得到及时、充分的返还。

责令退赔是在刑事审判过程中，以判决的形式，对犯罪分子因犯罪行为给被害人或者国家、集体造成损失而未返还的,在对被告人判处刑罚的同时,责令退赔被害人损失的一种判决方式。原因是犯罪分子已将违法所得挥霍、使用或者毁坏,只能责令其按违法所得的财物价值退赔。执行的对象是犯罪分子个人财产。退赔本质上更具有民事赔偿性质,只是通过司法机关的执行行为而使责任得以实现,具有救济被害人、尽快修复被侵害的社会关系的功能。

(四)返还的功能反思

返还财物可以分为两类:所有权明确,返还不影响当事人和其他利害关系人、受害人的利益的;所有权不明确,或者需要返还给其他利害关系人、受害者的。第一类财物是公安机关、检察院和法院均有权决定和执行返还;第二类涉案财物,经法院审理后判决、裁定。在第二类权属不明确,需经法院裁判返还的财物中,被害人、被追诉人缺少为保障自身权益而参与程序的途径。一方面,受害人无法参加涉案财物权属的证明过程,对错误返还财物没有具体的救济方式;另一方面,对被追诉人的权利救济,法律规定也不清晰。因此,如果前述问题在审判阶段不能得到解决,必然会延续到执行阶段,拖延执行程序,引发新的矛盾纠纷。

四、完善财产刑执行的对策与建议

财产刑执行是系统性工作,要解决其中问题,需要从侦查起诉、审判执行及执行监督等各个环节建立清晰的制度,进行合理衔接,切实保障财产刑执行。

(一)诉前设立财产调查和保全制度

财产刑执行的基本前提是罪犯有依法可供执行的财产,而查清罪犯财产情况的工作应该在案件的侦查阶段完成。[①] 我国公检法机关在刑事诉讼程序中各自独立实施诉讼行为。而犯罪嫌疑人、被告人的财产状况是随着时间、环境等条件的变化而不断变化的，对犯罪嫌疑人的财产调查保全越早则越有利于后期财产执行，因此，侦查阶段才是对犯罪嫌疑人财产采取强制措施的最佳时机。因此，立法层面应当授权公安机关在侦查阶段对涉嫌经济犯罪、职务犯罪或可能判处财产刑的相关案件的犯罪嫌疑人的财产状况进行调查，形成基础调查报告和财产清单，并根据案情对犯罪嫌疑人名下有价值财产适度保全，相关财产调查报告和财产清单应及时随案卷移送，确保审判、执行部门能清晰掌握被告人、被执行人财产状况，以此合理判决、有效执行。

财产调查范围在遵循适度、比例原则的前提下应当包括以下内容：（1）银行、微信、支付宝账户存款金额；（2）房产、土地等不动产；（3）车辆；（4）有价证券、股权、债权、基金、理财产品等财产性权利。调查保全中应对犯罪人个人财产与其家庭成员以及其他公民个人的财产严格加以区分。

（二）审判阶段兼顾执行因素

1. 明确规范财产刑的判前预缴制度

在司法实践中，法院对可能判处财产刑的被告人，会要求被告人或其家属在法院判决之前缴纳一定数额的金钱，作为法院对其判处财产刑的保证，并将此作为考虑主刑量刑情节之一。虽然该做法争议较大，但是从实践效果来看，不仅意味着被告人愿意主动承担刑罚责任，而且还降低了执行程序消耗的司法成本。从现实意义和实用价值看，应当通过法律制度进一步规范判前预缴财产刑保证金制度。要将财产刑保证金的缴纳条件、程序以及法律后果明确告知被告人及其亲属。法院对于积极缴纳保证金的，在对被告人量刑时可以酌定从轻，但坚决不能以此作为

---

① 参见王祺国：《破解财产刑执行困境的路径思考》，载《中国检察官》2015 年第 5 期。

收取保证金的筹码，否则有"以罚代刑"之嫌。

2. 适用财产刑应平衡考量被告人的个人财产状况

为保证财产刑判后能够执行，诉讼中，涉及财产刑判决的案件，检察机关应当根据被告人财产状况制作被告人财产状况清单并据此提出财产刑的量刑建议，法院应当充分听取检察机关关于财产刑的量刑建议并严格审查财产清单，同时允许被告人及其辩护人对财产刑的量刑证据材料进行质证并发表辩护意见。法院在量刑上应根据犯罪事实在法定刑幅度内确定财产刑量刑起点，充分考虑犯罪数额、犯罪性质、从重从轻情节以及被告人财产状况，综合各方因素作出具备可执行性的财产刑判项。

（三）健全财产刑执行程序机制

1. 搭建涉案财产信息化管理平台

公检法机关在实现财产信息共享机制中需要搭建统一的信息化平台，实现从公安机关侦查阶段能够将所调查、冻结、查封、扣押的相关财产逐一录入，检察院和法院在各自诉讼阶段能够全面清晰了解涉案财产情况，执行部门能够根据共享平台的财产状况制订执行措施和方案。同时，公安机关、检察院和法院应当畅通扣押财物的线下交接和保管路径，在刑事审判阶段即应当完成涉案财物的清点，在审判程序结束前，涉案需变价的财物应当完成向法院移送。

2. 加强财产处置社会化探索

财产变现处置可以根据财产不同类型采取特殊的处置方式，以最大限度实现刑法判罚目的。针对刑事案件财产变现处置难度大的特点，在拍卖未能成交的情况下，为尽快变现，发挥物的效用，避免增加财物的保管成本，可实行无底价拍卖，直至最终拍卖成交为止。实践中，可尝试"一元起拍"的司法拍卖机制，借助市场机制检验拍品真实价值，以公开竞价实现拍品价值变现，促进一次拍卖成交，提高财产处置效率。

3. 完善财产刑执行终结机制

一方面，通过完善财产刑执行状况与减刑、假释管理机制，根据履行财产刑的比例、时长严格限制未履行完毕服刑人员的减刑假释；另一方面，要明确没收财产一次性执行的标准，即以被告人判决生效时全部财产为执行标的，即时执行完毕。对于罚金长期不能追缴到位的，应当探索设置易科执行制度；对责令退赔的，应当设置最长执行期限。总而言之，在犯罪行为都有追诉时效、自由刑尚能减免的情况下，财产刑执行不应遥遥无期。

4. 强化财产刑执行外部监督

检察机关应当适当加强刑罚执行检察监督，重点监督财产刑执行的详细情况。没有执行和没有完全执行到位的财产刑案件，应逐案建档备案。要突出财产刑执行监督中的工作重点，可重点监督职务犯罪、涉黑恶性质犯罪、金融犯罪等财产刑执行活动。同时检察机关要做好与财产刑执行机关之间的沟通与配合，全面、准确、及时地掌握财产刑执行的具体情况，做到对财产刑执行工作的及时跟进与有效监督。

到期债权执行中次债务人抵销权行使的审查

章　跃[*]

内容摘要：到期债权执行中次债务人抵销权的行使涉及实体法上的抵销权与程序法上的查封、冻结等执行措施的效力冲突，其背后是抵销的公平原则与债权平等原则之间的价值冲突。根据审执分离的基本原则，到期债权执行中对次债务人的抵销异议审查应当首先从程序审查入手，符合在执行程序中处理条件的，进一步进行实体上的考量。在强制执行公权力介入的背景下，从债权平等及申请人利益保护的角度出发，原则上应限制次债务人抵销权的主张。但对于基于同一合同或基础法律关系而产生的债权债务，因当事人享有的抵销预期更值得保护，从公平原则出发，可优先保护次债务人的抵销权益。

关键词：到期债权执行　次债务人抵销权　审执分离

一、问题的引出

到期债权执行中，法院可以作出冻结裁定，冻结被执行人在第三人（以下简称次债务人）处的债权，并向次债务人发出履行通知，然后根据次债务人对履行通知不同的态度采取不同的措施。抵销，是指二人互负债务，各以其债权充当债务之清偿，而使其债务与对方的债务在对等额内相互消

---

[*] 上海市金山区人民法院执行局副局长。

灭。① 我国当前关于抵销的规定主要见之于民法典中。根据民法典的相关规定，抵销权是民事主体所享有的一项民事实体权利。次债务人在收到冻结裁定或履行通知后，若以其对被执行人（债务人）享有债权主张抵销为由提出异议，从而对等消灭债权并对抗申请执行人到期债权的执行申请，对这一问题实践中关注较少，理论上也争议迭出。此时由于强制执行国家公权力的介入，使得纯粹私法环境下抵销仅涉及两方主体债权债务的清偿顺序这一结构发生改变，导致到期债权执行中冻结裁定具有的财产控制效力或履行通知具有的债权变价效力②与抵销权发生激烈碰撞。

对此问题，当前的法律及司法解释缺少明确的规定，2022 年 6 月发布的民事强制执行法（草案）第 158 条第 1 项的后半段则规定了次债务人以查封后取得的债权主张抵销不得对抗申请执行人的思路。对这一实践中有一定争议的问题，笔者认为，在执行程序中应从程序和实体两方面进行审查处理，即根据到期债权执行中次债务人异议的情况首先判断是否由执行程序审查；如得出在执行程序中审查的结论的，再对是否允许抵销作实体考量。

二、次债务人主张抵销异议的程序审查

到期债权执行中，如次债务人在收到履行通知书后要求以自动债权抵销被执行人的被动债权的，其本质上属于到期债权执行中次债务人所提出的一类异议，故笔者以为从程序上讲首先应按照到期债权执行中对次债务人异议审查的一般规则进行判断，即此异议是否能造成到期债权执行程序的中止。同时，由于现行法律对执行程序中的抵销权行使③有专门的规定，故不完全同于到期债权执行中一般异议的审查，对次债务人抵销异议的审查还应结合执行抵销的规定进行程序法上的考量。

---

① 参见王家福主编：《中国民法学·民法债权》，法律出版社 1999 年版，第 201 页。
② 参见谭秋桂：《民事执行法学》，北京大学出版社 2015 年版，第 229 页。
③ 目前主要为《最高人民法院关于人民法院办理执行异议和复议案件若干问题的规定》第 19 条。

具体来说,可以区分三种情况。

第一,对未经生效法律文书确认的到期债权提出抵销异议。此类情况在到期债权的执行实践中最为多见,即执行法院根据申请人提供的线索以及申请,向次债务人送达冻结裁定以及履行到期债务通知,后次债务人在规定期限内提出异议。此时按照到期债权异议审查的一般规则处理即可。依照《最高人民法院关于人民法院执行工作若干问题的规定(试行)》(2020年修正,以下简称《执行规定》)第47条的规定,次债务人在履行通知指定的期间内提出异议的,人民法院不得对次债务人强制执行,对提出的异议不进行审查。根据民法典的规定,抵销具有从实体上消灭双方之间债权债务的法律效力。次债务人主张抵销的,其本质是主张与被执行人间的债权债务关系已消灭或部分消灭,属于实质性的到期债权异议范畴。此时根据我国民事执行审执分离的基本原则以及到期债权执行的基本理论,执行部门不应对抵销的异议进行审查,申请人可通过代位诉讼等方式在审判程序中进行处理。

第二,对已经生效法律文书确认的到期债权主张抵销,但自动债权未取得生效法律文书或未得到被执行人认可的。根据《最高人民法院关于适用〈中华人民共和国民事诉讼法〉的解释》(以下简称《民事诉讼法解释》)第499条第3款的规定,对生效法律文书确认的到期债权,次债务人予以否认的,人民法院不予支持。因此,在到期债权执行中,如果被执行人与次债务人之间的债权已经生效法律文书确定,一般次债务人在收到履行通知后无法再以否定生效法律文书确定的债权为由提出异议。此时若次债务人主张抵销的,属于执行程序中主张抵销,应参照《最高人民法院关于人民法院办理执行异议和复议案件若干问题的规定》(以下简称《异议复议规定》)第19条进一步审查。该条为了避免"以执代审"之嫌、避免执行程序处理过于复杂的抵销实体问题[①],其第1项将执行中准予抵销的自动债权限定在"已经生效法律文书确定或者经申

---

① 参见江必新、刘贵祥主编:《〈最高人民法院关于人民法院办理执行异议和复议案件若干问题的规定〉理解与适用》,人民法院出版社2015年版,第241页。

请执行人认可"。故笔者以为，此时若次债务人的自动债权没有取得生效法律文书或得到被执行人方认可，其不符合抵销的条件，如次债务人要求抵销的，仍应当通过诉讼程序解决。

第三，对已经生效法律文书确认的债权主张抵销，且自动债权经过了生效法律文书的确认或被执行人方的认可。如上文所述，此种情况下，被执行人的到期债权和次债务人的自动债权都经过了生效法律文书的确认（至少自动债权得到被执行人方认可），已不存在实体上的争议，此时就发生了到期债权执行中冻结裁定的控制效力或履行通知具有的债权变价效力与抵销权的激烈碰撞。该问题涉及两个权利谁优谁劣，无法再行通过审判程序解决，只能留在执行程序中进一步审查。

三、执行程序中对次债务人抵销异议审查的实体考量

经上文分析，如作为被动债权的到期债权经过生效法律文书确认，而次债务人行使抵销的自动债权也取得了生效法律文书或者得到被执行人方的认可，在这种情况下是否允许予以抵销一般应在执行程序中进行审查判断。而执行程序中对抵销的审查目前仅在《异议复议规定》第19条进行了规定。那么，在进行审查判断时是否只要符合该条文的两个要件即可抵销？对"除依照法律规定或者按照债务性质不得抵销"又该作何理解？这些都涉及期债权执行中次债务人抵销异议的实体审查标准。为简化问题，下文将围绕自动债权与被动债权都已取得生效法律文书确认这一情景展开分析。

（一）民法上抵销的理论解析

1. 公平原则是抵销的制度基础

抵销最早起源于罗马法，原为一种抗辩实行的方式，即法官在诉讼中运用的冲销方式，后来逐步发展成为一种实体性质的权利。① 无论是在

---

① 参见廖军、解春：《抵销与反诉——历史与价值的探讨》，载《比较法研究》2005年第1期。

大陆法系还是英美法系，诉讼效率和公平原则始终是抵销制度最重要的两个价值基础。① 比较法的经验表明，公平价值寓于抵销制度的初衷，催生了法定抵销制度并形成抵销惯例。② 考察我国的抵销制度，同样基于这样一种理念。在双方相互负担债权债务的情况下，若在一方资产情况恶化时，如该方通过诉讼执行程序完全收回其债权，而不允许另一方行使抵销仍要进行完全给付，那么待另一方胜诉申请执行时，很可能对方已经没有履行能力而丧失了执行利益，这明显违背公平原则。破产程序中抵销权的行使体现得更为明显。因此，公平原则是抵销制度的基石，在当事人双方存在合理抵销预期的情况下，抵销权更值得保护。

2. 抵销的担保机能无法证成其具有担保物权的优先效力

抵销权的行使，可以在互负债务的对立当事人之间使两个债务在对等数额内消灭，从而使两个债权被公平对待。从这一意义上说，抵销与担保物权非常相似，其具有事实上的优先清偿的担保机能和效果。但这并不能证成抵销权就是一种担保物权性质的优先权。一方面，物权法定是我国物权制度的一项原则，即使在民法典以及《最高人民法院关于适用〈中华人民共和国民法典〉有关担保制度的解释》引入实质担保这一概念的情况下，也没有将抵销纳入担保物权的范畴；另一方面，传统抵销制度侧重于处理双方之间债务对立关系并展现出某种相互担保的基能，但以抵销的此种功能去推导其具有担保物权的优先受偿效力明显存在逻辑障碍。是故在诸如到期债权执行中存在债权冻结等情况下，因涉及申请执行人利益以及强制执行国家公权力的介入，私法上抵销的这种担保机能是否还有适用的空间值得怀疑。

(二) 现行法律规范的分析

执行程序中的抵销来源于合同法第99条（现为民法典第568条）等

---

① 参见江必新、刘贵祥主编：《〈最高人民法院关于人民法院办理执行异议和复议案件若干问题的规定〉理解与适用》，人民法院出版社2015年版，第238~241页。
② 参见沈佳燕：《论抵销排除扣押的效力——兼评〈民事强制执行法（草案）〉第158条第1项》，载《南大法学》2023年第2期。

实体法的规定。《异议复议规定》第19条是现行执行程序中处理抵销的审查标准。按照该条规定，在互负到期债务情况下，执行中抵销一般只要满足两个要件：一是自动债权已经生效法律文书确认或者经申请执行人认可；二是与被执行人所负债务的标的物种类、品质相同。此外，该条的但书条款明确"依照法律规定或者按照债务的性质不得抵销的除外"。在到期债权执行的情况下，如果依照申请人申请已对到期债权进行了冻结，那么此时次债务人抵销的主张是否就属于《异议复议规定》第19条规定的"依照法律规定不得抵销"的除外情形呢？笔者以为，对此问题的解答还是应当以现行的有关到期债权执行以及查封效力的法律规定作为基础进行分析。

现行有关到期债权执行的规定主要是《民事诉讼法解释》第499条和《执行规定》第七部分。依照《执行规定》有关到期债权执行的规定，次债务人在收到履行通知书后，应直接向申请执行人履行其对被执行人所负的债务，不得向被执行人清偿；如次债务人"擅自向被执行人履行，造成已向被执行人履行的财产不能追回的，除在已履行的财产范围内与被执行人承担连带清偿责任外，可以追究其妨害执行的责任"。按照《民事诉讼法解释》第499条第1款的规定，执行被执行人对他人的到期债权，可以作出冻结债权的裁定，冻结该债权。而按照《最高人民法院关于人民法院民事执行中查封、扣押、冻结财产的规定》（2020年修正，以下简称《查封规定》）第24条第1款和第2款关于查封、冻结等强制措施效力的规定，被执行人就已经查封、扣押、冻结的财产所作的移转、设定权利负担或者其他有碍执行的行为，不得对抗申请执行人；第三人未经人民法院准许占有查封、扣押、冻结的财产或者实施其他有碍执行的行为的，人民法院可以依据申请执行人的申请或者依职权解除其占有或者排除其妨害。

按照对上述法律规范的文义解释，一旦在执行程序中进行了查封冻结，那么对查封标的所作的转移权属、设定负担或者其他有碍执行的行为就不得对抗申请人，这一效力自然适用于到期债权执行中对债权的冻结。同时《执行规定》明确在收到履行通知后次债务人应直接向申请执行人清偿,不得擅自向被执行人履行。故笔者以为,从现行法律规范分析,上述司法解释禁止到期债权执行中次债务人擅自向被执行人履行,而抵销具有消灭债权债务的效果,是一种变相的履行行为,在到期债权执行中次债务人的抵销主张有违到期债权执行以及查封效力的执行法律规定,故应当归入《异议复议规定》第19条所指的"依照法律规定不得抵销"的除外情形。

(三)到期债权执行中原则上应限制次债务人的抵销权

根据上文分析,从民法抵销权的性质上说,抵销权虽是一类实体性质的权利,在互负债务的对立当事人之间具有一定的担保债务履行的功能,但其并不是一类优先权,无法从理论上证成抵销权本身具有担保物权一样的优先受偿效力。从现行执行法律规范的角度来讲,我国的到期债权执行制度规定了执行法院可以冻结到期债权,在此情况下对查封、冻结的债权所做的处分措施不具有对抗执行申请人的效力,而且到期债权的执行中也限制次债务人在收到履行通知后对被执行人的擅自履行。因此笔者以为,在到期债权的执行中债权已经被查封的情况下,应限制次债务人抵销权的主张,原则上不应允许次债务人与被执行人的债权债务进行抵销。

更进一步讲,在到期债权执行债权被查封的情况下,不仅涉及强制执行语境下国家公权力的介入,也涉及申请执行人等第三人的利益,此时对立当事人之间抵销权的行使不能完全放在民法语境下仅涉及二人之间债权债务交替清偿消灭的情况去考量,还必须要考虑查封措施以及到期债权履行通知的强制执行公法效力的影响。从本质上看,享有抵销权的次债务人与到期债权执行中的申请执行人一样,也是被执行人的普通债权人,如果不加限制地允许其行使抵销权,那么事实上赋予次债务人的自动债权相较其他普通债权人的债权以优先受偿的效力,这明显违背了债权平等的原则,弱化了执行程序中查封、冻结等强制措施的效力,也破坏了执行程序中参与分配等一系列制度的地位与作用。最高人民法院在多个案例中也强调，第三人不得以其随后受让的对债务人的债权抵销其对债务人所负债务，其受让的债权应在债务人的执行案件中以参与分配的方式实现，而不能以抵销的方式获得优先受偿。①

综上所述，到期债权执行中在对次债务人的抵销主张进行审查时，因涉及其他债权人的利益，不能完全从私法领域抵销权行使的角度出发，更应考虑强制执行的公法语境以及诚信原则下对执行程序中第三人利益的保护，对次债务人抵销权的行使应严格限制。

（四）次债务人抵销主张成立的例外

严格限制次债务人在到期债权执行程序中抵销权的行使应当作为一项原则。但有原则就有例外。在一些场景中，当事人因为同一法律关系而互负债权债务，或者对立当事人之间债权债务的形成有极强的牵连性，双方之间的给付义务与对待给付义务互为担保、互相制衡，在这类情况下当事人之间往往存在着合理且极强的抵销预期，如果此时不允许双方之间进行债权债务抵销，则明显违背公平原则。比如在买卖合同中，买方因为货物的质量问题向卖方主张违约损害赔偿。后续由于卖方资产状况的恶化而涉诉，卖方作为被执行人有大量案件执行，卖方的债权人主张卖方对买方的到期债权的，此时若不允许买方行使抵销权而仍要全额支付价款，将导致买方（到期债权执行中的次债务人）在未获得对待给付时完全履行自己的给付，有违合同正义与公平正义的朴素理念。

因此，合理的抵销预期是到期债权执行等程序中判断次债务人抵销主张是否能够对抗申请执行人债权冻结或履行通知效力的重要考量因素。但"合理的抵销预期"过于抽象，在实践中较难把握，故笔者认为可以按照一些学者提出的借鉴民法典第549条第2项有关关联债权抵销的新规

---

① 参见（2016）最高法执监字第155号、（2019）最高法民终218号等案例。但以上案例的论述多局限于第三人其后从别处受让债权的情形。2022年6月发布的民事强制执行法（草案）第158条第1项的后半段也秉持了这一思路，规定了次债务人以查封后取得的债权主张抵销不得对抗申请执行人的思路。

定来进行判断。① 该条主要适用于债权转让的情形，即在债权转让后，债务人可以以基于基础合同的债权抵销被让与的债权，无论该债权产生于让与通知发出之前还是之后。参照这一规定，在到期债权执行中，如果次债务人主张抵销的自动债权与被执行人享有的被动债权是基于同一基础合同或法律关系产生的，那么可以认为次债务人对抵销具有强烈的合理预期，此时从公平原则以及合同正义的原则出发，可以认定次债务人的抵销主张具有对抗到期债权执行中债权冻结或履行通知的效力。

之所以在这一情况下，考虑优先保护次债务人的利益，原因在于基于同一合同所产生的债权在产生、存续和消灭方面具有天然的牵连关系，当事人对其债权债务的抵销具有强烈的预期。在非关联债权场合，一方当事人虽可期待实现抵销，但应认识到自动债权与被动债权的时间差以及各自发生原因的不同，此时因为缺乏强烈的抵销预期，在到期债权执行中存在债权冻结的情况下，允许次债务人与被执行人间毫无关联的或偶然发生的两个债权债务直接抵销将极大地损害申请执行人作为第三方的利益。而且在强调基于同一合同的情况下，次债务人与被执行人于债权冻结后人为制造抵销的道德风险也相对较低，而此时若严格限制抵销，反而在一定程度上会增加被执行人与申请人串通损害次债务人利益的情况。

四、结语

到期债权执行中对次债务人抵销权异议的审查需从程序和实体两方面进行。在执行程序中对抵销异议进行实体审查时，其关键在于对抵销的公平价值和执行程序中债权平等价值的平衡与取舍。一般情况下，考虑到强制执行的公权力介入和执行中申请人利益的保护，从债权平等的原则出发，原则上应限制次债务人抵销权的行使。但是在例外情况下，当次债务人的抵销合理预期更值得保护时，从公平的理念和合同正义的原则出发，可优先保护次债务人的抵销利益。而对抵销合理预期的判断则可以参照适用民法典关于债权转让中对关联债权抵销的规范。

---

① 参见刘骏：《关联债权抵销的适用条件与体系效应——从〈民法典〉第549条第2项切入》，载《法学》2022年第6期。

【调研与实证】

减量增效：人民法庭参与执行推动终本出清之现状检视与路径优化

卢日久[*] 邹 芳[**]

近年来，执行案件收案数持续高位运行，终本案件数量亦上升势头不减。习近平总书记强调，要推动更多法治力量向引导和疏导端用力。[①]在当前终本出清的背景下，只有在"减库存"的同时，在"遏增量"上下功夫，在前端减少执行案件数量，在中端提升执行质效，才能达到标本兼治的效果。据统计，作为法院前沿阵地的人民法庭，每年收结案约占基层法院收结案总数的25%。[②]如能控制好人民法庭的执行案件增量，提升人民法庭的执行质效，终本案件的"入口"将至少缩小四分之一。而实行人民法庭机制执行即是实现人民法庭执行案件"减量增效"的有力举措之一。但实践中，人民法庭执行机制改革却面临诸多困境。有鉴于此，本文通过实证考察当前终本出清背景下人民法庭执行的现状，分析掣肘人民法庭执行减量增效效能发挥的深层次原因，对人民法庭执行以"减量增效"推动终本出清源头治理的路径优化进行探讨。

---

[*] 江西省高级人民法院执行局执行一处处长。
[**] 江西省遂川县人民法院审判管理办公室副主任。
① 习近平：《从全局和战略高度推进全面依法治国》，载《习近平著作选读》第二卷，人民出版社2023年版，第384页。
② 参见2021年9月最高人民法院发布的《关于推动新时代人民法庭工作高质量发展的意见》。

一、现实图景：人民法庭参与执行的实践检视

我国中部 J 省 J 市中级人民法院下辖 13 家基层法院，共设有人民法庭 41 个。J 市中级人民法院于 2023 年 7 月下发文件，虽未强制要求但积极倡导辖区基层人民法院探索人民法庭执行机制。截至 2024 年 10 月，有 10 个人民法庭实行了法庭执行改革。为考察当前人民法庭执行的实践态势，笔者综合文本扫描、数据统计、问卷调研三种调研方法，试图从主体、制度、效果三方面对 J 市人民法庭执行改革的现状进行多维度考察。

（一）对人民法庭执行的主体定位认识存分歧

为了解基层法院工作人员对人民法庭执行主体定位的认识，笔者采取网络调查与实地发放问卷调查的方式，分别对 J 市已实行法庭执行的基层法院执行局执行法官和人民法庭法官进行调研。本次调查共计回收 156 份有效调查问卷。反馈结果显示，无论是执行机构的执行法官还是人民法庭的法官，均对人民法庭执行的主体定位存在较大认识分歧。虽多数调研对象认为人民法庭执行应发挥法院执行机构和人民法庭的合力，但执行局的执行法官和人民法庭的法官对于应以执行机构为主还是以人民法庭为主存在分歧。超半数执行局的执行法官认为应以人民法庭为主导、执行局为辅，人民法庭审判的案件原则上应由人民法庭执行，例外情形由执行局负责执行。约半数的人民法庭的执行法官认为，应以执行局为主导，人民法庭仅起辅助作用，原则上人民法庭审判的案件应由执行局执行，例外情形由人民法庭负责执行（见图 1、图 2）。

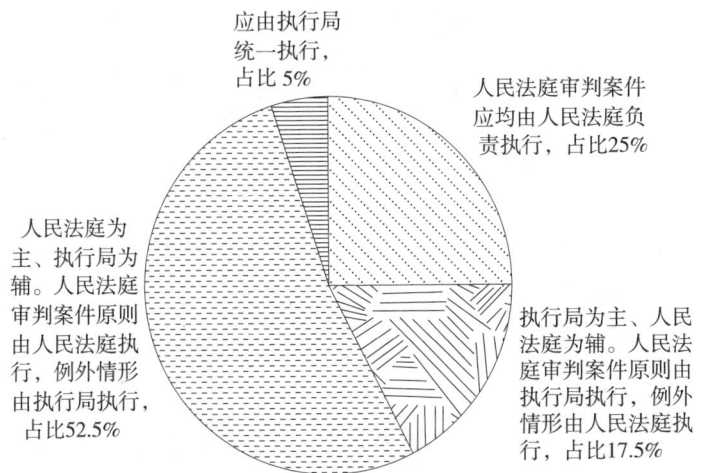

图1 执行局执行法官对人民法庭执行主体定位的认识

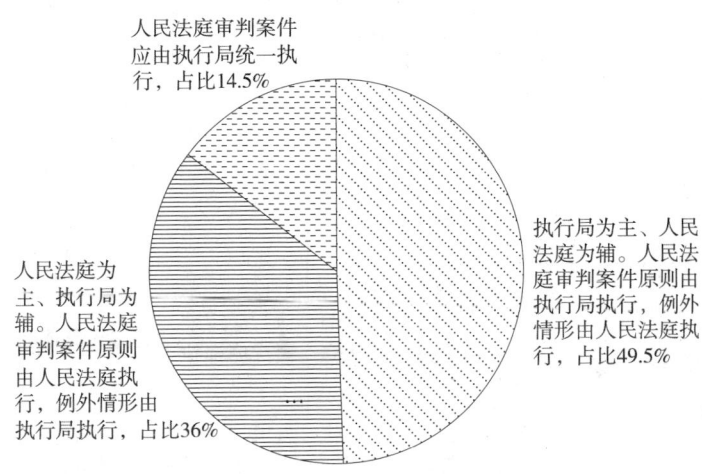

图2 人民法庭执行法官对人民法庭执行主体定位的认识

(二) 各地法庭探索人民法庭参与执行的做法不一

尽管J市中级人民法院下发了《人民法庭执行机制的工作指引(试行)》,以十余个条文,对从案件受理范围、执行模式、重大事项合议等系列规范作出原则性指引,涵盖范围虽较全面,但内容较为笼统,在操作模式、流程等方面给各基层法院留下了较大的发挥空间。J市人民法院10个已实行人民法庭执行改革的人民法庭在具体实践中对人民法庭执行案件范围的界定、人民法庭执行的模式、具体的举措等都呈现多种样态，缺少统一规范（见表1）。

表1　J市各人民法庭实行人民法庭执行做法

人民法庭	挂牌成立人民法庭执行工作室	人民法庭执行案件范围	人民法庭执行模式	主要举措
A人民法庭	否	原则上人民法庭执行，疑难复杂等例外情形由执行局执行	人民法庭审判法官同时负责执行，执行局辅助	鼓励保全，提示诉讼风险，建立督促履行机制等
B人民法庭	否	原则上人民法庭执行，疑难复杂或被执行人不在法庭辖区的案件等例外情形由执行局执行	执行局派人定期驻人民法庭执行	人民法庭强化"立审执"一体化理念。建立"一庭三所"联动执行机制
C人民法庭	是	原则上人民法庭执行，疑难复杂等例外情形由执行局执行	成立人民法庭执行团队	发放诉讼风险提示书、保全建议书、督促履行告知书等
D人民法庭	是	原则上执行局执行，便于人民法庭执行的例外情形由人民法庭执行	执行局定期在人民法庭巡执	无具体明确举措
E人民法庭	否	原则上人民法庭执行，疑难复杂等例外情形由执行局执行	人民法庭审判法官同时负责执行，执行局辅助	发放保全建议书、督促履行告知书等
F人民法庭	是	原则上人民法庭执行，疑难复杂等例外情形由执行局执行	人民法庭审判法官同时负责执行，执行局辅助	发动网格员协助开展督促履行，协助执行活动
G人民法庭	否	原则上执行局执行，便于人民法庭执行的例外情形由人民法庭执行	执行局定期在人民法庭巡执	强化人民法庭"立审执"协调

(续表)

人民法庭	挂牌成立人民法庭执行工作室	人民法庭执行案件范围	人民法庭执行模式	主要举措
H 人民法庭	否	原则上执行局执行，便于人民法庭执行的例外情形由人民法庭执行	人民法庭审判法官同时负责执行，执行局辅助	裁判文书载明执行通知内容，加强督促履行
I 人民法庭	否	原则上执行局执行，便于人民法庭执行的例外情形由人民法庭执行	执行局定期在人民法庭巡执	无具体明确举措
J 人民法庭	否	原则上法庭执行，疑难复杂或被执行人不在法庭辖区的案件等例外情形由执行局执行	成立人民法庭执行团队	发放督促履行告知书，建立乡贤协助执行机制

（三）人民法庭执行质效指标运行不理想

J 市 S 县人民法院从 2022 年开始实行法庭执行，改革时间相对较长，且相关人民法庭执行工作经验入选了 2023 年最高人民法院发布的新时代人民法庭建设典型案例，具有一定典型性。因此，笔者选择对 S 县下辖的 5 个人民法庭的法庭执行质效进行分析。据统计，2023 年，S 县人民法院 5 家人民法庭共审结各类民商事案件 1336 件，新收首次执行案件 141 件，执结案件 141 件，其中以执行完毕方式结案 37 件，以终结执行方式结案 47 件，以终结本次执行程序方式结案 57 件，终本率 40.41%，平均执行到位率 33.9%，2023 年新收执行案件数对比 2022 年进入执行程序的案件数下降 7.8%，民事裁判申请执行率下降 8.67%，

从上述数据可以看出，S 县人民法院实行人民法庭执行机制以来，人民法庭办理的民商事案件进入执行程序的数量有所降低，在控增量上虽有所成效，但成效并不明显，且存在终本率较高、执行到位率较低等执

行质效核心指标运行不理想的问题。

二、问题聚焦：掣肘人民法庭执行减量增效效能的现实桎梏

当前人民法庭执行改革存在的减少执行案件数量成效不明显、执行质效欠佳等问题，影响了人民法庭执行推动终本出清源头治理的效果。笔者重点从主体、制度、机制三个维度进一步分析当前制约人民法庭执行"减量增效"效能发挥的深层次原因。

（一）人民法庭执行力量分散

1. 治理主体角色定位模糊

人民法庭执行改革后，人民法庭、法院执行部门、上级法院执行部门等的职责定位界定不清，相互关系有待厘清。在实践中，由于权责关系不够明确，易造成管理混乱、推诿塞责，进而阻碍各部门形成执行合力，影响法庭执行质效。

2. 外部力量资源未充分调动

人民法庭执行的优势在于人民法庭处在基层最前沿，身处群众中间，具有人熟、地熟、乡土人情熟的天然优势。但根据调研，当前人民法庭与外部职能部门、人民法庭与乡村两级之间等的协作联动机制尚未建立，人民法庭执行依靠自身力量多，借助外部力量较少。如前述S县人民法院5个人民法庭，虽建立起了特邀调解员协助执行机制，但鲜少发挥作用。

3. "多头领导"造成管理混乱

审执分离下，审判与执行为相互独立的业务条线。执行工作接受上一级人民法院执行部门（如执行局）的指导，而审判工作接受上一级人民法院审判部门的指导。改革后将使人民法庭无论是人还是案将面临"多头领导"，部门与部门间难以形成合力，影响人民法庭执行质效。[①]

[①] 参见陈建华：《人民法庭参与执行工作的实证探寻——基于协同思维的视角》，载《法律适用》2021年第6期。

(二) 顶层设计供给不足

虽然最高人民法院多次出台文件明确人民法庭的执行主体地位，但规范较笼统，对人民法庭执行的受案范围、执行模式、监督考核机制等缺乏法律和司法解释的明确规定，基层法院在探索人民法庭执行机制的实践中缺少法定标准和规范可循（见表2）。

表2 人民法庭执行制度汇总

施行时间	制定单位	文件名	主要内容
1998年7月8日	最高人民法院	《最高人民法院关于人民法院执行工作若干问题的规定（试行）》	第4条规定：人民法庭审结的案件，由人民法庭负责执行。其中复杂、疑难或被执行人不在本法院辖区的案件，由执行机构负责执行
1999年7月15日	最高人民法院	《最高人民法院关于人民法庭若干问题的规定》	第6条规定：人民法庭的任务：……（二）办理本庭审理案件的执行事项
2005年9月23日	最高人民法院	《最高人民法院关于全面加强人民法庭工作的决定》	第11条规定：民法庭审结的案件，由人民法庭负责执行。但涉及执行审查事项或者基层人民法院认为不宜由人民法庭执行的，由基层人民法院执行机构负责执行。业务管理由基层人民法院执行机构统一负责
2019年6月3日	最高人民法院	《最高人民法院关于深化执行改革健全解决执行难长效机制的意见——人民法院执行工作纲要（2019—2023）》	第14条规定：建立基层人民法院派出法庭审理的案件由该派出法庭执行的机制。具备人员条件的派出法庭设立专门执行团队，不具备条件的可确定相对固定人员负责执行。派出法庭的执行工作由基层人民法院执行机构统一管理，专职或兼职人员纳入执行人员名册，案件纳入统一的执行案件管理平台

(续表)

施行时间	制定单位	文件名	主要内容
2021年1月1日	最高人民法院	《最高人民法院关于人民法院执行工作若干问题的规定（试行）》（2020年修正）	第4条规定：人民法庭审结的案件，由人民法庭负责执行。其中复杂、疑难或被执行人不在本法院辖区的案件，由执行机构负责执行
2021年9月22日	最高人民法院	《最高人民法院关于推动新时代人民法庭工作高质量发展的意见》	第20条规定：推进直接执行机制。探索部分案件由人民法庭执行的工作机制，由人民法庭执行更加方便当事人的案件，可以由人民法庭负责执行。可以根据人员条件设立专门执行团队或者相对固定人员负责执行。案件较多的人民法庭，探索由基层人民法院派驻执行组等方式，提高执行效率，最大限度方便群众实现诉讼权益。人民法庭执行工作由基层人民法院执行机构统一管理，专职或者兼职人员纳入执行人员名册，案件纳入统一的执行案件管理平台，切实预防廉政风险

1. 改革目标方向不清

目标不明将导致行为无效或低效。因对人民法庭执行的理论研究不足，对人民法庭执行的目标方向缺乏清晰的认知。实践中，人民法庭对于改革要追求的目标方向认识不清，对于判定改革成效的标准不一。有些法院将执行案件数量低作为目标，有些法院追求高的人民法庭执行案件数量及表现优良的执行质效，还有的法院将执行案件数量低及执行到位率高定位为改革的双重目标。

2. 案件受理范围不明

现有提及人民法庭执行的法律法规和司法解释对人民法庭执行受理

案件的范围规定笼统。如2020年12月颁布的《最高人民法院关于人民法院执行工作若干问题的规定（试行）》规定人民法庭审结的案件，由人民法庭负责执行。其中复杂、疑难或被执行人不在本法院辖区的案件，由执行机构负责执行。2021年9月出台的《最高人民法院关于推动新时代人民法庭工作高质量发展的意见》规定由人民法庭执行更加方便当事人的案件，可以由人民法庭负责执行。实践中，对于复杂、疑难以及是否更加方便当事人，标准不明确，缺乏可操作性，易导致法庭与执行机构之间推诿塞责。

3. 运行流程规定不详

当前最高人民法院的规定未对法庭执行的运行流程进行规定，仅对人民法庭执行的模式提供了几种选择，具体实施方法未予规定，给各地法院探索人民法庭执行留下了很大的探索空间。在当前办案压力大的现实背景下，盲目探索将耗费大量时间和精力，不仅影响人民法庭执行改革的积极性，亦使各地法院探索人民法庭执行呈现无序样态，缺乏规范统一。

（三）人民法庭执行机制不健全

1. "立审执"一体化衔接不畅

最高人民法院院长张军指出："要围绕厚植党长期执政的政治根基，把'抓前端、治未病'贯穿于刑事、民事、行政审判和执行各领域全过程。"[①] 虽然实行法庭执行有利于人民法庭法官自觉树立"立审执"一体意识，但在司法实践中应如何实现"立审执"一体充分高效运行，从源头减少执行实施类和执行裁决类案件的数量，推进社会矛盾纠纷得到终局性解决尚需进一步健全机制。

2. 判后执前督促履行机制不完善

用最少的程序解决矛盾纠纷，让当事人实体权益在进入执行程序之

---

① 张军：《学深悟透做实习近平法治思想以审判工作现代化服务保障中国式现代化》，载《民主与法制》2023年第10期。

前即得到实现是习近平总书记"抓前端、治未病"思想在司法领域的体现。因此，应积极督促义务人在执前主动履行义务，减少执行案件数量。由于"在农村，被执行人的法律意识相对单薄，自动履行的观念不强"。[①] 在裁判文书生效后，如果不主动督促履行，负有给付义务的当事人往往不会自动履行，有的甚至抱着侥幸心理，企图逃避责任。当前在人民法庭执行机制的运行过程中，督促履行机制尚不健全，有些法院虽有相应做法，但做法不多、效果有限，督促履行机制控制执行案件增量的效能未充分释放，潜能有待进一步挖掘。

3. 执行不能案件执前识别机制未建立

当前的全国审判执行平台只能对保全案件及正在执行中的案件进行财产查询，审判执行管理平台执前财产查询功能的缺失使执行不能案件难以在执前被精准识别，进而难以在进入执行程序前被分流，导致大量执行不能的劣质案件进入执行程序，占用有限的司法资源，不仅影响了执行质效，且年复一年的案件积压形成庞大的"终本库"。

三、减量增效：人民法庭执行推动终本出清源头治理的优化路径

（一）推动多元治理主体协同共治

1. 发挥执行指挥中心的中枢神经作用

一是明确执行指挥中心综合管理平台在对人民法庭执行人员和执行案件管理中的核心职能定位。依托执行指挥中心落实统一管理、统一指挥、统一协调的"三统一"执行管理。发挥其神经中枢作用，统筹调配全院执行人与案，对全院执行工作包括人民法庭的执行工作进行统一管理，促进案件的繁简分流和集约化处理。二是发挥执行指挥中心对内协调、对外联动职能。[②] 对内协调好本院执行机构与人民法庭之间的联动执

[①] 汤成发、汪军：《人民法庭如何创新执行方法》，载《江苏经济报》2015年7月1日第B03版。

[②] 参见侯梦凡、江涛：《人民法庭负责执行的实践与模式选择》，载《成都理工大学学报（社会科学版）》2021年第2期。

行活动。对外与公安机关、不动产登记中心、银行等建立并畅通执行联动机制。三是强化执行指挥中心的监督管理职能。依托执行指挥中心集约监督管理优势，强化对人民法庭执行工作的日常监督和人员监督，如对执行案件各个节点的监督把控，对人民法庭各项执行质效指标进行日常监管，对人民法庭执行人员的作风监督，防止选择性执行、乱执行和防范廉政风险。

2. 增强人民法庭与执行机构的良性互动

首先，要发挥人民法庭的主导作用。在人民法庭执行分案模式的选择上，应采取固定分案模式，原则上人民法庭审理的案件由人民法庭执行，例外情况由法院执行机构执行，并畅通人民法庭执行案件流转机制。其次，要发挥执行机构的辅助作用。囿于人民法庭执行力量相对薄弱，法院执行机构应在人民法庭执行过程中发挥好辅助作用。一是对不适宜人民法庭办理的执行案件进行兜底，保障执行工作的整体质效。二是在人民法庭执行案件过程中适时予以协助。如人民法庭在办理执行案件过程中，需要采取拘留、搜查等对抗性较为激烈的强制执行措施时，法院执行机构要积极发挥辅助作用。可采取执行机构执行团队与人民法庭1∶1固定结对协作的方式。三是加强对人民法庭执行工作的指导。审判权与执行权在运行机理上存在明显差异，执行机构应对人民法庭执行提供理论上和实务上的指导。

3. 调动基层社会力量资源协助人民法庭执行

尽管农村社会在城镇化的进程中发生了重大的发展和转型，但其基本结构仍然属于乡土社会。[①] 乡镇干部、综治员、村干部、网格员、乡贤基层社会力量犹如延伸至乡村各个角落的"触角"，不仅数量众多而且具有人熟、地熟、情况熟的天然优势，在人民法庭人员力量薄弱的现实背景下，应充分调动各种基层社会力量资源参与执前督促履行、执前和解、查人找物等人民法庭执行活动。一是要增强与辖区乡镇党委政府、村委

---

① 参见费孝通：《乡土中国生育制度》，北京大学出版社1998年版，第6页。

会、司法所、派出所等外部治理主体的联系,建立起优势互补,良性互动的协助法庭执行联动机制。二是要提升专业化调解、协助执行的市场化水平。可借鉴域外发达国家的成熟经验,对专业的社会调解组织通过市场化方式进行运营,达到优胜劣汰、更新迭代、公平竞争的效果,促使其提供更高质量、更高效率的调解和协助法庭执行服务。三是提升对于基层人员协助法庭执行的补助力度。可以由人民法院统一建立人民法庭协助执行人力资源库,对协助执行人员进行统一管理,按一定标准予以物质奖励和补助,激励调解员、协助执行人员在促成生效裁判实际履行上下功夫。

4. 加强上级法院对人民法庭执行的统一管理

在大数据背景下,应加强智慧执行建设,建立起从最高人民法院到人民法庭的五级统一执行指挥可视化平台,实现上级法院对下级法院及人民法庭执行案件执行质效的可视化监管,尤其要加强对法庭执行工作的监管和指导,实现对执行案件、事项、人员的扁平化、集约化、可视化管理,让执行管理"一竿子插到底"(见图3)。

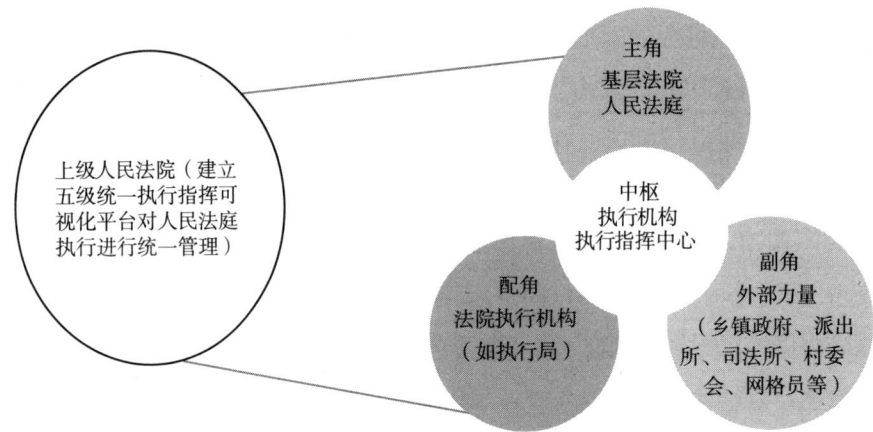

图3 人民法庭执行多元治理主体协同共治

(二) 加强人民法庭执行制度保障

1. 明确人民法庭执行目标方向

"执行乃法律之终局及果实",审判并不是当事人的目的,当事人利益能否实现最终取决于执行结果。故执行是当事人书面应然权利转换为实然权利的重要保障。① 人民法庭执行的应然目的是满足乡村群众便利地追求实质正义的需要。具体来说,实践中应将法庭执行定位为降低执行案件数量和提升执行到位率的双重目标。一是加强前端治理,使更多案件实质性化解在执前,避免进入执行程序,严守执行案件"入口关"。二是提高执行到位率,严把执行案件"出口关"。充分利用人民法庭扎根基层,熟悉案情和当事人的优势,提高实际执结率,降低终本率,最大限度兑现当事人胜诉权益。在人民法庭执行的具体实践中,应紧紧围绕实现实质正义的价值目标,尽可能用最少的程序实质性化解矛盾,避免程序空转和减少"调解—执行旋转门"现象的发生。

2. 廓定人民法庭执行案件基本范围

因人民法庭人员配备所限,笔者认为人民法庭执行应体现繁简分流原则,由人民法庭执行相对简单的案件,突出人民法庭执行的高效原则与便利原则。因此,准予执行的行政类案件以及刑事涉财产部分的案件不宜由人民法庭执行。人民法庭执行案件的范围应廓定为人民法庭审结的民事执行实施类案件。在人民法庭执行案件的具体确定上,要考虑人民法庭实际,坚持原则性与特殊性相结合,突出可操作性和灵活性。人民法庭审结的民事实施类案件,原则上由人民法庭负责执行,但重大疑难复杂或需要采取重大强制措施的案件不宜由人民法庭执行,应由法院执行机构办理。具体有:(1)有重大影响、社会高度关注的案件;(2)以暴力、威胁或其他方法妨碍、抗拒执行的案件;(3)被执行人主要财产在其他法院辖区

---

① 参见崔宁:《破解执行终本案件"休眠"困境的路径选择-定期网络查询相关制度改革探索》,载中国上海司法智库,https://mp.weixin.qq.com/s/XKgqhKocUV6cUl9VguLs6w,2024年7月30日访问。

的案件；（4）涉及强制清场、强制腾房等强制措施的案件。此外，应当根据《最高人民法院关于人民法院办理执行异议和复议案件若干问题的规定》关于裁执分离的要求，将执行异议案件及时移交负责办理执行异议案件的部门审查。

3. 畅通人民法庭执行案件流转机制

一是畅通执行立案后，立案庭移送至人民法庭机制。考虑到当前乡村人口的流动性大，基于便利当事人考虑，应允许申请执行人自行选择在法院立案庭还是人民法庭申请执行立案。当事人在法院立案庭申请执行立案的，立案庭应依法受理并向申请执行人出具执行案件受理通知书，且对受理的执行案件作出大致判断，对符合法庭执行案件范围内的案件应在办理立案登记手续后及时移送人民法庭执行。二是畅通受理后，人民法庭移送至法院执行机构机制。人民法庭在案件受理后或在办理过程中发现不适宜人民法庭办理的，应填报《人民法庭执行案件移送执行申请表》，申请移送至执行机构执行，载明案件基本情况、执行情况、不适宜由人民法庭执行的理由，经执行机构分管院领导审批同意后，及时将案卷材料移交至执行指挥中心或执行事务中心，另行指定执行机构的执行法官办理。

4. 建立人民法庭执行团队化办案模式

因各地人民法庭的软硬件设施、人员配置、案件类型、案件数量、管辖面积等不尽相同，因此，难以找出一种适合所有人民法庭的执行办案模式。根据笔者对当前全国各地已实行人民法庭执行的人民法庭的办案模式观察，总结三种办案模式供参考选择。一是执行部门派驻人民法庭执行。对于人民法庭人员力量不足，又无力额外增加人员力量的法院，可以探索由执行部门派驻执行人员到法庭，由派驻执行人员与法庭人员共同组成执行团队的模式开展。如由执行局派驻一名员额法官，组成"派驻员额法官+法庭法官助理+法庭书记员+法庭辅警"的人民法庭执行团队。派驻执行人员根据人民法庭执行案件，固定每周1至2天驻守人民法庭办理人民法庭执行案件。二是在人民法庭组建专门执行团队。对于人民法庭年均案件数量较大，人员力量充足的法院，可以根据工作需要，在人民法庭组建一支或多支专门执行团队，专门负责督促履行及办理人民法庭受理的执行案件。笔者认为一名员额法官+一名法官助理或执行员+一名法警的精简执行团队即可满足需要。员额法官负责执行裁决，法官助理或执行员为员额法官服务，负责执行实施及执行办案系统的节点操作，法警负责警务保障。三是人民法庭审判法官负责执行。对于案件量少的乡村人民法庭，可采取由人民法庭审判法官兼职执行的模式。对只有一名员额法官的小微乡村法庭，可在取得当事人书面同意的基础上，由该员额法官一并执行，对于当事人不同意的例外情形，通过案件流转机制流转至执行部门执行。对于超过一名员额法官的人民法庭，由人民法庭员额法官内部相互交叉执行人民法庭审结的案件。

5. 建立人民法庭执行科学考核评价体系

基于人民法庭工作内容的特殊性，建议针对人民法庭制定专门的考核办法，实行人民法庭单独考核。其中对于人民法庭执行工作的考核与评价，应围绕前述人民法庭执行实现实质正义的目标进行考核，重点考核调解率、调解案件自动履行率、民事裁判自动履行率和申请执行率、执行案件数量同比增幅等体现执行案件控增量效果的指标及执行到位率等体现执行效果的指标，通过发挥考核指挥棒的作用，引导人民法庭将法治力量向前端延伸，在前端发力。

(三) 优化人民法庭执行机制

1. 建立人民法庭"立调审执"一体运行机制

人民法庭执行是一项系统工程，要坚决破除法庭执行仅仅是由法庭办理执行案件的片面理念。事实上，办理人民法庭执行案件只是人民法庭执行改革的其中一环，仅为其中一部分工作，更多法治力量应放在前端的治理上。如能在执行的前端将工作做实，最后进入执行程序的执行案件数量将能得到有效遏制。因此，笔者认为，提升人民法庭执行减量增效的关键在于"立调审执"一体衔接，从诉讼立案到审理再到执行的全过程始终秉持有利于执行的原则，将让人民群众实质性感受到公平正义的司法目标贯穿始终，落实到每一个具体环节中。笔者将人民法庭"立调审执"一体运行执行要点进行了梳理归纳（见表3）。

表3 人民法庭"立调审执"一体运行执行要点

程序	要点	具体事项
诉前保全	引导申请财产保全	提示诉讼风险，告知如不申请保全将导致生效裁判难以执行的不利后果
	降低申请保全担保责任，做到应保尽保	适当降低诉讼保全担保责任，实行"小风险免担保"新型担保模式
诉讼立案	信息采集	确保当事人身份信息准确无误，当事人为企业的，核实名称和组织机构代码；采集双方当事人的联系方式、家庭住址、常住地址、财产状况等信息
	引导诉前调解	积极引导当事人选择诉前调解方式，告知诉前调解高效便捷的优势
多元调解	实质解纷	充分调动村干部、网格员、乡贤、人民调解组织、综治中心、司法所、乡镇政府等各方力量开展多元调解，化解当事人心结，促进实质解纷
	调解协议合法、明确、可执行	确保调解协议双方认可，符合法律规定，履行事项明确且有可执行性
	促当场履行，诉讼费当庭交纳	对于当事人有履行能力的，特别是小标的额的案件，积极促使当事人当庭履行，诉讼费当场交纳

（续表）

程序	要点	具体事项
案件审判	将调解理念贯穿矛盾化解始终	审判阶段仍可以调解，尽最大努力找准双方利益的平衡点，达成一致
	判决结果合法公正，明确可执行	确保判决结果正确，公平公正，且判项明确，具有可执行性
	告知拒不履行生效裁判文书的法律后果	可在裁判主文中，明确载明拒不履行生效裁判文书的法律后果，亦可以通过在送达判决书的同时，发放如《自动履行提醒告知书》的形式，详细列明拒不履行生效裁判文书的法律后果
督促履行	完善判后督促履行机制	建立数智化督促履行机制，在执前高效督促履行，督促案件在执前主动履行
执前和解	建立执前和解制度	对于经督促仍未主动履行的案件，组织双方当事人开展执前和解，借助村干部、网格员等基层力量促成和解，视情况制订分期履行计划
立案执行	采取强制措施执行	对于经督促履行及执前和解均未履行的案件，依申请立案执行。通过财产管控、失信惩戒、拘传、拘留等强制措施规范执行
	司法救助、民政救助	对于被执行人确无财产可供执行的涉民生案件，积极为申请执行人申请司法救助金，或联合民政部门申请民政救助

2. 建立数智化督促履行机制

美国斯坦福大学的研究报告预测，司法执行可能会成为 2030 年之前人工智能最具应用前景的重要领域。① 笔者建议深化数字法院建设，依托大数据信息化手段，搭建起数智化督促履行平台。督促履行平台嵌入当前的审判执行信息管理平台，智能化检索裁判文书主文内容，精准识别给付内容及履行期限，包含分期履行的各期履行内容及履行时间节点，自动剔除无给付内容的案件。对于裁判文书生效后离履行期限十日的案

---

① See One Hundred Year Study on Artificial Intelligence, Artificial intelligence and life in 2030, Stanford University Press, 2016.

件自动预警，启动智能化的督促履行程序，重点督促判决和调解给付类案件，包含金钱给付和行为给付类，提醒义务人在裁判或调解确认的履行期间及时履行义务，告知未及时履行的风险及将要面临的法律后果；重点督促分期履行的案件，对于一期未主动履行的，视为债务全部到期提醒义务人按期足额履行。对公告送达案件设置不良案件警示标签，进行重点监管，在后期的执行阶段进行重点识别，进行类型化精准管理。在督促履行的全过程，人民法庭的法官助理或书记员要对义务人的履行情况进行全程跟踪，在督促履行平台及时登记，调整督促履行的进度。通过搭建数智化督促履行平台，建立数智化的督促履行机制，实现判后执前的全覆盖高效督促履行，督促更多案件在执前主动履行，避免进入执行程序。

3. 建立执前财产预查询机制

习近平总书记指出，"法治建设既要抓末端、治已病，更要抓前端、治未病"。因此，应将有限的司法资源投入到前端治理，即执行案源治理环节中，获得最佳的治理边际效益。当前，相当一部分的终本案件为无财产可供执行的执行不能案件，耗费了有限的司法资源，同时也损害了司法公信力。因此，为减少无财产案件在执行程序反复空转，笔者建议在执前对案件进行优质案件与劣质案件的分流。建立执前财产预查询机制，增加当前审判执行信息平台执前财产预查询功能。开通执前财产预查询申请通道，对于已经超过履行期限，并且经前述督促履行程序仍未自动履行的案件，权利人可通过手机移动终端一键发出执前财产预查询申请，启动执前财产预查询。根据执前财产预查询结果进行案件分流，三十日内发现有足额或大部分财产的，法院依职权采取保全措施并通知权利人申请执行，执行立案后及时采取扣划等强制措施。三十日内查询无财产可供执行或者仅有少部分财产的，自动流转至劣质案件库中由系统自动开展实时轮查。一旦发现有财产则依职权采取保全措施并依权利人申请转入执行程序进行扣划。因人民法庭力量相对薄弱，对于通过执前预查询机制查询到有房产、车辆需要处置的，经人民法庭执行案件流转机制移交至执行机构执行更为妥当。

四、结语

法与时转则治,治与世宜则有功。法律制度的生命力在于根据社会生活的发展变化不断优化调整、与时俱进。① 步入新时代,人民群众对公平正义有更高需求,对司法的期盼达到前所未有的新高度,探索人民法庭执行机制是对人民群众司法期盼的有力回应,是坚持以人民为中心的具体体现,也是减少人民法庭执行案件,提升人民法庭案件执行质效的有效途径。在当前终本出清的背景下,如何最大限度地发挥人民法庭执行在促进执行案件减量增效上的作用,值得深入研究。本文从人民法庭执行的主体、制度、机制方面提出人民法庭执行推动终本出清源头治理的优化路径,以期对提升人民法庭执行案件减量增效有所裨益,进而推进终本出清源头治理,达到标本兼治的效果。

---

① 参见高司平:《深化民事诉讼程序繁简分流改革试点 推动民事诉讼制度发展完善》,载《人民司法》2021年第31期。

审执分离视角下小标的额案件执前化解路径

向 容* 李成巧**

  2023年,全国法院新收首次执行案件947.5万件,相较于2019年的643.5万件增幅达到47.24%。经统计,首次执行案件中,10万元以下小标的额案件占比70%左右。由此看来,小标的额案件的化解对整体执行工作具有决定性作用。本文立足司法实践,以S省法院近五年10万元以下小标的额执行案件为研究对象,通过观察小标的额执行案件特征,分析小标的额案件执前化解率低的原因,提出以建立前端债权回收递进式分流过滤机制、案件全流程覆盖保全、完善诚信体系激发债务主体内生履行动力实现小标的额案件执前分流化解,为小标的额案件执行工作提供参考。

一、小标的额执行案件样态观察

(一)小标的额执行案件多是民生案件

  小标的额执行案件类型较为多样化,包括拖欠劳动报酬、婚姻家庭类、借款合同、买卖合同、侵权类、物业合同、罚金、不当得利等,多为民生案件。小标的额执行案件的被执行人以自然人和小微企业为主,其中执行难度大的是自然人作为被执行人的案件,自然人为被执行人的主要分为三种类型。一是被执行人无履行能力。此类被执行人经济条件

---

  * 四川省高级人民法院执行局法官助理。
  ** 四川省阿坝藏族羌族自治州中级人民法院执行庭庭长。

差，无劳动能力，无固定收入来源，确实无法履行。二是被执行人抗拒执行。此类被执行人与执行人本身具有深厚的社会矛盾，对抗情绪未在诉讼中消解。三是被执行人规避执行。此类被执行人通过转移或隐匿财产、隐藏行踪、更换联系方式等方式规避执行。

（二）小标的额执行案件基数大增速快

2019年至2023年，S省法院小标的额执行案件分别为19.09万件、19.95万件、29.00万件、30.71万件、36.09万件，占当年度新收首次执行案件（以下简称首执案件）的比例由67.30%上升至72.06%，平均占比70.55%。从增速看，整体呈快速上升趋势，2021年增速最快，达到45.37%，受疫情影响2022增速有所放缓，2023年回升至17.54%，从整体看，小标的额案件近五年平均增速为89.06%，高出首执案件增幅（76.58%）12.48个百分点（见表1）。由此可见，小标的额案件成为首执案件绝对"主力军"，拉动首执案件快速增长。

表1 2019年至2023年S省法院小标的额案件占比及增长情况（单位：件）

年度	2019	2020		2021		2022		2023	
类型	案件量	案件量	同比	案件量	同比	案件量	同比	案件量	同比
全部	283668	289522	2.06%	408329	41.04%	428838	5.02%	500898	16.80%
小标的	190915	199513	4.50%	290023	45.37%	307071	5.88%	360942	17.54%
占比	67.30%	68.91%	1.61	71.03%	2.12	71.61%	0.58	72.06%	0.45

（三）小标的额案件执行质量效果不佳

2019年至2023年，S省法院小标的额案件执行完毕率分别为38.47%、35.81%、35.33%、35.24%、46.06%；终本率分别为41.33%、44.43%、46.81%、40.17%、23.66%（见表2）。2023年，小标的额案件执行完毕率、终本率均快速趋优，主要原因是2023年最高人民法院制定新的审判质量管理指标体系，改变执行到位率计算规则，即先计算每个案件到位率，再加权求平均值，在指标导向下，法院将更多的执行资源倾斜到小标的额案件上，但与当年度首执案件相比，小标的额案件完毕率、终本率优于首执案件差距分别保持在7%、4%，并未明显拉大。小标的额案件执行质量效果并未随着执行联动机制的健全、执行信息化水平提升及查人控物能力的增强而显著提升，仍有超过50%的小标的额案件会因为被执行人（暂）不具备履行能力和解终结或终本，即大部分小标的额案件并没有实现债权人回收债权的期待，仅是走了一次执行程序，占用大量执行资源。

表2 2019年至2023年S省法院小标的额案件执行完毕及终本情况（单位：件）

年度	执行完毕案件数			终本案件数			执行完毕率		终本率	
	全部	小标的额案件	占比	全部	小标的额案件	占比	全部	小标的额案件	全部	小标的额案件
2019	88109	71527	81.18%	127968	76844	60.05%	31.28%	38.47%	45.43%	41.33%
2020	82591	70177	84.97%	137805	87072	63.18%	29.02%	35.81%	48.42%	44.43%
2021	116599	99923	85.70%	199729	132366	66.27%	29.32%	35.33%	50.22%	46.81%
2022	120856	103781	85.87%	179048	118310	66.08%	29.56%	35.24%	43.79%	40.17%
2023	180409	156797	86.91%	128102	80527	62.86%	38.90%	46.06%	27.62%	23.66%

综上所述，小标的额执行案件涉及民生，案件基数大、增速快，在投入大量司法资源的情况下化解效果仍然不明显。呈现出以上样态的主要原因在于小标的额案件执前化解率低，大量小标的额案件不经分流，直接进入执行程序。

二、小标的额案件执前化解率低原因分析

（一）科学系统的执前化解机制缺乏

1. 理论研究与司法实践的双重缺失

（1）审判权与执行权的衔接缺乏系统理论支撑。审判权是宪法明文规定的权利，执行权是由审判权派生的权利，在新中国成立之初，法院内部有审判机构、管理机构，但并没有专门通过国家强制力兑现胜诉权

益的执行机构,生效法律文书除当事人自动履行外,普遍由审判机构自审自执。到20世纪90年代,由于经济快速发展及公民法律意识增强,纠纷大量增长,此时审判部门难以有足够精力兼顾执行,随着未兑现的生效裁判越来越多,逐渐演变为社会普遍问题,影响司法公正权威,加之审判部门自审自执会滋生腐败等问题,2008年,最高人民法院成立执行局,全国中基层法院相继设立执行部门。实现审执分离是解决前述问题的现实选择,自此,审判部门只管判、执行部门专门负责执行兑现胜诉权益成为司法基于实践的自然分工。此种机制运行二十余年来,审、执部门各司其职,审判"顾不上"执行的理念已经根深蒂固。

（2）案件源头治理成效未到达执行环节。自2015年实行立案登记制以来,诉讼案件呈现爆发式增长。法院建立多元化纠纷解决机制,将纠纷通过诉前调解、公证、仲裁等方式解决,进入诉讼程序案件数量减少。但执行案件并未明显减少,调解、裁判、仲裁、公证等任何一种解纷方式都需要执行兜底,诉讼案件减少了,纠纷并未减少,进入执行程序的案件仍持续快速增长,执行部门不堪重负。审执分离背景下,审判阶段不顾执行效果的司法理念已然不能适应新时代法院工作。

2. 强制执行成为实现债权唯一路径

在根深蒂固的审执分离理念下,执行的力量并未完全集中于查明财产情况、收集和固定财产证据、检验履行能力,执行还承担了很大一部分并非应当由执行解决的事项。当前执行并未建立纠纷从产生到进入执行的实质化解逐级分流过滤机制,如要求调解、审判主体在划分权利义务时必须兼顾执行,在裁判生效后要督促债务人履行,在定分过程中通过有意识评估被告履行能力,引导债权人对回收债权形成理性期待,避免案件成为执行不能案件。司法是实现公平正义的最后一道防线,执行是实现公平正义最后一公里,是防线的末端,但在当前司法体制机制下,执行已从末端前移至纠纷化解前端,在没有给债权人提供更多债权回收机制选择及被执行人主动履行意愿不强情况下,债权人只能通过向法院申请强制执行方式维护胜诉权益。

（二）保全提高债权回收可能性功效未充分发挥

1. 债权人保全意识不强

小标的额案件权利人往往因为债权金额不高，对于通过法院强制执行回收债权抱有更高的期待，忽略了保全的重要性，或对保全机制缺乏认识而选择不能。"以保促调、以保促执"，通过保全提高债权回收可能性已在理论界、实务界达成共识。保全是防范债务人转移财产、逃避债务的有效手段，在小标的额案件中，保全对促进债权回收的作用更大，基于人的趋利性特征，在自身财产权益受限且相对较为容易摆脱义务困境的情况下，债务人更倾向于作出有利于自己的选择，即主动履行义务。

2. 保全的门槛相对较高

根据现行民事诉讼法的规定，无论诉前保全、诉中保全，通常都需要提供保全担保，由于小标的额案件当事人的诉讼能力相对较弱，面对提供担保、提交担保材料等复杂事项，难以完成或满足保全条件。经统计，2019年至2023年，S省法院的小标的额案件保全率在21%～27%区间上下波动，始终处于低位运行，小标的额保全案件占全部保全案件的比例为55%左右，但都远低于小标的额案件占首执案件60%的比例。

（三）债务人内生履行动力不足

1. 强制执行震慑力不足

让当事人迫于强制执行压力主动履行义务是实现债权有效方式。自基本解决执行难以来，法院通过构建外部联动大格局，打通部门间信息壁垒，实现对被执行人名下房产、车辆、存款等常见财产形式的信息化查控，与公安、检察机关等建立打击拒执等协作机制，加大拒执犯罪打击力度。但实践中被执行人可通过将财产登记在他人名下，持有他人所有的银行卡、使用绑定他人身份信息的微信、支付宝等轻易逃避财产查控，公安、检察机关于追究拒执犯罪证据标准等分歧长期存在，追究拒执犯罪合力未完全形成，即便进入审判阶段，多数被执行人也仅被判处缓刑，通过追究拒执犯罪形成打击拒执的高压态势并未实现。案件进入执行程序后，虽然会对被执行人采取纳入失信被执行人名单、限制消费等强制措施，但是对小标的额债务人而言，其信用因为涉诉、涉执，在银行机构信用评价中已受影响，失信惩戒措施对其信用等并不会产生更大实质性影响，"一处失信，处处受限"失信联惩机制未形成，失信对被执行人不利影响有限。限制其乘坐飞机、动车一等座，进入高尔夫球场进行高档消费等，并不会压缩其生活空间进而产生生活不便利性，因为小标的额案件债务人日常出行通常不会选择超出其支付能力的飞机、动车一等座，也不会从事高尔夫运动，住高档酒店，因此限制消费措施对其影响有限。综上所述，当前针对被执行人及其财产采取的各类强制执行措施，并未形成强大的强制执行威慑力。

2. 主动履行激励机制不全

对于小标的额案件，只要债务人具有履行意愿，债权基本都能兑现。但当前对拒不履行生效判决被执行人重在惩戒打击，缺少正向激励机制，对被执行人而言，其不能从主动履行行为中获益，主动履行与被动执行对其并不会产生明显的区别性影响，其主动履行动力不足。当前各地法院试点实行的履行义务风险告知机制、自动履行信用修复机制，因缺乏具体可操作性，可持续的流程并不能激起当事人自动履行的自觉性。对于被执行人主动履行裁判文书确定的义务的，尚欠缺优先减免缓诉讼费、降低保全比例等措施的法律依据。

三、小标的额案件执前化解路径

（一）从理念更新到机制创新

1. 理念纠偏——深化审执分离改革背景下审、执职能再定位

（1）审判权与执行权的关系。党的二十届三中全会提出，深化审判权与执行权分离改革，在此语境下"审执分离"表达的是国家司法权中审判权与执行权的基本分工，从权利划分上来看，民事权利可以分为应

有权利、法定权利、实有权利①，从实体权利的状态来看，审判程序结束时，法院裁定的权利仍然属于法定权利，执行结束时权利才变成实有权利，在法律思维上，审判权与执行权并不存在对立统一关系，更不存在相互制约关系。审判机构通过审判确认实体权利，执行机构据此实现实体权利，这就是审判与执行、审判权与执行权之间最基本的关系。

（2）实质化解纠纷是审判权的权利范围。（民事）审判权的主要作用是对纠纷争议作出裁决，以及为保障其裁决具有执行力而予以审查或证明。在保障裁决的执行力方面则是对裁决结果是否具有执行力予以形式审查，并为其提供相应的公证证明②。在行使对象上，审判权行使的直接对象是民事实体争议。③ 结合我国司法审判实际工作，当事人权利的实现也不必然依靠执行，也可以在审判阶段实现案结事了，实质性化解纠纷，这是审判工作的职责所在。

（3）剥离执行权中的非国家强制力因素。与审判权不同，执行权（民事）是国家特定机构和组织依照法定的程序，运用国家强制力促使义务人履行生效法律文书所确定的义务，以实现权利人民事权利的权限和权能④。执行权能够专注于执行，高效地实现实体请求权。债权人的权利尽可能迅速并完全地得到实现，是强制执行制度最基本的目的。⑤ 这就要求法院在启动强制执行程序时有区别于诉讼阶段的实施手段，高效、强制且不间断。执行应当剥离非国家强制力因素，其他手段能解决的，不

---

① 参见文正邦：《论权利及权力》，载《外国法学研究》1996年第1期。
② 此处的公证证明是指广义上的公证证明，即由国家机关或法律规定的公证机关对特定事项提供的证明。法院的裁判文书和法庭笔录均是公证证明文书，是对事实和权利的公证证明。判决文书作为执行根据即是对权利人存在实体请求权的高度盖然性证明。狭义上的公证证明专指公证机关的公证证明。
③ 参见[德]罗森贝克、施瓦布、云特瓦尔德：《德国民事诉讼法》，李大雪译，中国法制出版社2007年版，第60页；[日]伊藤真：《民事诉讼法》，曹吉译，北京大学出版社2019年版，第26页。
④ 参见北京大学法学百科全书编委会：《北京大学法学百科全书·民事诉讼法学 刑事诉讼法学 行政诉讼法学 司法鉴定学 刑事侦查学》，北京大学出版社2001年版，第694页。
⑤ 参见[日]竹下守夫：《日本民事执行制度概况》，白绿铉译，载《人民司法》2001年第6期。

应当依靠执行手段解决，执行权的行使应当集中在执行财产的寻找、财产的处置、打击拒执上。

2. 建立可视化的债务人履行能力评估机制

（1）构建递进式的财产评估机制。进入执行程序的案件质量不好，导致执行效果不好，是中国法院执行难的核心问题。① 案件质量好坏的评价标准应当为财产状况，为辨明被执行人的财产能力应建立履行能力前置评估机制，并在案件的各个阶段实现分流减量。因此，笔者认为构建递进式的财产查明、固定和推进机制，使债权人从执行机构获取财产的模式转变为冲突进程中递进式回收债权的模式。

（2）在诉前调解的阶段实现履行能力预评估，通过对市场风险、债务人履行能力的可视化呈现，让债权人对质量不好的案件可能"执行不能"提前作出理性判断，及时评估胜诉可回收的实际债权，进而选择对自己最有利的冲突解决方式。利用财产线索进行证据固定及财产保全，督促债务人自动履行或防止其规避执行。

（3）在审判阶段精准定位当事人履行能力。在案件审理初期，告知被告涉诉后果，向其发出不履行后果告知书，载明诉讼中、执行后征信受损的后果，打破被告消极应诉、被动执行的侥幸心理，促使其主动履行。在庭审中，调查被告财产情况、履行能力，通过诉中财产申报，引导被告如实申报财产。在调解中，建立调解案件要素式调查笔录模板并推广运用，将诉讼调解案件中被告的调解主观意愿、调解履行能力评估、还债资金来源等记录在册，并对调解后转移财产的行为进行风险预警。在生效法律文书后增设执行提醒，告知被告未在判决文书确定的期间内自动履行债务将承担的不利后果。裁判文书的送达等同于执行通知的效力。

3. 构建全流程的案件分流机制

（1）在审判阶段，实现有履行意愿案件的分流。小标的额案件人难

---

① 参见唐应茂：《法院执行为什么难——转型国家中的政府、市场与法院》，北京大学出版社2009年版，第3页。

找，财产也容易转移，客观上易造成执行难。在案件审理阶段，重点关注查明财产，还原义务人的真实履行能力，以规范形式固定义务人财产状况，为执行阶段的履行和确认逃避执行打下基础。把公民的执行请求权保障作为中心，必然要加强当事人对程序的参与性①。实际上，案件的强制执行不仅依赖于法院的执行强制，亦取决于申请人提供有效的财产线索，债权人与法院合力追回债权才是有效之道，由此规范义务人财产申报和债权人提供财产线索的限度和时间很有必要。

（2）在执行立案前审查的阶段，实现无须强制力介入即可实现权利的案件分流。立案阶段应当全面收集信息，并区分以下几种情形：一是已足额保全争议标的额的案件，在裁判作出后，执保部门和审判部门均不负责案款的发放，导致胜诉当事人只能诉诸执行；二是资产处置类执行案件在审理阶段就已经保全了被告的资产，原、被告对双方之间的权利义务关系并无争议，均希望快处置资产，但由于审理阶段法院并无处置资产的权能，只能通过执行程序解决；三是涉及解除网签、确权类案件等行为类执行案件；四是执行立案前已确定被执行人无财产可供执行的案件。

（3）在执行预立案阶段，实现无财产案件的分流。将案件依照有无财产进行分类识别。经过前一阶段的分流，已将能自动履行且有履行能力的案件分流化解，实现了过滤。对拟执行案件进行第二轮分类识别，将案件分为有财产的案件和无财产的案件，进行分别管理。有财产的案件分为有保全财产的案件、可以直接履行的案件、财产需要处置的案件。无财产的案件统一进入无财产案件库，全国执行网络查控系统定期由对库内案件启动查询，如发现可供执行财产立即发出可执行警示。同时无财产的案件直接进入网格员环节，由网格员定期发起督促，当事人提供财产线索。

（4）网格员协助执行，对分流出的执行程序外的案件进行监管。从

---

① 参见江涛、方龙华、程晓斌：《论民事执行权的优化配置——以公民的执行请求权保障为中心》，载《人民司法》2011年第9期。

本质上讲，执行难是一个社会问题。社会问题的解决具有社会性，解决逻辑也在于社会化①，执行社会化本质上是执行权力的社会化，即让社会主体享有一定范围的执行权②。执行网格化通过建立基层协助执行网络，拓宽了法院查找失信被执行人、查找被执行人财产的渠道。这使得一种集中决策和执行的意志实现程序隐藏在基层治理之中。③ 在制度设计上，网格员人熟、地熟、信息掌握充分全面，其反馈的信息可以作为纠纷化解主体判断义务人是否具备履行能力的"体检单"，并作为分流的基础依据。在制度运行上，将督促履行作为其工作职责之一，债务人未按调解协议或者生效裁判履行的，将信息推送至其所在网格的网格员，由网格员对其进行电话督促或者上门督促，促进债务人主动履行或由其亲属代为履行。在制度保障上，将督促履行作为工作职责进行考核，设置网格员督促履行专项资金，定期对网格员进行业务培训，提升其履职能力和履职积极性。

（二）实现保全在诉前、诉中、判后全流程覆盖

1. 嵌入执前全阶段保全告知制度

保全告知是指纠纷化解主体在诉前、审判及生效裁判作出后进入执行程序前，通过口头或书面方式，告知当事人申请保全权利及不申请保全的风险，引导债权人及时申请保全，防范债权回收不能的风险。现行民事诉讼法第 129 条、第 140 条第 2 款④分别规定了人民法院在决定受理案件后、开庭审判时，应当告知当事人有关的诉讼权利义务。保全申请

---

① 参见邓蔚：《执行社会化理念的确立及展开》，载《求索》2019 年第 4 期。
② 参见何依洲、杜崇：《社会治理视角下民事执行的社会化路径》，载《克拉玛依学刊》2020 年第 3 期。
③ 参见于浩：《推陈出新："枫桥经验"之于中国基层司法治理的意义》，载《法学评论》2019 年第 4 期。
④ 民事诉讼法第 129 条规定："人民法院对决定受理的案件，应当在受理案件通知书和应诉通知书中向当事人告知有关的诉讼权利义务，或者口头告知。"第 140 条第 2 款规定："开庭审判时，由审判长或独任审判员核对当事人，宣布案由，宣布审判员、法官助理、书记员等的名单，告知当事人有关的诉讼权利义务，询问当事人是否提出回避申请。"

作为民事诉讼法规定的当事人所享有的法定民事权利,应纳入法院告知当事人诉讼权利范围。保全告知可以有效解决实践中不少小标的额案件债权人因对保全制度了解不深、重视不够而未能申请保全的问题,提高保全适用比例,充分发挥"以保促调、以保促执"作用,提升法院实质性解纷能力。各地司法实践已在积极探索适用,例如甘肃省渭源县人民法院早在2017年就推出财产保全告知制度,向所有立案登记当事人送达保全告知书,释明财产保全程序、措施、解除等内容,半个月内引导近30%的当事人申请财产保全。①

落实保全告知制度,由法院制定格式化的《督促保全告知书》,主要包括保全的必要性、申请内容、申请程序、应提交材料及财产保全风险等内容,按照"谁办理,谁告知"的原则,在各环节主动告知权利人保全相关事项。立案阶段,由立案或保全窗口将《督促保全告知书》送达债权人,同时口头告知进行强调;审判阶段,将《督促保全告知书》作为庭审告知权利义务内容,法官在开庭时予以宣读;生效裁判作出后,督促履行的法官或网格员向原告送达电子版本《督促保全告知书》,并进行口头保全引导,全流程不断强化债权人的风险防范意识,实现"应保尽保"。若债权人在法院充分引导下,仍怠于行使申请保全权利,应承担后续债权回收不能或回收成本更高的风险。

2. 实现财产保全保险全覆盖

财产保全责任保险是指在民事诉讼中,当事人或利害关系人向法院申请财产保全时,与保险公司订立保险合同,由保险公司承担因保全错误而产生的损失赔偿责任的一种新型保全。诉讼保全责任保险与传统的财产担保相比,具有成本低、效率高及更好满足担保功能要求等优势,有助于解决诉讼保全过程中保全难、执行难的问题。② 由于财产保全责任保险通常按照担保额度的一定比例收取保险费,实践中,保险公司出于

---

① 《渭源法院施行财产保全告知制度》,载《人民法院报》2017年8月25日。
② 参见何启豪、常鑫:《诉讼财产保全责任险何以助力解决"执行难"》,载《法律适用》2018年第23期。

经济利益考虑，更倾向于承保大标的额案件的保全风险，不愿意承保小标的额案件的保全保险。应实现小标的额案件中保全保险的全覆盖。对于涉民生、公共利益等类型纠纷案件，保全申请人确因经济困难，不能负担购买财产保全责任保险费用的，法院可探索从法院司法救助金中拨付一定金额，专门用于支付经济困难当事人购买财产保全责任保险费用，解决当事人因经济困难无力购买保险难题。

3. 完全开放网络执行查控系统保全财产查询权限

《最高人民法院关于人民法院办理财产保全案件若干问题的规定》第10条、第11条①虽规定申请保全人可以申请通过人民法院网络执行查控系统查询债务人财产，但其适用具有严格的条件限制，要求同时具备申请诉中保全，因客观原因不能提供明确的被保全财产信息但提供具体财产线索，以及提出书面申请三个条件。保全规定严格限制通过网络执行查控系统查询被保全人的财产，主要为了避免当事人恶意申请保全，利用法院网络执行查控系统查询掌握被保全人财产信息用于不正当竞争等，损害被申请人合法权益。法院网络执行查控系统已实现对被执行人名下房产、存款、车辆、股权等26项主要财产查询，相较于传统保全程序中要求保全申请人自行查找被保全人明确财产信息，现有的信息技术更能高效查明被保全人财产情况，且能对银行存款、网络资金等更便于执行的财产类型采取控制措施，提高保全的效率。如果前端因当事人无法提供明确、具体财产，也未能网络查询而保全不成功，案件进入执行程序后，仍要进行网络查询。如此，会浪费更多的司法资源，因此有必要在

---

① 《最高人民法院关于人民法院办理财产保全案件若干问题的规定》第10条规定："当事人、利害关系人申请财产保全，应当向人民法院提供明确的被保全财产信息。当事人在诉讼中申请财产保全，确因客观原因不能提供明确的被保全财产信息，但提供了具体财产线索的，人民法院可以依法裁定采取财产保全措施。"第11条规定："人民法院依照本规定第十条第二款规定作出保全裁定的，在该裁定执行过程中，申请保全人可以向已经建立网络执行查控系统的执行法院，书面申请通过该系统查询被保全人的财产。申请保全人提出查询申请的，执行法院可以利用网络执行查控系统，对裁定保全的财产或者保全数额范围内的财产进行查询，并采取相应的查封、扣押、冻结措施。人民法院利用网络执行查控系统未查询到可供保全财产的，应当书面告知申请保全人。"

诉前、诉中及判后各阶段开放网络执行查控系统的保全财产查询功能。

任何一种制度都具有优劣性，不能因为制度存在风险漏洞就简单弃而不用，对于开放网络执行查控系统保全财产查询权限可能存在的损害被保全人财产权益等风险，可以通过完善配套制度规避。首先，严格申请人保全担保审查，确保因保全损害被申请人权益后，能及时得到赔偿。其次，强化对恶意申请保全行为的惩戒打击。申请人、被申请人或者其他人妨害诉前保全秩序的，人民法院可以根据情节轻重予以罚款、拘留；构成犯罪的，依法追究刑事责任①。在诉讼、判后保全中，申请人恶意申请保全，妨害保全秩序的，可以依照相关法律规定追究其民事直至刑事责任。最后，建立网络执行查控系统查询人员违规查询、泄露财产信息追责机制。法院查询财产后，应严格在保全限额范围内采取查封、扣押、冻结等措施，对查询的被保全人财产信息应严格保密，只能告知申请人采取具体保全措施的财产，若违规告知查询的全部财产信息给被申请人造成损害的，应严厉追责。

（三）完善诚信体系激发债务主体内生履行动力

1. 构建分层分级的执行威慑体系

执行制度的生命力在于其威慑力，为解决小标的额执行案件威慑不达的问题，要继续深化综合治理执行难大格局，扩大网络执行查控系统查询被执行人财产类型范围，提升财产查询信息反馈的及时性、有效性；加强与公安机关在查找被执行人行踪下落信息方面的协作，推动公检法机关打击拒执犯罪协作机制落地落实，明确打击拒执的证据标准，将打击拒执犯罪立案侦查率、起诉率纳入对公安机关、检察机关的考核，法院对构成拒执犯罪的被执行人应严格依法判处，同时要积极在打击拒执犯罪中追究共同犯罪，对明知被执行人有将财产（转移）登记在他人名下、资金存放或转移至他人账户等逃避、规避执行行为，仍积极提供账

---

① 《最高人民法院关于规范和加强办理诉前保全案件工作的意见》第21条。

户卡号等转移、隐瞒提供帮助的，也应追究拒执犯罪责任，以末端的严厉打击惩戒治理实践中转移财产逃避执行的行为；积极探索根据案件具体情况对被执行人分级分类采取失信惩戒、限制消费措施，让失信惩戒、限制消费措施更具有精准性，更符合比例原则。① 明确对小标的额案件被执行人纳入失信被执行人名单、限制消费的具体行为，扩大对失信被执行人生活行为限制范围，使被执行人不能选择动车、高铁、飞机等交通工具出行，不能在宾馆、酒店住宿，大幅压缩被执行人生活空间，促使其主动履行义务；完善"一处失信，处处受限"社会信用体系建设，将被执行人信息纳入联动单位业务办理系统，实现自动比对、自动拦截、自动惩戒，增强联合惩戒实际效果。

2. 建立主动履行激励机制

失信惩戒与守信激励相互促进，是社会信用制度能够良性运行的重要原因。当前，各地法院在依法开展失信惩戒的同时，探索采取出具自动履行生效法律文书证明、将自动履行信息向征信机构推送、对诚信债务人依法酌情降低诉讼保全担保金额等守信激励措施②，营造鼓励自动履行、支持诚实守信的良好氛围。可进一步探索，主动履行生效法律文书确定义务的当事人，可将凭诚信记录作为诉讼费减免缓的优先条件，此外，在保全中，对信用评价良好、诚实守信的申请人，可以降低诉讼保全比例。债务人在调解后及时兑现、诉讼过程中或生效判决作出后主动履行义务的，法院可以向其出具《诚信履行证明书》，同时将主动履行信息推送给各信用平台，提高债务人的信用评级，使其在融资、招投标等社会经济活动中获得高信用评级带来的优先性。同时，对于生效裁判作出后，被执行人经督促仍未履行的，法院将案件信息推送至信用平台，对被执行人信用产生负面影响，再通过主动履行后的信用修复程序，使被执行人重新融入社会经济活动。通过正反向激励，促进债务人由被动履行向主动履行转变。

---

① 《最高人民法院关于在执行工作中进一步强化善意文明执行理念的意见》第21条第1款。
② 《最高人民法院关于在执行工作中进一步强化善意文明执行理念的意见》第21条第2款。

3. 以执行公开助推诚信履行社会氛围

相较于审判公开，执行公开的实践创新是对司法公开制度的最新拓展和突破。① 执行信息公开的时间和节点，应当与审判流程公开有所区别，避免影响执行效果。② 执行程序在程序上着重效率化，即应有迅速、确实的效果，③ 故寻求权利兑现最大化和执行效率最大化，应当成为执行工作的两个基本理念。良好声誉会给当事人带来长期收益，即使他人认可、赞许的行为对现阶段而言是一种损失或负担，当事人为获得长期收益依然乐意为之。④ 显然，要让小标的额执行案件的履行于被执行人而言是一种以较小负担而获得较大收益的事需要利用执行公开制度，充分利用社会资源，营造诚信履行的良好社会氛围。应将强制执行自身工作规律与传播规律有效结合，比如，可积极加大对诚信履行典型人物、事例的宣传，带动更多的小标的额债务人主动履行义务。⑤

---

① 参见褚红军主编：《切实解决执行难——路径、模式、方法》，人民法院出版社 2023 年版，第 305 页。
② 参见周强：《深化司法公开 促进司法公正》，载《人民法院报》2014 年 1 月 27 日第 4 版。
③ 参见赖来焜：《强制执行法总论》，我国台湾地区元照出版有限公司 2007 年版，第 18 页。
④ 参见彭秀坤：《国际社会信用评级机构规制及其改革研究》，苏州大学 2012 年博士学位论文。
⑤ 例如，被写进 2023 年最高人民法院工作报告的浙江丽水老人，年逾八十岁重新创业，坚持用十年时间还完 2000 余万元债务，执行法院广泛宣传老人诚信还债事迹，带动 1200 余名被执行人主动履行债务近 4000 万元。典型诚信履行人物宣传对于促进被执行人主动履行起到积极作用。

金融借款公证债权文书执行问题分析

——构建多元纠纷解决机制背景下的考量

王 芳*

公证制度作为一项预防性司法证明制度，是国家司法制度的重要组成部分。随着公证法律体系不断完善，特别是2018年最高人民法院审判委员会第1743次会议通过《最高人民法院关于公证债权文书执行若干问题的规定》（以下简称《公证债权文书执行规定》）以来，人民法院转变审查理念，对瑕疵公证文书保持适度宽容，给予多元补救，不断提升公证公信力，公证制度在预防和化解各类民商事纠纷、维护和发展秩序、促进经济往来等方面发挥的作用日益重要。其中，金融机构借助公证债权文书的强制执行快速和便捷的权利实现方式，将赋强公证执行作为其债权清收的重要工具，近年来在法院执行案件中的比重逐步加大。金融借款类公证作为多元化纠纷解决机制的一环，其证明效力、执行效力、要件效力的规范化程度直接影响公证制度在金融风险防控中发挥的作用，对多元化纠纷解决机制作用的发挥也产生重要影响。有鉴于此，本文从金融借款类公证领域出发，梳理归纳新疆法院涉金融机构公证债权文书执行中的问题，提示金融机构、公证机构以及人民法院执行部门在实践中需注意的问题，以指导新疆法院的赋强公证文书的执行工作，进而真

---

* 新疆维吾尔自治区高级人民法院执行二庭四级高级法官。

正实现公证债权文书强制执行制度的立法旨意和运行价值。

一、公证债权文书执行的现状分析

（一）执行情况

通过对2021年至2024年8月新疆法院公证债权文书执行情况，特别是涉金融借款类公证债权文书执行情况进行调研，分析梳理该类案件呈现特点如下。

1. 执行案件占比小，但申请执行标的大

该区间内，新疆法院新收首执案件120.93万件，执行依据为公证债权文书、申请执行主体为金融机构的首执案件9541件，占比0.79%。新疆法院首执案件申请执行标的共计858.37亿余元，其中金融类公证债权文书首执案件申请执行标的为303.61亿余元，该类申请执行标的占比高达35.37%。

2. 案件执行周期长，且执行效果不佳

该区间内，新疆法院首执案件的执行到位率为34.51%，平均用时47.35天，其中公证债权文书首执案件的执行到位率为20.47%，平均用时达106.18天。通过调研发现，该类案件除部分能够达成和解终结执行不涉及财产处置外，其他大部分案件均涉及不动产处置，复杂的不动产处置流程，导致案件执行用时偏长，再加之不动产流拍率高，执行到位情况不佳，致使公证制度在防范化解金融风险方面的作用无法有效发挥。

3. 当事人调解意愿高，但执行到位率低

以对乌鲁木齐市金融机构的公证债权文书执行案件集中管辖的乌鲁木齐铁路运输中级法院为例，该院2023年度新收公证债权文书执行案件为1330件，占新疆法院全年度该类案件的41.01%，其中以终结方式结案的案件为159件，占比11.95%，明显低于新疆法院24.62%的平均值，但该159件案件的申请执行标的为12.52亿余元，占该院该年度公证债权文书执行案件申请执行标的的14.18%，而执行到位率仅741余万元，占比0.81%。通过调研发现，该类案件涉住房贷款问题偏多，在被执行人能够按期偿还贷款的情况下，金融机构有同意调解的意愿，但后续还款数额无法计入执行到位标的，对执行到位率造成较大影响。

4. 收案增长快，且引发次生案件率高

从统计情况看，2021年至2024年，新疆法院该类案件收案量逐年上涨，说明公证债权文书执行的优势正被社会所接受。但从异议案件率来看，新疆法院受理首执案件引发执行异议案件率每年都在3%以内，而公证债权文书执行案件，除2022年因受疫情影响执行异议率不到3%外，其他年度的执行异议率均大幅高于新疆法院平均值，说明公证债权文书执行案件问题较为突出（见表1）。

表1 2021年至2024年新疆法院相关收案数据统计（单位：件）

年度	首执案件数	执行异议案件数	异议率	公证债权文书首执案件数	执行异议案件数	异议率
2021年	164843	4806	2.92%	633	62	9.79%
2022年	147718	3415	2.31%	1496	43	2.87%
2023年	200449	5703	2.85%	3271	196	5.99%
2024年（1—8月）	136796	3843	2.81%	2785	109	3.92%

（二）申请不予执行公证债权文书情况

笔者以"不予执行公证债权文书"为关键词在中国裁判文书网共检索到2021年至2024年8月涉新疆法院的裁判文书109份，其中涉金融借款36份，占比33.03%。涉金融借款的36份裁判文书中，金融机构申请执行被驳回的2份，被法院裁判认定不予执行公证债权文书的5份，因公证债权文书被裁判不予执行或公证机构决定不予出具执行证书后另行起诉的3份，以上共计10份，占比27.8%。虽然人民法院对公证债权文书中出现的表达不准、名称错误或计算错误等内容，以及公证送达、公证员是否到场等程序性事项，已通过其他材料印证、逻辑解释等方式适度弥补了公证债权文书的瑕疵，但不予执行比例仍居高不下，既无法实现公证债权文书强制执行制度的初衷，也无法发挥该制度在多元纠纷解决机制中的作用。

二、涉金融借款公证债权文书的问题表现及原因分析

通过分析金融借款公证债权文书的执行情况，以及36份涉金融借款公证债权文书申请不予执行的裁判文书，特别是法院裁定不予执行的10份裁判文书中的理由，梳理新疆法院受理的公证债权文书案件中存在的问题主要体现在以下方面。

（一）金融机构方面

1. 信贷业务方面审查不严

金融机构审查评估体系不完善，对借款人、保证人的主体资格、经营状况、贷款用途、有无还贷能力等疏于审查。主要表现为：（1）借款人与保证人不相识甚至借名贷款。比如：在（2024）新民终13号案件中，银行工作人员在明知案涉贷款系借名贷款的情况下，仍向借名贷款人发放贷款，存在借款合同当事人与实际借款人不相符的情形。（2）金融机构过度依赖担保而忽视对借款人履行能力的综合审查，在明知借款人资信较差、放贷风险较大的情况下，只要提供保证人担保仍给予放贷。比如，在（2024）新执监20号案件中，在借款人尚有贷款未偿还完毕的情况下，银行通过转贷等方式继续向借款人放贷，甚至在借款人未增加抵押财产，仅以其公司员工担保的情况下，继续增加贷款金额，导致上亿元贷款执行困难。（3）有的保证人在多笔贷款中提供担保，实际上并无履行保证责任的能力。比如，冶某某在乌鲁木齐某城镇银行、新疆某商业银行共计37笔借款中作为保证人承担连带保证责任，涉及借款本金3000余万元，执行到位金额仅20余万元，执行到位率不足1%。（4）金融机构对联户担保等贷款模式的风险评估不足，联户成员之间互相进行担保贷款，实质上并未增加有效担保，贷款风险自始即存在。比如，在

（2021）新23民终2460号案件中，借款人未提供抵押财产，仅凭6名自然人的保证，银行即放贷8万元。后因保证人无财产可供执行，执行案件终本结案，银行借款本金均未执行到位。

2. 合规经营意识需进一步增强

主要表现为：（1）合同文本设置和签订不规范，对送达地址未约定或约定不明，电子合同中的电子签名缺少第三方认证。在合同签订过程中，存在倒签内容、在空白合同上签字、借款人或保证人的签名并非本人所签或未同时在场签字、担保合同落款时间早于借款合同落款时间、金融机构未向借款人或保证人提供合同等情况。比如，在和硕县法院执行的（2023）新2828执1246号案件中，某信用合作联社为提高贷款数额，代借款人签名，倒签合同签订日期，导致借款人申诉信访不断。又如，在（2013）执监字第108号案件中，存在借款合同、借据约定的出借时间和用途与实际情况不符的情形。（2）金融机构不重视对格式条款的提示和说明，不认真履行提示、说明义务，在营销分期业务、提高信贷额度等过程中存在误导性表述，导致其承担相应不利法律后果。比如，昌吉市法院执行的某农商行与丁某等人公证债权文书执行一案中，担保人马某以某农商行办理贷款过程中对转贷问题未进行提示，担保人的担保责任应当免除为由，向昌吉市法院提出执行异议。（3）担保手续不全等违规放贷情形依然存在，在设立抵押时并没有办理抵押登记，导致合法权益无法实现。比如，在（2024）新01民终3289号案件中，担保人提供担保的主债权已不存在的情况下，银行再次向主债务人办理贷款时却未严格审查抵押权是否因主债权的灭失而受到影响的问题，导致进入执行程序后银行无法就新办理贷款向担保人主张权利。

3. 诉讼风险防范意识不足

主要表现为：（1）金融机构不积极提供详细、具体的利息计算方法，而各方对分期、分段计算利息、罚息争议较大，导致人民法院反复就此事实进行核查、计算，拖延审理进程。比如，在（2024）新01民终1491号案件中，银行与借款人签订借款合同未对借款利息的计算标准进行明确约定，引发诉讼。（2）金融机构委托其工作人员出庭应诉时，有的经办人员业务不熟悉，法律专业知识欠缺，出现权利救济方式选择错误的情况。比如，在（2024）新4301民初1515号案件中，公证债权文书未被人民法院裁定不予执行或不予受理的情况下，银行即向人民法院就借款关系提起诉讼，最终因救济途径错误而被人民法院驳回起诉。

4. 内部机制和相关制度不够健全

有的金融机构采取利益即期回报、风险惩罚滞后的业绩激励模式，业务人员对提高放贷金额关注多，对审查借款人及担保人还款能力方面有所放松。同时，现有制度未能有效压实金融机构自行催收责任。金融机构作为出借人和债权人，是清收债务、化解纠纷的第一责任人，但金融机构主要通过短信和电话方式对客户进行催收，很少采用面对面方式与客户协商还款。在借款人自身经济能力不足、恶化、逃避追讨的情况下，金融机构自行催收流于形式，诉讼清收为主要方式，实效不彰。比如，在（2021）新0104民初16335号案件中，银行怠于向保证人主张权利，催收通知书日期倒签，对保证人行使权利超过诉讼时效期间。又如，公证债权文书执行实践中，金融机构对流拍的抵押财产拒绝接受以物抵债现象频发，在耗费大量的司法资源启动执行程序、委托评估后，最终抵押财产却无法得到有效处置，使得金融机构放贷时设立的抵押权流于形式，贷款回款率数据表现不佳。

（二）公证机构方面

因公证机构未尽到审查义务，违反法律规定而被人民法院裁定不予执行或存在以上瑕疵，经解释后予以继续执行的案件有5件。经分析，其中既有程序性问题，也有实体性问题。

1. 程序性问题

（1）公证机构受理公证申请后未告知当事人申请公证事项的法律意义、可能产生的法律后果及办理公证过程中享有的权利、承担的义务等内容；（2）被执行人未到公证处办理具有强制执行效力的债权文书公证，也未委托代理人办理具有强制执行效力的债权文书公证，或者被执行人未提交同意接受强制执行的承诺书；（3）公证员未亲自办理公证，或者公证机构在明知被执行人已去世的情况下，仍签发执行证书，或者公证机构作出执行证书后仅向债务人确认的地址邮寄核实函或拨打债务人预留电话而未当面向当事人核实债务履行情况即作出执行证书，导致执行证书确定的执行标的等内容有误；（4）公证机构违反管辖规定出具公证书，自然人、法人或者其他组织住所地、经常居住地、行为地或者事实发生地之外的公证机构对相关事项办理公证。

2. 实体性问题

《最高人民法院、司法部关于公证机关赋予强制执行效力的债权文书执行有关问题的联合通知》（以下简称《联合通知》）第5条规定："公证机关签发执行证书时应当注意审查以下内容：（一）不履行或不完全履行的事实确实发生；（二）债权人履行合同义务的事实和证据，债务人依照债权文书已经部分履行的事实；（三）债务人对债权文书规定的履行义务有无疑义。"第6条规定："公证机关签发执行证书应当注明被执行人、执行标的和申请执行的期限……"从以上内容看，我国现行制度赋予公证机构对当事人之间的债权债务关系之现状进行初步的审查判断权，但实践中公证机构该职责的履行并不到位，对被执行人是否履行完毕公证债权文书所确认的债务未严格核实，存在出具的执行证书认定支付的借款利息超过法律规定的上限，或者出具的执行证书中利息、罚息、违约金计算方式不明确，或者保证人承担保证责任的性质不明确等情形。从查阅裁判文书网发现，新疆法院上网文书中仅（2024）新01民终1491号案件，公证机构因银行信贷员违法发放贷款罪出具了不予出具执行证书的决定，其他案件均正常出具执行证书。这种公证机构出具执行证书时仅对《联合通知》规定内容的表面形式化审查的做法，使得债权人在后续执行程序中仍需对以上事实举证证明，增加了债权人的负担，并造成公证机构与人民法院的重复审查，从而使执行证书制度流于形式。

（三）人民法院方面

当前涉金融借款公证债权文书执行案件中存在的主要问题为：执行进程难以推进，执行效果不佳。除因金融机构、公证机构业务办理过程中的不规范、监管不到位，贷后管理不善等因素外，执行程序的衔接不畅以及过度依赖程序性权利救济手段作为矛盾纠纷解决的方式等因素，也造成人为放缓执行进程、拖延执行程序，使被执行人恶意逃避执行、隐藏或转移财产的有可乘之机，导致金融机构面临执行异议和被裁定不予执行后的另诉与保全衔接的双重压力和风险。经调研，执行审查标准不统一的具体表现有以下几种。

1. 对可赋予强制执行效力公证债权文书的范围把握不准

《联合通知》第2条规定："公证机关赋予强制执行效力的债权文书的范围：（一）借款合同、借用合同、无财产担保的租赁合同；（二）赊欠货物的债权文书；（三）各种借据、欠单；（四）还款（物）协议；（五）以给付赡养费、扶养费、抚育费、学费、赔（补）偿金为内容的协议；（六）符合赋予强制执行效力条件的其他债权文书。"这是目前关于可申请强制执行公证债权文书的范围的唯一规定。但实践中可赋予强制执行效力的公证债权文书的范围已不再局限于此，比如担保质押合同、委托贷款合同、信托业务中常见的特定项目权转让及回购合同等新类型债权文书逐渐进入强制执行程序。因尚未有文件或明确意见，导致公证实践中公证机构对能否办理赋强公证有较大疑虑，例如，融资租赁合同公证办理中，有的公证机构不认可该类合同可作为适格的债权文书进行公证，而要求出租人和承租人改签债务偿还协议；有的公证机构虽接受融资租赁合同的强制执行公证，但发生风险时出租人仅可以申请公证机构出具偿还租金债权的执行证书，但不能申请公证机构就租赁物取回出具执行证书。债权人向法院申请强制执行后，各地法院的做法也并不一致，分歧的症结点主要在于能否扩大《联合通知》第2条规定的可赋强公证的文书范围。

2. 对债务人提出的不予执行公证债权文书请求，人民法院审查时未区分事由性质

《公证债权文书执行规定》第12条系2018年修改的重大变化，修改后对债务人提出的不予执行公证债权文书申请区分实体事由和程序性事由，并适用不同的救济途径，其中将公证债权文书本身实体错误问题以及生效后新发生的实体抗辩事由，直接纳入诉讼的解决范围。但实践中，有的法院对债务人提出的事由不进行区分即在异议程序中予以审查，有"以执代审"嫌疑。例如，关于不动产公证的公证机构确定问题，有的法院认为，只要涉及不动产的均应当由不动产所在地的公证机构办理公证，而不论该不动产是否系为借款合同所作抵押，未审查自然人、法人或者其他组织住所地、经常居住地、行为地或者事实发生地，从而错误理解该规定，造成裁判结果错误。

3. 对驳回执行申请与不予执行救济程序把握不准确

《公证债权文书执行规定》解决的是公证债权确定的程序问题，根据执行机构是否能根据申请材料就能判断和审查出来，又分为外部程序错误和内部程序错误，即驳回执行申请程序和不予执行程序。对应的法律依据分别为《公证债权文书执行规定》第5条和第12条第1款。但实践中，因两个法条规定的程序性事项有重合之处，严重程序违法的把握具有主观性，导致法院在纠正路径和救济程序的告知方面都无法统一。比如，对于"公证债权文书未载明债务人接受强制执行的承诺"事由而言，有的法院在执行程序中进行审查，而有的法院则在执行异议程序中进行审查。

4. 对不予执行公证债权文书审查尺度把握不一致

对于本文在该部分列举的公证机构存在的程序性问题，是否属于民事诉讼法规定的"严重违反法律规定的公证程序"，进而对被执行人的申请是否予以支持，实践中操作并不统一。事实上，存在程序性问题的公证债权文书进入执行程序后，已经给人民法院的执行造成很大障碍。从法院角度讲，在"严重违反法律规定的公证程序"事项未明确的情况下，

因缺乏相应依据，人民法院难以遏制公证机关的不规范行为。

三、问题解决的对策和建议

在健全该领域多元纠纷解决机制的考量下，金融机构、公证机构和人民法院需共同努力，既从问题短板处着手，规范业务行为，也需要从法律层面完善规范公证债权文书强制执行制度，通过对裁判结果的尊重来实现法律秩序的安定，维护公证执行证书的权威，促使人们更愿意选择公证这种便捷经济的纠纷解决方式，进而缓解诉讼爆炸带给法院的巨大压力。

（一）规范金融信贷业务办理，建立完善风险预防机制

1. 加强对信贷业务经营行为的指引、规范

金融机构应做好签订合同前的各项调查、审查工作，严把借款人、保证人、担保人的审核标准，审慎确定授信额度，对贷款申请到贷后管理进行全流程核查，加强数据追踪和分析，在发现账户有异常活动时及时调整授信额度。同时，优化金融机构考核指标，避免出现忽视风险而过度追求业绩的市场恶性竞争，注重从前端预防违约纠纷的发生。

2. 增强诉讼风险防范意识，提高合规经营水平

金融机构应根据法律法规或业务经营情况的变化及时修订完善合同文本和条款内容，对存量业务可签订补充协议，如完善贷款合同送达地址确认制度、引入电子送达条款；认真履行对格式条款的提示、说明义务，提高金融债权回收效率。完善证据保存方式，切实履行好己方的举证责任，例如，可采取人脸识别认证、录制视频等方式对借款人的身份及对格式条款的提示、说明过程进行留存。对于以线上方式申请的电子合同相关信息应及时存档，也可同时保存合同磋商、格式条款的提示说明等相关沟通过程。提高信贷人员业务能力和法律素养，在涉及利息、违约金等的计算时，由金融机构向人民法院提供详细、具体的计算方法，积极配合人民法院查明事实，提高债权实现效率。

3. 更好履行金融债权保护监管职责,进一步压实金融机构自行清收责任

推动各金融机构完善信贷业务从确认授信额度到坏账核销的有效管控机制,进一步调整逾期未还款项的呆账核销条件;支持金融机构开展失联客户信息修复工作,避免因客户失联而导致债权落空。引导金融机构强化调解在前的非诉解纷意识,探索金融机构在政策范围内给予一定宽限期,利用协议分期、调解分期等方法化解信用风险,积极配合人民法院以非诉讼方式解决纠纷;加强行业调解组织建设,增强其公信力,有效纾解金融机构诉讼压力。

(二)堵塞程序性事项办理漏洞,从法律层面赋予公证机构补正权利

1. 规范和健全赋予强制执行效力公证债权文书的公证程序

公证机构在赋强公证过程中,应严格审查合同的合法性、程序的规范性,仔细核查借贷合同的合法性和当事人的意思表示,确保公证文书的真实性和合法性。公证员应按照法律规定的程序操作,确保每一步骤都符合法律要求,以维护公证文书的效力,同时定期培训公证员,提升其法律素养和操作水平。公证机构应建立内部监督机制,防止因操作失误或违规行为导致公证文书效力受损。总之,公证机构应当从源头上加强公证活动的规范性操作,提高公证机构对债权文书进行公证的能力,防止公证机构在进行公证时出具执行力之客观范围、主观范围不清晰的债权文书公证书。在执行证书制作过程中,有关强制执行的各项内容之记载应当准确、无误、无争议。

2. 在公证债权文书执行过程中,给予瑕疵公证债权文书适度宽容和多元补救的机会

人民法院应在自律性的谦抑与司法权的延伸两者之间找到博弈的平衡点,将对公证债权的审查、适度宽容与多元补救的司法审查权限制在科学、合理限度内。笔者认为,能够纳入适度宽容与多元补救制度的公证债权文书的瑕疵应为非实质性瑕疵,主要应为以下情形:一是公证债权文书未向当事人送达的程序瑕疵;二是执行证书未向当事人送达的程序瑕疵;三是公证债权文书因文字书写等失误造成的瑕疵;四是公证员未到场并不影响公证债权文书执行的瑕疵;五是公证机构由于核实债务履行情况的程序不完备而出具执行证书,但不足以影响公证债权文书的实体结果的瑕疵;六是公证机构调查核实债务履行情况所拨打电话号码存在瑕疵,但不足以影响公证债权文书的效力的;七是不足以影响公证债权文书执行效力的其他情形。关于具体补救程序的启动,可以参照《最高人民法院关于人民法院办理仲裁裁决执行案件若干问题的规定》第4条的规定,公证债权文书内容需明确或补足的,应当由人民法院向公证机构发函要求补正或说明。

(三) 提高执行案件办理质量,总结探索类案裁判方法

解决公证债权文书执行,特别是金融借款类公证债权文书执行工作的难点和堵点问题,除规范执行流程,提高不动产抵押物处置成功率等措施外,还应注重执行审查裁判尺度的统一,探索类案裁判方法总结工作机制。因本文调研的目的在于对解决执行领域的问题,故对涉公证债权文书诉讼案件的审查问题不再论述。

1. 明确公证债权文书赋予强制执行效力的范围,解决新类型文书能否公证及赋强的判断难题

结合公证法第37条、《公证程序规则》第35条、《公证债权文书执行规定》第5条等条款来看,债权文书具备执行力至少应当符合以下条件:一是债权文书经过公证且属于赋强公证的范围,二是权利义务主体明确,三是给付内容、期限、方式等明确,四是债权文书载明了债务人接受强制执行的承诺。因此,关于新类型债权文书能否公证及赋强的问题,应对是否符合以上条件进行判断。但应注意的是,《联合通知》规定的可赋强公证文书类型不属于穷尽式列举,该通知同时设有兜底条款,对于属于赋强公证范围的文书类型,在其他文件规定中也有所涉及。例

如，授信合同能否赋强公证的问题，最高人民法院、司法部、中国银监会于 2017 年 7 月 13 日发布的《关于充分发挥公证书的强制执行效力服务银行金融债权风险防控的通知》，已将金融机构对外融资实务中的授信合同纳入可赋予强制执行效力公证的债权文书范围。但对于是否所有的授信合同均能被公证赋强的问题，实践中存在不同理解。笔者认为，授信合同具备执行力需满足以下条件：一是授信合同项下有具体业务合同作为其补充；二是授信合同以及具体业务合同中权利义务的条款明确；三是授信合同中载明债务人接受强制执行的承诺，而且该承诺及于具体的业务合同。对于实践中常见的另一种新类型的合同即融资类合同，2017 年司法部发布《司法部关于公证执业"五不准"的通知》（司发通〔2017〕83 号），明确不得办理非金融机构融资合同公证。因此，对于非金融机构申请公证的债权若是融资性质的，则不得赋强公证，若是清偿履约性质的，则可以赋强公证。实践中的难点在于变相融资与清偿履约的界限难以清晰区分，以股权投资及回购合同为例，若申请赋强时债务人尚无须承担回购义务，这类带有对赌性质的合同，一般认为属变相融资，不得为其办理赋强公证。若投资人已经支付投资款，且投资协议约定的回购义务条件已经被触发，债务人的回购义务已届履行期限，此时债权人和债务人签订的回购协议或补偿协议，可以被认定为是一种债务清偿行为，不属于"五不准"通知的范围，可以办理赋强公证。对于不涉及金融监管问题的其他新类型债权文书是否可公证、赋强的问题，已经有明确意见的是担保质押合同。最高人民法院认为在债权人的债权真实存在并合法、当事人自愿接受强制执行的情况下，赋强公证的担保质押合同理应作为人民法院的执行依据之一。笔者认为，对《联合通知》中未列举的其他新类型债权文书，可参照担保质押合同赋强的相关理念予以审查判断。

2. 界定申请不予执行公证债权文书事由的审查路径，解决适用程序、告知救济途径错误的问题

（1）法院主动审查事由，指向公证债权文书是否符合执行条件。该

类事由的审查是指人民法院的立案和执行部门对债权人提出的公证债权文书强制执行申请,是否符合法定的立案或执行条件进行的审查。该类案件立"执"字案号,对应的救济程序为:裁定不予受理或者裁定驳回执行申请—申请复议—提起诉讼。即对不予受理、驳回执行申请裁定,债权人可以自裁定送达之日起十日内直接向上一级人民法院申请复议,未申请复议或者复议被驳回的,可以就民事权利义务争议提起诉讼,以取得新的执行依据。该类情形的审查内容主要包含:申请执行公证债权文书的管辖和期间,是否存在不符合执行条件的法定事由,即《公证债权文书执行规定》第 5 条规定的情形,涉民间借贷公证债权文书是否超过法定利率上限等。(2)程序性异议事由,指向当事人申请不予执行公证债权文书。该类事由的审查是指人民法院的执行异议审查部门依被执行人的申请,对公证债权文书是否存在严重违反法定公证程序的错误,是否应当不予执行进行的审查。该类案件立"执异"案号,对应的法条为《公证债权文书执行规定》第 12 条,对应的救济程序为:裁定不予执行—提起诉讼;裁定驳回不予执行申请—申请复议。即公证债权文书被裁定不予执行后,当事人只能通过另诉进行程序救济,如果申请执行监督的,依照《最高人民法院关于办理申请执行监督案件若干问题的意见》第 3 条的规定,人民法院亦应当不予受理。该类情形的审查内容主要包含:申请不予执行公证债权文书的期间是否超过执行通知书送达之日起或特殊情形下知道或应当知道有关事实之日起的十五日,是否存在严重违反法定公证程序应不予执行的法定事由,即《公证债权文书执行规定》第 12 条规定的情形。(3)实体性异议事由,指向公证债权文书载明的民事权利义务关系与事实是否相符,经公证的债权文书是否具有法律规定的无效、可撤销等情形,公证债权文书载明的债权是否因清偿、提存、抵销、免除等原因全部或者部分消灭。如存在该类事由,则需要向人民法院提起诉讼而不是在执行程序中提出异议申请。

3. 统一不予执行公证债权文书的审查尺度,解决审查标准混乱的问题

对于法院主动审查的程序性事由,应当坚持前文所述的适度宽容与多元补救审查理念,对于该类事由所映射的问题能够明确或补足的,人民法院可对公证债权文书予以执行,反之,则不予执行或不予受理执行申请。例如,债务人是否有接受强制执行的承诺不明确,或者公证机构是否告知当事人权利义务后果不明确的,如果有相应的书面材料予以证实债务人已作出明确承诺,或公证机构已明确告知,则应当认为符合申请执行的条件,但不能仅以加盖的包含有"接受强制执行"内容的印章,推定债务人已作出接受强制执行的承诺。又如,如果异议人主张未到场办理公证,但无法举证或者仅能够提供录音或录像证据,而公证机关可拿出全套文件证明异议人已经到场并且各项手续合法,则应当认为该公证不存在该类程序性问题。再如,对于公证机构违反管辖规定出具公证书的,判断是否不予执行应当以公证机构违反管辖规定是否属于其他严重违反法定公证程序的情形为判断标准。根据最高人民法院的观点,公证机构和公证员违反管辖规定,涉嫌以不正当手段争揽公证业务的,应当由司法行政部门依法依规处理,该情形不属于《公证债权文书执行规定》第 12 条规定的"其他严重违反法定公证程序的情形",被执行人以此为由申请不予执行的,人民法院不予准许。

(四)加强多元协同共治,汇聚维护金融交易秩序的最大合力

实践中,有些地方债权公证业务之所以发展得好,往往离不开当地法院、公证机关以及重点行业的良性互动。因此,要在多元化纠纷解决机制框架下,理顺法院、司法行政机关、公证机构以及重点领域、重点行业管理部门或组织的关系,建立沟通协商顺畅的多元纠纷解决机制,才能最大限度地发挥债权文书公证的作用。

1. 协调好法院与各金融监管部门的关系

建立金融监管部门、金融行业协会与人民法院常态化沟通协作机制,

定期组织召开金融司法服务联席会议，各方积极参与重大金融风险防范化解方案的制订和完善。加强金融监管部门、公检法机关、金融机构联动互通，为区域性、行业性、系统性金融风险的防范预警和决策部署提供司法支持，形成金融审判、行政监管、自主预防相结合的金融风险防范模式。

2. 加强法院与公证机构的对接协调

为确保公证质量，有必要建立人民法院与公证机构二者之间良性的业务指导关系。对于人民法院审查的不予执行公证债权文书案件，公证机关可参与到法院的案件听证活动中，通过参与听证，更好把握人民法院不予执行公证债权文书的裁判尺度，以裁定不予执行案件为反面典型，提示后续公证行为，从而促使公证行为更加规范。同时，人民法院可充分听取公证机关的意见，保障公证机关对人民法院公证债权文书类案件审查的知情权、参与权与表达权，不仅让法院作出的裁定更为准确、合理，而且消除公证机关对法院的意见和疑惑，最终提升法院和公证机关的司法公信力与司法权威。

3. 探索建立互动的执前调解机制

在公证债权文书执行过程中，往往因双方当事人沟通不畅或对债务履行有不同理解，导致纠纷升级进入诉讼程序。公证机构可以设立专门的调解部门，或者与第三方调解机构合作，建立执前调解机制，借鉴法院对人民调解组织进行业务指导的模式，通过出台指导意见、提出司法建议、选派法官进行培训等方式对公证机构的调解工作进行指导。特别是对能够达成调解意向的案件，由金融机构对能够达成履行合意的部分申请赋强，鼓励金融机构和借款人从源头解决争议，节省诉讼成本，缩短纠纷解决时间。执行过程中，当事人达成的执行和解协议，可引入公证机构对接，由公证机构对法律事实等进行核实和证明并出具赋强公证，实现借助赋强公证解决矛盾纠纷新模式，从根源上实现诉讼案件增量减少。

4. 拓展公证机关非讼功能

在传统观念上，公证仅被视为一项预防性法律制度，对法律行为、事实和文书进行证明而发挥预防纠纷的功能。在现代社会，公证制度功能不断扩大，已不再局限于传统证明作用。在多元纠纷解决体系下，公证员可以发挥中立的法律职业优势，从单纯预防纠纷向预防与解决纠纷并举转型，更好地发挥监督金融借贷法律关系的作用，确保《联合通知》提出的"公证机构对当事人之间的债权债务关系之现状进行初步审查判断"的内容得到落实，执行证书制度的作用得到充分发挥。

四、结语

新时代公证制度作用的发挥应当从构建多元化纠纷解决机制角度去谋划和着手，加强金融机构、公证机构和人民法院的合作交流，通过规范金融机构的操作流程、提升公证机构的审查标准、统一法院的执行标准等，可以有效减少金融借款公证文书执行中的诉讼纠纷，提升债权实现效率。这不仅有助于保护金融机构的合法权益，也能够促进金融市场的健康发展，增强社会对法律和金融系统的信心，为金融市场的稳定和发展奠定坚实基础。

【地方法院案例与解析】

抵押权设立后形成的租赁权，不妨害抵押权实现的，可在征得申请执行人同意后不予涤除

——某某信托有限责任公司与舟山某某置业发展有限公司、杭州某某房地产有限公司、上海某某投资（集团）有限责任公司公证债权文书执行实施案

冷海波*

【裁判要旨】

抵押权与租赁权竞合的，法律规定仅按照权利设定的先后顺序确定对抗效力，但并不能据此径行推断出"先抵后租"的财产在处置时必须一律涤除租赁权的结论。先顺位的抵押权利的优先实现，并非一定要消灭后顺位的租赁权利，只有在租赁权存续对抵押权实现造成妨害时才应予以涤除。租赁权的存续是否对抵押权实现造成影响为事实判断问题，不应仅以"抵押设立在先，租赁成立在后"就径行推定造成妨害，对于投资性商铺进行带租拍卖，竞买人可以直接获得稳定的租金收益，有时不仅不会减损商铺价值，相反还会提高拍卖价格。带租拍卖是否影响标的价格实体判断标准应当结合财产性质、租约长短、租金高低等案件具体情况综合认定。租赁权存续对抵押权实现有无影响，直接涉及抵押权

---

* 浙江省舟山市中级人民法院执行庭副庭长。

人利益，抵押权人对租赁权涤除与否的程序启动享有处分权。

【案号】

执行：浙江省舟山市中级人民法院（2019）浙09执155号

【案情】

申请执行人：某某信托有限责任公司（以下简称某某信托公司）。

被执行人：舟山某某置业发展有限公司（以下简称舟山某某置业公司）、杭州某某房地产有限公司（以下简称杭州某某房地产公司）、上海某某投资（集团）有限责任公司（以下简称上海某某投资公司）。

2019年10月25日，某某信托公司依据北京市某公证处制作的执行证书向浙江省舟山市中级人民法院（以下简称舟山中院）申请执行，请求法院责令：上海某某投资公司归还借款本金2.02亿元以及违约金、利息，以受法律保护的年利率24%为限；杭州某某房地产公司以其名下位于杭州市西湖区某综合楼201室办理抵押登记的6套房地产拍卖、变卖后价款在上述执行标的范围内优先清偿上述债务；舟山某某置业公司以其名下位于舟山市普陀区某广场1幢109室、1幢118室等办理抵押登记的145套房地产拍卖、变卖价款在上述执行标的范围内优先清偿上述债务。

【执行】

经过调查，舟山某某置业公司抵押的房屋所在地某广场位于舟山市普陀区东港核心地段，是集办公、购物、娱乐、美食为一体的商业性综合广场，涉案抵押的145套商业、办公房地产中，商业117套、办公28套，总建筑面积15009.87平方米。涉案145套房产中103套已出租给36家租户，租户将房产装修用于开办KTV、风情餐厅、特产超市、早教机构、美容馆、健身会所、口腔医院等，吸引了大量人流。涉案9份租赁合同签订于抵押之前，27份租赁合同签订于抵押之后，先抵后签租户为避免因涤除租赁合同、腾退商铺带来损失，向法院表达强烈带租拍卖的意愿。考虑到涉案房屋为商铺、办公房地产的商业特性，通过对租赁合同的真实性核查、房屋续租价值评估、带租与不带租拍卖价格对比，在确认带租拍卖未对抵押权实现造成影响后，某某信托公司同意对大部分"先抵后租"房屋的租赁权不予涤除。

执行中，舟山中院依法对上述145套商铺包括房屋的续租价值进行评估，并依照法定程序对有租约的房屋进行带租拍卖、变卖，在拍卖公告中公示房屋租赁期限、租金标准，明确房屋的评估价格包括租赁合同租金，买受人在拍卖成交后应受该租赁合同约束。同时，法院也就承租户的优先购买权进行调查，部分租户在租赁合同签订时已经放弃优先购买权，部分"先抵后租"的租户向法院出具书面意见明确，如法院同意"带租拍卖"则不行使优先购买权。执行中，各租户对法院的拍卖、变卖工作较为配合，在拍卖成交后继续履行原租赁合同，并按约支付租金。2020年6月，上述145套商铺分批次被上网拍卖，最终成交了58套，剩余的87套以抵债形式转至某某信托公司名下。

【评析】

一、抵押后设定的租赁权在处置财产时是否应一律予以涤除

同一财产上既可设定抵押权也可形成租赁权，因为抵押权追求的是财产在市场上进行交换的价值，而租赁权追求的是对财产进行使用的价值，二者在性质上是兼容的。只有当抵押权人依据抵押合同要求实现抵押权处置财产时，才会与租赁期间尚未届满的租赁权产生二者权利效力谁优先、谁劣后的权利冲突。① 对于同一财产上抵押权和租赁权竞合而引发的冲突，一般根据权利产生的先后顺序确定前手优于后手的规则，当租赁成立在先抵押设定在后时，优先保护租赁权，而当抵押权设定在先而租赁权成立在后时，则抵押权效力优先。

---

① 参见卓越：《不动产"先抵后租"时租赁权与抵押权的权利冲突研究》，载《法制与社会》2018年第15期。

（一）拍卖财产上权利负担两种处理模式：涂销主义无负担处置、承受主义"带租拍卖"

抵押权的实现往往需要对财产进行处置，而如果处置的财产上负担有权利，法院在拍卖、变卖时必须对依附其上的权利作出处理。在对房屋等不动产进行强制拍卖时，对于在执行前该不动产上权利负担如何处理，理论上存在承受主义和涂销主义两种对立的观点。承受主义，即原有的权利负担不因拍卖而消灭，在拍卖成交后继续存在于拍卖财产上，由买受人或者接受拍卖财产抵债的债权人继续承受；涂销主义正好相反，即原有的权利负担因拍卖而消灭，买受人或者接受拍卖财产抵债的债权人取得无任何权利负担的财产。①

有观点认为，为维护交易安全和保护承租人利益，处置"先租后抵"财产中的权利负担时应当采用承受主义模式，也即"买卖不破租赁"原则。对此，合同法第229条（现民法典第725条）作出规定，即租赁物在承租人按照租赁合同占有期限内发生所有权变动的，不影响租赁合同的效力；而按照物权优于债权原则，先成立的抵押物权对后成立的租赁债权具有绝对的对抗效力，对于"先抵后租"财产上权利负担的处置应当采用涂销主义模式，也即法院应当将后成立的租赁权予以涤除，采取无租约拍卖、变卖模式。对此，物权法第190条曾规定，抵押权设立后抵押财产出租的，该租赁关系不得对抗已登记的抵押权；《最高人民法院关于适用〈中华人民共和国担保法〉若干问题的解释》（以下简称《担保法司法解释》）第66条曾规定，抵押人将已抵押的财产出租的，抵押权实现后，租赁合同对受让人不具有约束力。

---

① 参见刘贵祥：《强制执行若干重大法律问题之检讨》，载中国人民大学民商事法律科学研究中心主办：《判解研究》总第66辑，人民法院出版社2014年版，第1~31页。

（二）涤除租赁权对疫情后的租户是"难以承受之重"且可能导致商圈整体败落

本案中，某某信托公司根据租赁合同签订时间先后向法院提出不同的财产处置方案：对于签订于抵押前的租赁合同，某某信托公司在抵押前已经知晓房屋设定租赁事实，对该部分房屋设定抵押额度已经充分考虑租赁情况，对于该部分租赁合同在房屋处置时应予以保留，采取"带租拍卖"。但是，对于抵押后签订的租赁合同，舟山某某置业公司未向某某信托公司报告也未经其允许，租户也未在租赁前对房屋的抵押情况进行调查，设定该部分房屋抵押额度时未考虑租赁情况。因此，对于该部分租赁合同，某某信托公司认为应当予以解除，对该部分房屋应当对租户进行腾退，采取无租约拍卖。

但是，对于租户来说，受疫情影响经营已经比较艰难，如果再行解除租赁合同，其不光面临前期投入的房屋装修成本损失殆尽，还将面临短期内难以找寻替代商铺，培育的客户大量流失等现实困难，无疑是雪上加霜。虽然按照合同约定，债务人因未履行房屋已设定抵押的告知义务，导致租赁合同无法履行的，应当赔偿租户损失，但舟山某某置业公司已经经营困难，根本没有赔付能力。租户即使胜诉，相应的损失也可能无法得到弥补，强行解除租约、腾退房屋对其来说也是"难以承受之重"。

同时，涉案处置房产所处的某广场房屋主要为商铺、写字楼等，经过公司、租户多年的培育、发展，该广场也形成以教育培训、休闲娱乐为主的商圈。尤其是广场汇集了众多培训机构，也极力打造成集婴幼儿成长和儿童教育培训为一体的综合教育广场，而其中较为知名、规模较大的培训机构租赁的房屋均属于此次处置范围。而且，涉案应处置的145套房产，占全部商业体相当大比例，法院司法处置结果必将对上述商业体整体运营产生较大的影响。如果上述租赁合同被解除、租户陆续迁出，将会导致好不容易聚集的人流量急剧减少，而广场人气不再，商圈可能从此一蹶不振、陷入没落。

综上所述,抵押权规范的根本目的在于保障抵押权的实现,而租赁关系介入后,如何解决由此产生的担保和租赁之间的矛盾,司法实践是否可以为它们找到最佳的利益平衡点,是颇具争议的问题。① 本案中,对于抵押后签订的租赁合同采用涂销模式涤除租赁权,不仅会给商户们带来巨大损失,商圈也可能整体败落,法院的执行效果也必将大打折扣。那么,法院在处置上述房产时是否可以基于对承租人利益的保护,对后成立的租赁权不予涤除,而对租赁合同予以保留进行"带租拍卖"?

二、抵押后设定的租赁权只有在对抵押权实现有影响时方可予以涤除

关于抵押权、租赁权冲突问题的解决,应从利益平衡和物尽其用角度出发,法律规定的立足点是寻找抵押权人、承租人之间的利益平衡点,不能为保护抵押权一方权益而对承租方的合法权益造成损害;一律以先设立的抵押权来否定后产生的租赁权,也明显违背物尽其用原则。因此,司法裁判并不只是对于法规的机械适用,法官需要改变概念法学僵化的裁判模式,正视法官在司法裁判中的主观能动性,在具体个案中通过利益衡量作出利益的妥善配置。

(一)后设立的租赁权不得对抗先成立的抵押权并不代表处置财产时必须涤除租赁权

关于对"先抵后租"财产上的租赁关系在实现抵押权时是否一律采用涂销主义模式的问题,存在一定的争议。有观点认为,一是基于物权优先于债权的一般原则,顺位在后之租赁权不得对抗顺位在先之抵押权,因而租赁关系于抵押权实现时应该归于消灭;二是纵然采纳债权物权化说,不动产租赁权也属于后成立之用益物权,不得对抗抵押物受让人,同时,根据前后手权利先后顺位关系,在后租赁权也不得对抗在先抵押

---

① 参见常鹏翱:《先抵押后租赁的法律规制——以〈物权法〉第190条第2句为基点的分析》,载《清华法学》2015年第2期。

权,进而排除"买卖不破租赁"原则适用。因此,物权法第190条、《担保法司法解释》第66条作出对"先抵后租"的租赁权予以涤除的规定。① 但是,持反对的观点认为,在抵押财产出租的场合,最先受到保护的应当是抵押权人的利益,其次是承租人的利益。当承租人的利益不影响抵押权人时,实现抵押权时就没有必要非除去租赁权不可,而是应当保护承租人的利益。② 因此,《最高人民法院关于人民法院民事执行中拍卖、变卖财产的规定》(以下简称《拍卖变卖规定》)第28条作出规定,拍卖财产上原有的租赁权及其他用益物权,不因拍卖而消灭,但该权利继续存在于拍卖财产上,对在先的担保物权或者其他优先受偿权的实现有影响的,人民法院应当依法将其除去后进行拍卖。

对此,笔者认为,法律对处置财产上的租赁权与抵押权竞合关系的调整,仅是根据权利设定的先后顺序确定二者之间对抗效力而作出的规定,并不能据此径行推断出"先抵后租"的财产在拍卖时必须涤除租赁权的简单结论。先顺位的权利当然应优先实现,但这不是通过消灭后顺位的权利来达到的,租赁不因其顺位在后就必然在抵押权实现时终止,还应进一步衡量它是否为抵押权实现的障碍,从而在保障抵押权人利益的基础上,兼顾承租人和抵押人的利益。换而言之,在二者利益发生冲突的情况下,只有在租赁权的存续负面地影响到了抵押权的实现时,承租人的利益才应让位于抵押权人的利益。③ 否则,对于抵押权的保护就超越了合理范围,如此,不仅保护了欠缺对抗要件的抵押权,而且法律直接干涉抵押物上的用益关系,从而对抵押人、承租人合法权益造成不当的影响。④ 执行实践中,很多法院在实现在先设立的抵押权时,并未对在后设立的租赁权一律除去,而是根据标的物实际情况,仍然选择带租拍

---

① 参见李国光等:《最高人民法院〈关于适用《中华人民共和国担保法》若干问题的解释〉理解与适用》,吉林大学出版社2000年版,第254~255页。
② 参见程啸:《担保物权研究》,中国人民大学出版社2017年版,第374页。
③ 参见魏轶东、李宁、施峰、付双成:《抵押权与租赁权——先抵后租情形下的冲突与平衡》,载《晟典律师评论》2019年第11期。
④ 参见孙鹏、王勤劳、范雪飞:《担保法物权法原理》,中国人民大学出版社2009年版,第210页。

卖的方式进行变现。拍卖顺利成交，既实现了抵押权，也兼顾了租赁权的保护，取得良好的执行效果。①

（二）抵押后成立的租赁权并不必然妨碍抵押权实现反而可能对抵押权实现有利

理论上，租赁关系造成抵押物拍卖价格降低的，并不等同于租赁关系影响了抵押权的实现。例如，在抵押物价值远高于抵押债权的情况下，即使带租拍卖造成抵押物的价格降低，但仍能足额实现抵押债权。② 实践中，抵押物上存在的权利负担并非一定导致抵押物价值的减损，相反还可能存在导致抵押物价值增加的情形。③ 例如，抵押物负担租赁表明其在租赁市场上的价值高，这在专供租赁的商业房产上表现得非常明显，租户愈多，愈能表明它比无租户或租户少的房产价值高，反而可能会吸引更多买家竞买。④ 如果机械地适用法律一律涤除所有的租赁负担，买受人无法按照原有的租赁合同取得租金，可能导致抵押物的拍卖价格降低，从而对抵押债权的实现造成不利影响。

具体到本案中，因涉案房产为商铺、办公楼，买受人竞购该商业房产不同于居民住宅，其并非为了满足居住所需而是用于投资，购买后自用较少，更多还是用于出租，其更看重的房产所蕴含的商业价值。相对于租赁关系是否存在，其关注重点是租期长短、租金高低以及是否能按时收取租金等因素。相较于涤除租赁权拍卖房屋，在租约期限合理、租金合适的情况下带租拍卖，可以迅速带来持续、稳定的租金收益，买受人对房屋商业价值预估更高，房屋竞买价格会提升。通过前期的少量商铺带租拍卖试验情况来看，相较于涤除租约的商铺，未涤除租约的部分

---

① 参见乔宇：《案外人执行异议之诉中抵押权与租赁权的关系》，载《人民司法（案例）》2018年第17期。

② 参见常鹏翱：《先抵押后租赁的法律规制》，载《清华法学》2015年第2期。

③ 参见张晗冰：《房屋租赁中"先抵押后租赁"情形下的法律适用》，载融德法治生态圈公众号，2021年8月8日访问。

④ 参见常鹏翱：《顺位规范的拓展分析——先抵押后租赁的法律规则》，载天同诉讼圈公众号，2021年8月7日访问。

商铺的围观人数、报名人数明显较多。从本案司法网拍的成效来看，因买受人竞拍成功后可以直接获得稳定的租金收益，带租拍卖商铺的成交价格也相对较高。带租拍卖不仅不会减损商铺价值，相反还会对房屋的拍卖价格有所提升，也更加有利于抵押权人债权的实现。

综上所述，对于实现抵押权时处置后设定租赁权适用法律中存在物权法第190条和《拍卖变卖规定》第28条的冲突问题，最高人民法院在《人民司法》司法信箱中曾作出过答复，在具体案件中视在后设定的租赁权是否对抵押权的实现构成障碍，来决定是否对抵押权人和拍定人无效，按照后法优先于前法的法律适用原则，应适用《拍卖变卖规定》。①物权法已经被废止，民法典第405条仅规定先租后抵情形下租赁合同继续有效，而《最高人民法院关于适用〈中华人民共和国民法典〉有关担保制度的解释》第54条规定："……（二）抵押人将抵押财产出租给他人并移转占有，抵押权人行使抵押权的，租赁关系不受影响……"该条删除了原解释关于"先抵后租"的相关规定。而《拍卖变卖规定》虽被修正，但对"先抵后租"中租赁权如何处置的条文仍得以保留。

三、抵押后设定租赁权对抵押权实现是否有影响实体评判标准和程序操作规范

现已确定只有在后成立的租赁权对先设定的抵押权实现有影响时，才可对租赁权予以涤除实行无负担拍卖，而租赁权对抵押权实现未造成妨害的，可对财产进行带租拍卖。那么，确定租赁权对抵押权实现是否有影响的实体判断标准，以及租赁权涤除与否的程序操作规范就显得尤为重要。抵押后设定租赁权对抵押权实现是否有影响为事实判断问题，其实体审查标准合理与否应当考量何种因素？同时，具体程序操作又应当如何设定，审查主体究竟是法院还是抵押权人，程序的启动是应当尊重抵押权人处分主义还是应坚持司法职权主义？

---

① 人民司法研究组：《如何在执行程序中除去拍卖财产上的租赁权》，载《人民司法》2007年第2期。

(一) 租赁权存续对抵押权实现有无影响除采用评估价格法概算外还应当结合个案情况综合判断

实践中，对于"先抵后租"财产往往径行推定租赁权存续对抵押权实现有影响，该做法不仅对抵押权的保护超越了合理范围，还损害了租赁权人的合法利益，存在以偏概全之嫌。对此，有观点提出，应当确定审查租赁权对抵押权实现的实体判断标准。目前，司法实务界多主张，通过不动产强制拍卖前的评估程序（评估价格法）进行概算来判断租赁权是否对抵押权实现造成影响。① 但是，囿于评估主体存在主观性、估算手段方法等技术性因素导致评估价格与标的物拍卖成交价格并不对等，评估结果仅仅是确定拍卖保留价的一个参考因素，实际成交价格可能高于或低于评估价格，由此导致根据评估价格推算的有无影响结果与实际情况有出入。由此，仅凭评估价格这一单一标准难以满足纷繁复杂的执行实践需求，必须探寻其他补充性因素完善该标准。租赁关系的存在与否对于在先的抵押权实现是否有影响，是一个事实判断问题，因此，法院在处置先抵后租房地产时，应根据个案实际情况综合多种因素具体分析。

从经济价值上说，当抵押财产上存有租赁合同时，该财产的拍卖、变卖的价格必然会因租赁合同具体情况而有所不同，对租赁权存续对抵押权实现是否造成影响进行评判时，除采用评估价格法进行推算外，还应充分考虑执行实践中房屋为商用还是民住、租约长短、租金高低等纷繁复杂的案件具体情况。本案执行中，通过仔细核查，对于少量租约过长、租金偏低、未按时支付租金的租赁合同确认为对抵押权实现造成妨害，对该部分租赁权依法予以涤除，采用无租约拍卖。对于剩余的大部分的租赁合同，考虑到涉案房屋为商铺、办公用房的商业特性，通过对租赁合同的真实性核查、房屋续租价值评估、带租与不带租拍卖价格对

---

① 参见范向阳：《法院执行理论与实务讲座》，国家行政学院出版社2010年版，第336页。

比，在初步确认带租拍卖不会降低房屋处置价格，不会对抵押权实现未造成影响后，经征询申请执行人某某信托公司意见后，依法决定对大部分先抵后租房屋的租赁权不予涤除进行带租拍卖。

（二）租赁权对抵押权实现有无影响的审查主体为抵押权人，涤除程序启动与否宜采取当事人处分主义

对设定于抵押后的租赁合同保留还是解除的程序启动主体问题，有观点认为，此是法院在处置财产中的执行方式的选择问题，应当由法院依职权作出决定。因此，拍卖前应由法院判断拍卖财产上原有的租赁权是否对在先的抵押权的实现有影响。如果法院根据评估机构的评估等材料，认定租赁权对抵押权的实现确实有影响，应在涤除租赁关系后进行拍卖。[①] 但是，笔者对此并不认同，因民事诉讼中当事人对自身实体和程序权利享有处分权，而处分权的核心在于当事人可自由支配、处分自己所享有的权利而不受外界干扰。租赁关系存续对抵押权实现有无影响，直接涉及抵押权人利益，对此抵押权人最有发言权，任何人不能代其作出处分，即使法院作为司法机构也不允许。因此，为保护抵押权人的利益，法院在处置财产时是采取带租拍卖还是无负担拍卖，应当征询抵押权人意见。无论租赁权是否影响抵押权实现，还是处置财产时对其负担租赁权处理方式的选择问题，相应的决定权均在于抵押权人，法院应当尊重抵押权人的意见，仅能向抵押权人释明利害关系而不能依职权代其作出决定，即使法院认定的结果与抵押权人的选择相左。当然，为保护承租人合法权益，在承租人对抵押权人决定不服时可通过提起执行异议复议或者执行异议之诉寻求救济。

本案中，如何打消申请执行人某某信托公司顾虑，同意承租人提出的带租拍卖方案，是案件执行中的一项重要工作。执行中，法院依法向申请执行人释明，如果对商铺附带的租赁合同全部解除，必然会引发执

---

① 参见程啸：《担保物权研究》，中国人民大学出版社2017年版，第374页。

行异议、执行异议之诉等纠纷,甚至可能因房屋装修赔偿、腾退等产生一系列社会问题,进而引发群体性事件。上述因素将影响财产处置进程,少则数月、多则半年,甚至更长时间,也必将严重拖延债权人债权实现进度。而这是本案申请执行人所不愿意面对的局面。同时,上述法律流程全部走完,即使按照债权人预期,债权人胜诉,法院排除房屋处置障碍,但债权实现时间过长、花费成本过高,也违背了本案申请执行人尽快实现债权回笼资金的初衷。在认识到涤除租赁合同将拖延处置进程影响债权实现效率,而带租拍卖对其抵押权实现未造成实质影响甚至会提升债权实现额度后,某某信托公司同意法院对上述房产带租拍卖。

综上所述,面对纷繁复杂的实践情况和错综复杂的利益关系,执行措施必须是必要且适度的,在执行目的与执行措施之间、抵押权人和承租人利益之间保持合理的平衡。同时,执行程序启动的目的就是尽快实现法院生效裁判确定的权利义务,让抵押权人的债权及时有效得到清偿,效率应当成为民事执行中的一项基本原则。本案中,如果机械适用法律,涤除租赁、腾退房屋可能会造成抵押权人、租户双方利益受损的局面,也会严重拖延执行的进程,从解决问题的实效性出发,通过采用带租拍卖执行方案,不仅充分保障了抵押权人利益,也使承租人避免了巨大的损失,衡平了各方的权益,也加快了财产处置进度。最终,涉案房屋经带租拍卖在十一个月内得以全部处置,抵押权人实现债权未受到影响,租户们的装修、经营损失得以避免,商圈的烟火气也得以延续。①

---

① 舟山法院:《还你一片烟火气!看法官如何善意执行这145套商铺》,澎湃新闻网,2020年12月25日。